Lautner
Nimm Dir einfach mehr vom Leben

Helmut Lautner

# Nimm Dir einfach mehr vom Leben

Die 3 entscheidenden Regeln, mit denen Sie mehr
- Spaß,
- Erfolg und
- Energie
gewinnen

| Leserservice |

Wenn Sie Fragen oder Anregungen zu diesem Buch haben,
schreiben Sie uns:
TRIAS Verlag, Postfach 30 11 07, D-70451 Stuttgart

Lektorat: Stefan Vieregg, M.A.
Außenlektorat: Dr. Dietmar Hoos
Zeichnungen: Christine Lackner

Umschlaggestaltung: Cyclus · D+P Loenicker, Stuttgart
Foto Cover vorne: Mauritius
Foto Cover hinten: PhotoDisc


Die Deutsche Bibliothek – CIP-Einheitsaufnahme

*Lautner, Helmut:*
Nimm Dir einfach mehr vom Leben : die 3 entscheidenden Regeln,
mit denen Sie mehr Spaß, Erfolg und Energie gewinnen / Helmut Lautner.
– Stuttgart : TRIAS, 1998

© 1998 Georg Thieme Verlag
Rüdigerstraße 14, D-70469 Stuttgart
Printed in Germany

Satz: Satz & mehr, D-74354 Besigheim
Druck: Gutmann, Talheim
ISBN 3-89373-460-0                                    3 4 5 6

# Inhalt

*„Der größte Erfolg, den ein Mensch je erreichen kann, besteht darin, nach seinen eigenen Vorstellungen leben zu können."*

Christopher Morley

# Vorwort oder „Am Anfang war die Katze"

Als ich vor etwa zwölf Jahren damit begann, Seminare über Streßbewältigung und Lebenserfolg zu halten, bot ich den Teilnehmern bereits nach den ersten Minuten an, ihnen zwei phantastische Regeln zu verraten, deren Befolgung dazu führen würde, daß sie so gut wie keinen Streß mehr haben würden. Die konsequente Befolgung zweier simpler Regeln würde ihr Leben total umkrempeln! Eine Sensation! Natürlich waren die Leute begierig darauf, dieses offensichtlich streng von der Psychologie gehütete Geheimnis eines sorgenfreien Lebens zu erfahren, deshalb möchte ich es auch Ihnen nicht vorenthalten:

---

**Zwei simple Regeln**

- **Regel Nr. 1: Rege dich nie über Kleinigkeiten auf!**
- **Regel Nr. 2: Alles, was dich nicht das Leben kostet, sind Kleinigkeiten!**

---

Ich werde nie die enttäuschten Gesichter meiner Seminarteilnehmer vergessen …

So einfach konnte das doch nicht sein! Sie hatten ein neues, kompliziertes psychologisches Geheimwissen erwartet, etwas, was Gold vom Himmel regnen läßt, etwas, was mit Zauberhand ihren Streß ausknipst, etwas, was sie raketenartig zum Erfolg bringt – aber doch nicht eine solche Banalität!

Ich hatte diese Regeln eigentlich nur als kleinen Gag am Anfang des Seminars eingebaut, um von Anfang an eine lockere Atmosphäre zu schaffen, aber je öfter ich diesen Gag zu Beginn eines Seminars von mir gab, desto mehr fiel mir die Enttäuschung, aber auch die Belustigung in den Gesichtern auf. Offensichtlich konnte sich kein Mensch vorstellen, daß so etwas wie Lebensgenuß, Gelassenheit, Kraft und Erfolg Dinge sind, die auf ganz einfachen Mechanismen beruhen. Wie sollten sie auch, ich konnte es mir damals selbst noch nicht so recht vorstellen! Ich kam gerade frisch von der Universität, hatte den Kopf voll mit den kompliziertesten psychologischen Theorien und betrachtete den Menschen und seine Psyche mit geradezu inbrünstiger Ehrfurcht. Wie hätten auch nach fünf Jahren Psychologiestudium die Dinge einfach sein können? Nein, sie mußten kompliziert sein, wozu hatte ich sonst so lange den Menschen und das, was in seinem Gehirn abläuft, studiert!

Der Prozeß begann schleichend. Während ich mich anfangs immer noch brav an die Lehren der wissenschaftlichen Psychologie hielt, wuchs in mir mit der Zeit eine gewisse Unzufriedenheit, weil ich feststellte, daß diese Lehren für meine therapeutische Arbeit nicht das brachten, was ich suchte, nämlich einfache und klare Maßstäbe, an denen ich mich und an denen sich auch meine Klienten orientieren konnten. Während ich zu Beginn meiner therapeutischen Arbeit bei meinen Klienten die Gründe dafür suchte, die dazu geführt hatten, daß sie psychische Probleme bekamen und mich oft intensiv mit der Vergangenheit, der Erziehung und den Erlebnissen dieser Menschen befaßte, wurde mir nach und nach klar, daß es nicht die Vergangenheit, die Erziehung oder traumatische Erlebnisse sein konnten, die für die aktuellen Probleme meiner Klienten verantwortlich waren. Denn seltsamerweise gab es Menschen, die ebenfalls auf keine sonderlich angenehme Vergangenheit zurückblicken konnten, keine sonderlich liebevolle Erziehung genossen hatten, Schicksalsschläge einstecken mußten und trotzdem keinerlei nennenswerte Probleme daraus entwickelten. Die Geschichtsbücher sind voll von Berichten über erfolgreiche Menschen, die bei ihrer Geburt und in ihrem Leben alles andere als günstige Ausgangsvoraussetzungen mitbekommen haben. Wenn es so wäre, daß eine bestimmte Erziehung, bestimmte Erfahrungen oder Fehlschläge für die aktuelle emotionale Situation und den Lebenserfolg eines Menschen verantwortlich wären, dann müßten alle Menschen, denen das gleiche widerfährt, auf die gleiche Weise reagieren; daß dem nicht so ist, wissen Sie sicher aus eigener Erfahrung.

Diese Überlegung war der erste Grund dafür, daß ich mich weniger mit den Erlebnissen und der Vergangenheit der Menschen, denen es schlecht ging, beschäftigte, sondern mein Augenmerk vielmehr darauf richtete, was eigentlich Leute anders machen, denen es sehr gut geht. Menschen, die ihr Leben genießen, die sich durch hohe Belastbarkeit auszeichnen, Herausforderungen am Schopf packen und auf der Sonnenseite des Lebens stehen, haben das gleiche Gehirn, denselben Blutkreislauf und dasselbe Nervensystem wie alle anderen ihrer Zeitgenossen auch. Was aber genau unterscheidet diese Menschen von anderen? Diese Frage ließ mich nicht mehr los, denn offensichtlich hatten sie einen Weg gefunden, so mit dem Leben umzugehen, daß eine Menge Spaß, Erfolg und Kraft dabei herauskommt. Und genau das war der Weg, den meine Klienten offensichtlich nicht kannten. Also war für mich nicht mehr die Frage, warum ein Mensch Probleme mit was auch immer hat, sondern was jemand anders macht, der diese Probleme nicht hat.

Der zweite Grund für meine therapeutische „Metamorphose" war eine schnurrende Katze. Sie lag im warmen Sonnenlicht und schien mit sich und der Welt in vollster Zufriedenheit zu sein. Ist Ihnen schon einmal aufgefallen, daß eine Katze einen Großteil der Probleme, mit denen wir Menschen uns tagtäglich herumquälen, gar nicht kennt? Haben Sie beispielsweise jemals eine Katze gesehen, die unter Zeitdruck stand, die sich minderwertig fühlte, die sich als Versager abstempelte, die irgend jemandem Blutrache schwor, die vor Scham im Boden versinken wollte, die sich Schuldgefühle machte, die Depressionen hatte, die sich wegen einer Nebenbuhlerin das Leben nehmen wollte, die Existenzängste bekam, weil sie die letzte Maus nicht erwischt hatte, oder die eine Eß-Brechsucht entwickelte, weil ihre Mutter ihrer Schwester mehr Zuwendung zukommen ließ als ihr selbst?

Obwohl ich Zeit meines Lebens immer Katzen und Hunde in meiner Familie hatte, war mir bisher derartiges noch nicht aufgefallen. Sie werden jetzt vielleicht dagegenhalten, daß eine Katze ja schließlich auch nicht so hoch entwickelt und nicht so intelligent ist wie ein Mensch, womit Sie natürlich vollkommen recht haben. Aber ist es nicht verwunderlich, daß ein Mensch, obwohl er über weitaus höhere Intelligenz verfügt als ein Tier, offensichtlich wesentlich mehr Probleme hat als ein Tier? Daß er Probleme erschafft, zu denen ein Tier nie fähig wäre? Daß er sich also augenscheinlich mit dieser hohen Intelligenz mehr Probleme bereitet als sie ein wesentlich einfacher strukturiertes Tier je haben kann! Das ist doch nicht sonderlich intelligent, nicht wahr? Die Frage, die sich mir aufgrund dieser Überlegung aufdrängte, war, weshalb eigentlich eine Katze wesentlich weniger Probleme hat als dieses intelligente „Übertier" mit Namen Mensch. Und wie ich es auch drehe und wende, ich finde darauf nur eine Antwort: Eine Katze kann nicht so kompliziert denken wie ein Mensch, sie denkt wesentlich einfacher; dieses einfache Denken scheint also ein weiterer Schlüssel für ein Leben mit weniger Streß zu sein.

Ein in meinen Augen sehr weiser Mann, dessen Namen ich leider vergessen habe (Zitatfetischisten mögen mir das verzeihen), hat einmal den Satz geprägt:

**„Die wesentlichen Dinge im Leben sind einfach."**

Je länger ich mich mit dem Geheimnis von Lebensgenuß, Erfolg und Belastbarkeit beschäftige, desto mehr wird dieser Satz für mich zur Gewißheit. Leute, die ihr Leben genießen, die Erfolg bei dem, was sie tun, haben, die Barrieren durchbrechen, anstatt daran zu verzweifeln, haben in der Regel kein jahrelanges Psychologiestudium absolviert, sie verfügen nicht über hochkompliziertes Wissen, seelische Prozesse und Zusammenhänge betreffend, und trotzdem sind sie belastbar, gelassen, glücklich und erfolgreich.

Worin besteht also das Geheimnis dieser Leute? Was genau unterscheidet einen „Gewinner" von einem „Verlierer"? Sehen Sie, das waren die Fragen, die mich seit Beginn meiner psychotherapeutischen Arbeit nicht mehr losließen. Im Laufe der Zeit fand ich auch die Antworten auf diese Fragen. Ich habe mich mit unzähligen Klienten, denen es sehr schlecht ging, unterhalten, ich habe mich für ihre Einstellungen, ihre Ziele und ihre Handlungsgewohnheiten interessiert; und genau das gleiche habe ich mit sehr erfolgreichen Menschen, mit „Lebensgenießern" und unverwüstlichen Optimisten gemacht, ich habe mich mit ihnen unterhalten, ihre Biographien gelesen, Interviews studiert, Bücher von Erfolgsautoren durchgearbeitet und mich intensiv damit beschäftigt, wie diese Menschen auf Belastungen, Fehlschläge und das Leben überhaupt reagieren. Und nach allen diesen Erfahrungen hat sich eines ganz klar herauskristallisiert:

**Ob ein Mensch auf der Sonnen- oder der Schattenseite des Lebens steht, wie er mit Belastungen umgeht, wie erfolgreich er bei der Umsetzung seiner Ideen und Träume ist, wie sehr er sein Leben genießt, hängt zum größten Teil von seinen Einstellungen dem Leben gegenüber, seinen Maßstäben, seinen Zielen und seiner Art zu handeln ab.**

Nichts davon ist angeboren oder genetisch vorbestimmt, das heißt, jeder Mensch, der im Vollbesitz seiner geistigen Kräfte ist, kann sich die Lebensweise zulegen, die ihn auf die Sonnenseite katapultiert und sein Leben zu einer einzigartigen Herausforderung werden läßt.

Sie erinnern sich, daß ich auf der Suche nach einfachen und klaren Maßstäben für ein erfülltes und erfolgreiches Leben war, einer Art Kompaßnadel, die die Richtung anzeigt, der man nur zu folgen braucht, um ans Ziel zu kommen. Ich stelle Ihnen auf den folgenden Seiten eine Methode vor, die ich sowohl bei meinen Klienten als auch bei mir selbst anwende, eine Methode, die sich durch Einfachheit und Klarheit auszeichnet, eine Methode, deren phantastische Wirkung mich jeden Tag aufs neue verblüfft. Obwohl ich im Grunde nichts anderes erwartet habe, ist es für mich dennoch manchmal geradezu unbegreiflich, wie einfach es ist, Lebensgenuß und Erfolg zu erschaffen, wie einfach es ist, zum Club der Lebenskünstler, der Belastbaren und der Erfolgreichen zu gehören, wenn man erst einmal hinter deren Geheimnis gekommen ist.

Ich wollte kein weiteres Buch über positives Denken schreiben, kein Buch, in dem der geneigte Leser mit phantastischen Geschichten von armen Hascherln, die angeblich durch angestrengt positives Denken im Lotto gewinnen oder den Partner fürs Leben finden, bombardiert wird, kein Buch, in dem von an den Haaren herbeigezogenen „universellen Gesetzen", „kosmischen Energien" und anderem esoterischen Hokuspokus die Rede ist, kein Buch, in dem Sie jeden Satz fünfmal lesen müssen, bevor Sie überhaupt ahnen, was gemeint sein könnte, sondern ein Buch, das Ihnen Schritt für Schritt und logisch nachvollziehbar den Weg zu Gelassenheit, Kraft, Erfolg und Lebensfreude ebnet, ein Buch, mit dessen Hilfe Sie der werden, der Sie immer sein wollten. Ich wollte eine Methode entwickeln, die die Fertigkeiten von Lebenskünstlern, Optimisten und Tatmenschen trainierbar macht, ich wollte eine Gebrauchsanweisung für ein erfülltes Leben, ein wirkungsvolles Werkzeug, mit dem man sein Leben zum Jahrhundertereignis macht. Ich wollte ein Buch des Wissens, nicht des Glaubens, denn die, die wissen, brauchen im Gegensatz zu denen, die lediglich glauben, nicht mehr zu zweifeln; Wissen fegt jeden Zweifel vom Tisch. Deshalb fordere ich Sie jetzt, wie auch später, auf, mir kein Wort von dem, was ich in diesem Buch schreibe, zu glauben. Ich werde Ihnen für alles, was ich behaupte, Beweise liefern, ich werde Sie immer wieder auffordern, Sachverhalte zu überprüfen und kritisch zu überdenken. Und wenn Sie das tun, werden Sie am Ende dieses Buches Wissen besitzen, an dessen Kraft und Wirksamkeit für Sie keinerlei Zweifel mehr besteht. Und die Anwendung dieses Wissens wird Ihnen ein Leben bescheren, von dem andere nur träumen.

Dieses Buch ist kein Lesebuch, sondern ein „Steh-auf-und-pack-es-an-Buch", ein Buch, das bei konsequenter Anwendung Ihr Leben entscheidend verändern wird!

*Helmut Lautner*

# Kapitel 1
# Es gibt ein paar Dinge, über die
# Sie jetzt nachdenken sollten ...

*„Es kommt nicht darauf an, wo Du herkommst,*
*denn die Richtung, die Du jetzt einschlägst,*
*entscheidet darüber, wo Du ankommen wirst!"*

## Die Begrenztheit Ihres Lebens

*„Die meisten Menschen sterben, ehe Sie vernünftig genug sind, um zu wissen,*
*wie sie leben sollen."*

*(George Bernard Shaw)*

Jeder Mensch stirbt irgendwann, ein von der Natur gewolltes Ereignis, welches Tag für Tag unzähligemale auf unserer Erde abläuft. Ein Ereignis, welches auch Sie eines Tages betreffen wird. Jeden Tag sterben grob geschätzt etwa 150 000 Menschen auf der Erde, sei es durch Krankheit, Unfälle, Unterernährung oder einfach deshalb, weil sie alt geworden sind und ihr Körper die zum Leben notwendige Leistung nicht mehr aufbringen kann.

Jeden Tag 150 000!

Bis Sie diese Seite zu Ende gelesen haben, werden wieder etwa 100 Menschen gestorben sein. Einige dieser Menschen sterben in Frieden mit sich, sie haben ein erfülltes Leben gelebt, andere merken erst angesichts ihres Todes, daß sie eigentlich alles ganz anders hätten machen wollen.

Auch Sie werden eines Tages auf Ihr Leben zurückblicken, auch Sie werden am Ende Ihres Lebens Bilanz ziehen, auch Sie werden sich fragen, ob Sie gelebt haben oder Ihre Jahre hier auf der Erde lediglich abgesessen haben. Wie lange wird Ihr Leben wohl dauern? Wenn man es statistisch betrachtet, haben Sie in den reichen Industrienationen eine durchschnittliche Lebenserwartung von etwa 75 Jahren, das sind etwas mehr als 650 000 Stunden. Zieht man die Zeit, die Sie schlafend verbringen, davon ab, verbleiben etwa 400 000 dieser Stunden, in denen Sie ein erfülltes Leben führen könnten. Nehmen wir an, Sie hätten die Hälfte Ihrer „statistischen" Lebenserwartung bereits gelebt, wären jetzt also etwa 37 Jahre alt, dann hätten Sie nur noch 200 000 dieser wertvollen Stunden zur Verfügung. Nehmen wir weiter an, Sie hätten einen Job, der Ihnen keinen Spaß macht, und Sie würden diesen Job bis zum Rentenalter weiter behalten; dann würden sich diese 200 000 Stunden, die Sie noch genießen könnten, auf etwa 150 000 verringern. Und nehmen wir an, Sie würden in einer Beziehung leben, die Ihnen nichts mehr gibt, Sie würden sich täglich über Kleinigkeiten aufregen, Sie würden sich mit unnötigen Ängsten herumquälen, Sie würden Ihre Träume nicht leben und Sie wären ständig unzufrieden mit sich und der Welt …

Was glauben Sie, wie viele Stunden Ihres Lebens Sie
dann noch genießen können?

Wie lange wollen Sie noch warten, bis Sie endlich zu leben beginnen? Statistisch gesehen haben Sie etwa 75 Jahre Lebenserwartung, realistisch gesehen kann Ihr Leben jedoch morgen, nächste Woche, nächsten Monat oder nächstes Jahr schon zu Ende sein! Kein Geld der Welt, kein Mittel, wie immer es auch beschaffen sein mag, kann Ihnen auch nur eine Stunde Ihres Lebens zurückbringen, darüber sollten Sie nachdenken, bevor Sie die nächsten Stunden Ihres Lebens achtlos vorüberstreifen lassen.

Jedesmal, wenn ich die unzähligen Gräber eines Friedhofes betrachte, frage ich mich, wie viele von diesen Toten ihr Leben genossen haben mögen, wie viele ein erfülltes und glückliches Leben hatten, bevor der Tod sie ereilte. Wie viele Menschen liegen jeden

Tag auf dem Sterbebett und sehen vor ihrem geistigen Auge ihr Leben wie im Zeitraffer noch einmal vorbeiziehen, und wie viele beschäftigen sich mit dem Gedanken: „Wenn ich noch einmal leben könnte…"

---

**Wenn ich noch einmal leben könnte, …**

- dann würde ich weniger auf das Gerede der Leute geben.
- dann würde ich mich an den kleinen Dingen erfreuen.
- dann würde ich mehr Risiken eingehen und auf die verdammte Sicherheit pfeifen.
- dann würde ich mich nicht mehr über Kleinigkeiten aufregen.
- dann würde ich mir weniger Sorgen machen.
- dann würde ich viel mehr die Natur genießen.
- dann würde ich einen Beruf ergreifen, der mir wirklich Spaß macht.
- dann würde ich mich nicht mehr mit unnützen Ängsten belasten.
- dann würde ich mehr Menschen umarmen und ihnen sagen, daß ich sie mag.
- dann würde ich mir nicht mehr mit meinen eigenen überzogenen Ansprüchen das Leben zur Hölle machen.
- dann würde ich nicht mehr mit meiner Gesundheit so unbedacht umgehen.
- dann würde ich die Verantwortung für mein Leben übernehmen.
- Wenn ich noch einmal leben könnte.

---

Seit Ihrer Geburt haben Sie einen ständigen Begleiter, der immer in Ihrer Nähe weilt, ohne daß Sie ihn mit Ihren Sinnen wahrnehmen können. Eines Tages aber werden Sie ihm begegnen, und diese Begegnung wird dazu führen, daß alle Ihre Sorgen, alle Ihre Ängste und all Ihr Streß aufhören. Die vielen Sorgen um zukünftige Ereignisse sind dann zu Ende, der Ärger über Ungerechtigkeiten existiert nicht mehr. Kein Telefon, kein Termin, kein Chef hetzt Sie mehr durch den Alltag. Alles, was vorher für Sie ein großes und erdrückendes Problem war, ist verschwunden; Ihre Unentschlossenheit, Ihr Zaudern und Ihre Suche nach einem besseren Leben, nach einem Sinn, genauso wie zu glauben, daß später alles anders wird. Dann ist es zu spät! Ihr ständiger Begleiter hat alle Ihre Zukunftspläne durchkreuzt. Ihr Begleiter hat einen Namen, man nennt ihn

Ihren Tod

Er steht ständig neben Ihnen, begleitet Sie, wo immer Sie auch hingehen und eines Tages wird er Ihnen auf die Schulter klopfen – ein unangenehmer Gedanke, nicht wahr? Unangenehm, zu wissen, daß Ihre Zeit auf diesem Planeten begrenzt ist!

*„Der Tod ist der beste Lehrmeister für das Leben!"*
*(Augustinus)*

Für viele Ihrer Zeitgenossen ist dieser Satz unverständlich, wie soll der Tod leben lehren können? In der Regel beschäftigt man sich nicht sonderlich mit dem Tod, man hat irgendwo im Hinterkopf, daß man ihm eines Tages gegenüberstehen wird, aber dieser Zeitpunkt ist doch noch soooo weit weg. Ist es nicht so? Sie werden über Medien wie die Zeitung oder das Fernsehen täglich mit dem Tod konfrontiert, aber es ist ja nicht Ihr eigener, es ist etwas abstraktes, etwas, was anderen zustößt. Wie schnell er zu etwas sehr Persönlichem, zu etwas sehr betroffen Machendem werden kann, merken Sie erst dann, wenn jemand in Ihrer Familie, Ihrem Verwandten- oder Bekanntenkreis stirbt. Plötzlich ist er ganz nahe, Ihr unsichtbarer Begleiter, plötzlich ist der Schreck, die Betroffenheit, das Unbegreifliche da. Plötzlich bekommen die zwei Worte *„nie mehr"* diese grausame Bedeutung.

In unserer Gesellschaft wird der Tod gerne verdrängt, er ist irgend etwas, was in der Zukunft passiert, aber die Zukunft ist noch weit weg. Sie haben also unendlich viel Zeit, ja Sie können sich leisten, mit dieser Zeit verschwenderisch umzugehen, Sie können sich leisten, Ihr Leben jetzt noch nicht zu genießen, denn Sie können es ja dann später genießen, später, wenn Sie mit der Ausbildung fertig sind, später, wenn Sie in Rente sind, später, wenn Sie viel Geld haben, später, wenn die Kinder aus dem Haus sind, später ...

Ist es wirklich so, daß Sie unendlich viel Zeit haben, und daß diese Zeit sooo langsam vergeht? Ist es wirklich so, daß Sie es sich leisten können, damit verschwenderisch umzugehen? Ist es wirklich so, daß Sie erst später genießen können?

Haben Sie sich jemals bewußt gemacht, wie schnell die Zeit vergeht, und damit Ihr Leben? Erinnern Sie sich beispielsweise noch daran, als Jimmy Carter Präsident der Vereinigten Staaten war? Erinnern Sie sich daran, als Ajatollah Khomeini die Macht im Iran an sich riß? Wissen sie noch, wie Lech Walesa den Aufstand in der Danziger Werft organisierte? Können Sie sich noch an den Tag erinnern, an dem John Lennon erschossen wurde? Diese Ereignisse fanden alle um 1980 statt! *1980!* Wie viele Jahre sind seither vergangen! Mir erscheint es manchmal, als wäre das alles erst gestern gewesen. Ich erinnere mich genau an die blutverschmierte Brille Lennons, an den fanatischen Gesichtsausdruck von Khomeini, an das Zahnfleischlächeln Carters und den interessanten Schnurrbart Lech Walesas. Geht es Ihnen nicht ähnlich mit Ereignissen, die relativ lange zurückliegen?

Wenn Sie auf Ihre Vergangenheit zurückblicken, erscheint das Leben rasant schnell zu vergehen, alles, was in der Zukunft liegt, erscheint dagegen weit weg. Es mag Ihnen wie gestern erscheinen, als Sie mit Ihren Freunden und Freundinnen im Sandkasten spielten. War es nicht gestern, als Sie Ihren Schulabschluß schafften? Können Sie sich nicht auch an Ihre Berufsausbildung, Ihre erste Liebe, an Höhen und Tiefen Ihres Lebens sehr gut erinnern? Ich bezeichne diese Tatsache als das „Urlaubs-Phänomen". Das ganze Jahr über wartet man auf den heißersehnten Urlaub, die Zeit bis dahin dehnt sich wie Kaugummi; ist er aber endlich da, scheint er im Fluge zu vergehen, und ehe man sich versieht, ist er vorbei, und man blickt sehnsüchtig auf diese Zeit zurück.

Betrachten Sie doch einmal die letzten Jahrzehnte Ihres Lebens etwas kritischer. Wie schnell sind sie vergangen und wie viele liegen noch vor Ihnen? Haben Sie jeden Tag dieses Zeitraumes genossen? Haben Sie jeden Tag so gelebt, daß Sie Spaß dabei hatten? Wenn sie zurückblicken, können Sie dann sagen, daß alles gut war in diesen Jahren?

> Haben Sie in den letzten Jahren ein Leben gelebt,
> wie Sie sich das vorgestellt haben?
> Haben Sie wirklich jede Minute genossen?

Oder gibt es bereits in diesen Jahren Momente und Zeiträume, in denen Sie Verdruß erlebten, in denen Sie keinen Spaß empfanden? In denen Sie Gefühle wie Ärger, Angst, Eifersucht, Neid, Schuld etc. verspürten, in denen Sie sich unter Druck gesetzt fühlten, in denen Sie gereizt waren, in denen Sie ein Leben führten, das Ihnen Ihre Umwelt diktierte, und am liebsten aus ihrer Haut fahren wollten? Wie oft in der Woche ärgern Sie sich über etwas oder jemanden, wie oft ängstigen Sie sich, wie oft machen Sie sich Sorgen? Was haben Sie in den letzten Jahren nicht getan, obwohl Sie es gerne getan hätten? Welche Ausreden haben Sie benutzt, um vor sich selbst zu rechtfertigen, Dinge nicht zu tun?

Wieviel Prozent der letzten Jahre haben sie wirklich genossen?

0.....................25......................50......................75......................100%?

Wenn Sie sich jetzt eingestehen müssen, daß nicht alles so war, wie Sie es gerne gehabt hätten, daß Sie häufig Gefühle hatten, die Ihnen keinen Spaß machten, daß Sie das Wort „Streß" des öfteren am eigenen Leib erfahren haben und daß Sie einiges ändern würden, könnten Sie diesen Zeitraum noch einmal durchleben ...

Dann läßt sich Ihr bisheriges Leben doch durchaus mit dem eines sterbenden Menschen, der auf sein Leben zurückblickt, vergleichen! Auch Sie würden einiges anders machen, könnten Sie noch einmal von vorne anfangen. Der Tod ist etwas, mit dem Sie ständig rechnen können, und wenn Sie bisher noch nicht bewußt gelebt haben, wann wollen Sie es dann tun? *Ihr Leben kann morgen schon zu Ende sein!*

*„Es ist unser Irrtum, daß wir den Tod in der Zukunft erwarten. Er ist zum großen Teil schon vorüber. Was vom Leben hinter uns liegt, hat der Tod."*
*(Seneca)*

Nehmen Sie sich einen Augenblick Zeit und denken Sie nach. Wie viele Jahre sind Sie schon auf dieser Erde? Wie viele Jahre werden Sie noch hier sein? Und vor allem: Wie viele davon möchten Sie leben? Unter „leben" verstehe ich mehr als das bloße Absitzen von Jahren! Sie sind alleine auf diese Welt gekommen und Sie werden alleine wieder zurückgehen. Doch zwischen Geburt und Tod ist der Zeitraum, der Ihr Leben ausmacht.

Wie möchten Sie diese Zeit verbringen?

Jede Minute, jede Stunde, jeden Tag, den Sie nicht genießen, ist ein Zeitraum, in dem Sie nicht gelebt haben, ein Zeitraum, den Sie sich hätten sparen können, ein Zeitraum aber auch, der unwiederbringlich vorbei ist, den Sie verschwendet haben, der dem Tod gehört.

Machen Sie sich das klar!

Die meisten Menschen leben, als ob sie unendlich viele dieser Zeiträume zur Verfügung hätten und deshalb unendlich viele davon verschwenden könnten. Anthony Robbins bezeichnet diese Art zu leben als das „Niagara-Syndrom". Das Leben ist eine Art Fluß und die meisten von uns springen in diesen Fluß des Lebens, ohne sich dafür zu entscheiden, wo sie hin möchten. Im kurzen Zeitraum ihres Lebens werden sie deshalb von den Fluten getrieben; die Fluten bestimmen, wo der Weg hingeht, die Fluten bestimmen, welche Gefühle erlebt werden, die Fluten bestimmen bei jeder Flußgabelung, welche Richtung eingeschlagen wird. Diese Menschen werden von ihrer Umgebung und von ihrer Erziehung gesteuert. Sie haben nie gelernt, ihr Leben selbst in die Hand zu nehmen. Sie bleiben in diesem trägen Zustand, beklagen sich höchstens über ihr Schicksal, bis sie eines Tages vom Brüllen der Wassermassen aufwachen und feststellen, daß sie sich in einem Ruderboot ohne Paddel 50 Meter vor den Niagarafällen befinden …

Vorsichtige Schätzungen besagen, daß etwa 75% aller Menschen ihr Leben auf diese Weise führen. Sie verschwenden ihr Leben, weil sie nicht wissen, was sie vom Leben wollen. Sie lassen die Zeit verstreichen, ohne sie bewußt zu nutzen. Sie sitzen ihre Jahre ab, anstatt sie zu „er"-leben; Sie sind „Opfer" der Umstände, hilflos den Strömungen des Lebens ausgeliefert, weil sie nie gelernt haben, das Ruder ihres Lebens selbst in die Hand zu nehmen.

Haben Sie sich jemals Gedanken darüber gemacht, was sie vom Leben wollen, wie Ihr Leben aussehen soll, was der Sinn Ihres Lebens sein soll? Und falls Sie sich die Mühe gemacht haben, darüber nachzudenken, haben Sie auf diese Fragen eine befriedigende Antwort gefunden?

Erinnern Sie sich an die Worte von George Bernard Shaw zu Beginn dieses Kapitels?

> *„Die meisten Menschen sterben,*
> *ehe sie vernünftig genug sind,*
> *um zu wissen, wie sie leben sollen."*

Hat er nicht recht gehabt, der gute alte George? Ich beschäftige mich mit der Materie, von der dieses Buch handelt, nun schon seit mehr als zwölf Jahren und beobachte immer noch mit Erstaunen, wie durch die Änderung meiner Ansichten, die Änderung meiner Art, das Leben zu sehen, vieles möglich wird, von dem ich früher nur geträumt hätte.

Inzwischen weiß ich, daß es nicht die Umstände sind, die mein Leben bestimmen, sondern meine Einstellungen, das Leben betreffend, und die Ziele, die ich mir setze.

Sie haben dieses Buch sicher nicht in die Hand genommen, weil Sie an der Schrift oder den Bildern interessiert sind, sondern weil Sie einen Weg suchen, Ihre Lebensqualität und Ihren Lebensgenuß zu verbessern, ist es nicht so? Möglicherweise stehen Sie gerade an einer „Flußgabelung" Ihres Lebens und suchen Orientierungspunkte, möglicherweise führen Sie im Augenblick ein Leben, das Sie nicht sonderlich begeistert, möglicherweise möchten Sie einfach dazulernen, möglicherweise aber haben Sie sich auch in eine emotionale Krise hineinmanövriert, aus der Sie einen Ausweg suchen.

Es ist im Endeffekt egal, wie Ihre jetzige Situation beschaffen ist, die Frage ist vielmehr, ob Sie so weitermachen wollen wie bisher, ob Sie im Fluß des Lebens treiben oder ob Sie Ihr Leben nach Ihren Vorstellungen gestalten möchten.

Ihr Leben gleicht einem Schachspiel. Ihr Gegner ist der Tod. Er wird dieses Spiel eines Tages beenden. Ob Sie jedoch in diesem Spiel ein Gewinner oder Verlierer sein werden, hängt alleine von Ihnen ab. Entscheiden Sie sich, denn Sie haben die Wahl! Zeit duldet keine Unentschlossenheit! Hören Sie auf, nach Entschuldigungen und Ausflüchten zu suchen, das Leben ist zu kurz für derlei Unsinn. Sie können ein Leben führen, auf das Sie, wenn Sie Ihren „Begleiter" treffen, mit Bedauern zurückblicken, oder Sie können ein Leben führen, welches Sie genießen, welches Sie „gelebt" haben.

> *„Zukunft – das ist die Zeit, in der du bereust,*
> *daß du das, was du heute tun kannst, nicht getan hast."*
> *(Arthur Lassen)*

# Was wollen Sie eigentlich vom Leben?

> *„Man gibt immer den Verhältnissen die Schuld für das, was man ist.*
> *Ich glaube nicht an die Verhältnisse.*
> *Diejenigen, die in der Welt vorankommen,*
> *gehen hin und suchen sich die Verhältnisse, die sie wollen,*
> *und wenn sie sie nicht finden, schaffen sie sie."*
> *(George Bernard Shaw)*

Was unterscheidet Menschen wie Mahatma Ghandi, Martin Luther-King, Aristoteles Onassis, Abraham Lincoln, Leonardo da Vinci, Albert Schweitzer, Thomas Alpha Edison, Christoph Columbus und all die anderen großen Persönlichkeiten von all den anderen Menschen, über die keiner mehr redet? Worin unterscheidet sich deren Lebensweg von anderen?

Nun, sie alle hatten zwei Arme und zwei Beine, sie alle aßen und tranken und sie alle sind gestorben. Aber sie alle haben in ihrem Leben etwas erreicht, sie alle hatten sich Ziele gesetzt, an denen sie ihr Tun und Handeln ausgerichtet haben. Bei Ghandi war es der gewaltlose Widerstand, bei Luther-King war es die Gleichstellung der Schwarzen, bei Columbus war es die Entdeckung neuen Landes. Sie alle haben etwas bewegt in ihrem Leben, weil sie ihre Ziele mit unglaublicher Beharrlichkeit verfolgten. Sie konnten aber Ihre Ziele nur deshalb verfolgen, *weil sie sich welche gesetzt hatten.*

Ziele setzt man sich auch im Alltag, man setzt sich Ziele für die Schulausbildung, für den Beruf, für den Hausbau, für das tägliche Mittagessen. Aber fragen Sie einmal einen Ihrer Mitmenschen, welches Ziel er sich für sein Leben als Ganzes gesetzt hat. Sie werden wahrscheinlich keine sonderlich befriedigende Antwort erhalten. Denn darüber macht man sich in der Regel keine Gedanken. Der Großteil der Menschheit glaubt, daß das Schicksal, die Erziehung, die Umwelt oder sonstige Faktoren ihr Leben bestimmen. Sich in einem derartig fremdbestimmten Leben irgendwelche Ziele zu setzen, wäre natürlich blanker Unsinn. Da ist es schon wesentlich einfacher, neidisch auf die anderen zu blicken, auf die anderen, mit denen es „das Schicksal" gut gemeint hat, und sich über sein Los zu beklagen. Was aber zeichnet denn Menschen aus, die vom „Schicksal" begünstigt sind? Worin unterscheiden sie sich denn von „Otto Normalverbraucher"? In der Regel doch dadurch, daß ihnen bestimmte Vorteile in die Wiege gelegt wurden. Es gibt auf unserem Planeten Menschen mit …

- genetischen Vorteilen (Intelligenz, Körperstatur, Schönheit etc.)
- finanziellen Vorteilen (reiche Familie)
- Standesvorteilen (angesehener Beruf, Adelstitel etc.)
- Beziehungsvorteilen (kennen die richtigen Leute zum richtigen Zeitpunkt)
- Vorteilen, die durch die Umwelt bedingt sind (z.B. das Land, in dem sie geboren wurden)

- Bildungsvorteilen (exzellente Ausbildung)
- gesundheitlichen Vorteilen etc. pp.

Und es gibt auf demselben Planeten Menschen, die alle diese Vorteile nicht haben. Soweit zum „Schicksal". Haben Sie sich aber jemals gefragt, weshalb es Menschen gibt, die in einer optimalen Umwelt aufwachsen, die Geld wie Heu haben und des Lebens überdrüssig sind und andere wiederum, denen nichts geschenkt wird und die ihr Leben trotzdem in vollen Zügen genießen?

Offensichtlich gibt es einen weiteren Faktor, der alle anderen Faktoren in den Schatten stellt, ein Faktor, der unabhängig von Umweltbedingungen, Reichtum, genetischen Vorteilen oder Karriere existiert. Ein Faktor, der nicht außerhalb, sondern in Ihnen wirkt, ein Faktor, der „Schicksal" erschafft, statt sich ihm auszuliefern. Es ist

Ihre Grundeinstellung gegenüber Ihrem Leben

Nicht von den Umweltbedingungen, sondern von der Lebenseinstellung hängt ab, ob ein Mensch glücklich und belastbar oder unzufrieden und ein „Nervenbündel" ist!

*„Es kommt nicht darauf an, woher der Wind weht,*
*sondern wie du die Segel setzt!" (alte Seefahrerweisheit)*

Ein exzellenter Segler kommt mit seinem Schiff auch bei Gegenwind an sein Ziel; jemand, der keine Ahnung vom Segeln hat, kann auch mit dem günstigsten Wind und dem schnellsten Boot nichts anfangen, geschweige denn irgendein Ziel damit erreichen. Ein Mensch, der alle Vorteile, die ihm die Natur und die Gesellschaft bieten kann, auf sich vereint, wird ohne die richtige Lebenseinstellung scheitern. Andererseits wird ein Mensch mit der richtigen Lebenseinstellung unabhängig von Vorteilen durch Umwelt und Gesellschaft; man braucht sie ihm nicht mitzugeben, er schafft sie sich.

*„Wir finden entweder einen Weg, oder wir bauen einen!"*
*(Hannibal bei der Alpenüberquerung)*

Was aber genau ist denn nun dieses offensichtliche Wunderding „Lebenseinstellung"? Eine Lebenseinstellung besteht im Grunde aus Maßstäben, die als eine Art Kompaßnadel Denken, Handeln, Tun und Fühlen des Betreffenden beeinflussen. Um diese Maßstäbe zu finden, sollten Sie sich zuerst einmal Gedanken darüber machen, was Sie vom Leben eigentlich wollen. Sie benötigen ein klares Ziel vor Augen, an dem Sie Ihr Handeln und Tun ausrichten können. Denn Sie können Ihrem Leben an einem Tag eine entscheidende Wende geben:

Wenn Sie sich jetzt entscheiden,
selbst darüber zu bestimmen.
Wenn Sie sich jetzt entscheiden,
das Ziel für Ihr Leben aufzustellen.
Und wenn Sie sich jetzt dazu entscheiden,
alles für dieses Ziel zu tun!

Denn nur wenn Sie wissen, was Sie wollen, wissen Sie, was zu tun ist. Mir fällt in meiner täglichen Arbeit als Psychotherapeut immer wieder auf, daß die meisten Klienten zwar wissen, was sie nicht möchten (sie möchten sich nicht ärgern, sie möchten keinen Streß haben, sie möchten keine Angst haben etc.), aber auf die Frage, was sie denn dann eigentlich möchten, erhalte ich in den seltensten Fällen eine Antwort, meist kommt dann: „Da habe ich mir noch gar keine Gedanken gemacht …"

Nehmen wir an, Sie möchten sich die Zutaten für ein schmackhaftes Abendessen besorgen. Sie wissen auch ganz genau, was Sie nicht wollen, nämlich Eier und Sauerkraut. Also gehen Sie in den nächsten Supermarkt, wandern durch die Gänge und verlassen den Supermarkt wieder. Und tatsächlich, Sie haben keine Eier und kein Sauerkraut. Nur leider haben Sie auch nichts zu essen gekauft, da Sie zwar wußten, was Sie nicht wollen, aber sich eben auch keine Gedanken darüber gemacht haben, was Sie eigentlich wollen.

Genausowenig wie es sinnvoll ist, in ein Geschäft zu gehen und lediglich zu wissen, was man nicht will, ist es sinnig, ein Leben zu führen, das auf keinerlei Ziel hin ausgerichtet ist. Solange Sie keine Maßstäbe entwickeln, an denen Sie Ihr Verhalten ausrichten, sind Sie ein Spielball des sogenannten „Schicksals". Erst wenn Sie wissen, was Sie wollen, können sie danach handeln, erst dann wird aus „Schicksal" Selbstbestimmung. Deshalb hier und jetzt die Frage, welche die Richtung Ihres zukünftigen Lebenswegs entscheidend beeinflussen wird:

Was wollen Sie eigentlich vom Leben?

Menschen setzen sich Ziele bezüglich ihrer Berufsausbildung, sie sind bereit, jeden Tag um sechs Uhr morgens aufzustehen, sich bei Sonnenschein in künstlich beleuchtete Räume zu setzen, Unterricht und Prüfungen über sich ergehen zu lassen, Geld zu investieren, nur um am Ende ein Zertifikat zu bekommen, durch das dokumentiert wird, daß sie fähig sind, den gelernten Beruf auszuüben. Sie sind bereit, ihren Lebensrhythmus, ihren Tagesablauf und ihre Freizeit der Ausbildung und dem Beruf unterzuordnen. Ein Großteil des Lebens dreht sich um Ausbildung, Beruf und Arbeit; und trotzdem sind diese Bereiche nur ein winziger Bruchteil dessen, was Leben wirklich ausmacht.

Man ist gewohnt, sich Ziele in kleinen Teilbereichen des Lebens zu setzen, aber wer setzt sich ein Ziel hinsichtlich des ganzen Lebens? Wie viele Menschen kennen Sie, die sich bewußt einen Maßstab für ihr Leben geschaffen haben? Und wie steht es diesbezüglich mit Ihnen? Deshalb hier noch einmal die Frage, die entscheiden wird, wie Sie zukünftig leben werden, ob Sie zu den Verlierern oder Gewinnern gehören werden:

Was wollen Sie vom Leben?

Solange Sie nicht wissen, was Sie wirklich wollen, was Ihnen wirklich wichtig ist, werden Sie im Laufe Ihres Lebens eine Menge Verdruß erfahren!

Ich habe diese Frage im Laufe der Zeit allen meinen Seminar-
teilnehmern gestellt und eine Art „Durchschnittsliste" konstru-
iert, an der sich die überwiegende Mehrheit orientiert.

Die nachfolgend dargestellte Liste zeigt die Rangfolge der erar-
beiteten Ziele. Falls in Ihrem Leben Gesundheit, Überleben und
Glücklichsein nicht an erster Stelle steht, ist es an der Zeit, einmal
intensiv darüber nachzudenken, ob Sie mit Ihren Maßstäben jemals ein erfülltes Leben führen können...

## Die Ziele

### Überleben und Gesundheit

Die meisten Menschen möchten ihr Leben so lange wie
möglich erhalten und dabei so wenig wie möglich krank
sein. (Jeder, der schon einmal an einer ernsten oder tod-
bringenden Krankheit gelitten hat, weiß, wie unwichtig
plötzlich andere Ziele werden können.) Wenn Ihnen andere
Dinge wesentlich wichtiger sind als Ihre Gesundheit, dann
sind Sie bereit Partnerschaften aufrechtzuerhalten, mit denen Sie sich quälen bis zum Magengeschwür, dann sind Sie
bereit einen Beruf auszuüben, der Ihnen nichts als Verdruß
bringt, dann sind Sie bereit, Ihre Karriere über Ihre Gesundheit zu stellen. Möglicherweise sind Sie dann jedoch noch
nicht bereit dafür, Ihre Maßstäbe aufzustellen, möglicherweise müssen Sie erst Ihre Gesundheit verlieren, um darüber nachzudenken...

### Glücklich sein

Glücklich sein bedeutet, einen Gemütszustand aufrechtzuerhalten, der als angenehm empfunden wird. Ein Leben, in
dem Sie nicht überwiegend glücklich sind und sich daran
erfreuen, ist ein Leben, das Sie sich hätten sparen können.
Deshalb ist es spätestens jetzt an der Zeit, sich diesen Maßstab zu setzen!

### Sozialer Kontakt zu anderen Menschen

Die überwiegende Mehrheit von uns empfindet es als ausgesprochen angenehm, in einer Gemeinschaft zu leben, sich mit anderen Menschen auszutauschen oder engere Beziehungen einzugehen.

### Kreativ sein, etwas schaffen

Jeder Mensch scheint einen Drang danach zu haben, sich mit seiner Umwelt kreativ auseinanderzusetzen – auch Sie, sonst würden Sie dieses Buch nicht lesen. „Etwas schaffen" bedeutet für jeden etwas anderes; der eine will Karriere im Beruf machen, ein anderer will ein Haus bauen, ein dritter möchte eine große Familie gründen und wieder ein anderer will unbedingt die größte Modelleisenbahn der Welt sein eigen nennen. Der Drang, sich in einem oder mehreren Bereichen weiterzuentwickeln, Neues dazuzulernen, „Neugierde" also, ist so alt wie die Menschheit. Ohne dieses Streben wären wir immer noch in der Steinzeit.

Wenn Sie sich diese Liste aufmerksam durchlesen, werden Sie feststellen, daß sich fast alle menschlichen Ziele in diese Liste einordnen lassen. Nehmen wir an, Ihr Ziel wäre, eine Million Mark zu besitzen, dann ließe sich das unter „kreativ sein" einordnen. Wenn Ihr Ziel „Gewicht reduzieren" wäre, dann könnten Sie es unter „Gesundheit" oder unter „etwas schaffen" einordnen. Betrachtet man die Punkte 3 und 4 genauer, dann stellt man fest, daß diese beiden Punkte eigentlich nur Mittel zum Zweck sind, nämlich zum Zweck, glücklich zu sein. Kein Mensch will Kontakt zu anderen oder etwas im Leben schaffen, um dadurch unglücklich zu werden, nicht wahr? Alles, was Sie in Ihrem Leben tun, alles, was sie erreichen möchten, dient lediglich dazu, die beiden ersten Ziele zu verwirklichen. Der grobe Maßstab für ein erfülltes Leben, so trivial das auch klingen mag, ist also, *gesund und glücklich zu sein*; oder um es auf eine griffige Formel zu bringen:

Jeder Mensch strebt bei allem, was er tut, danach,
ein Maximum an Genuß
und
ein Minimum an Verdruß
zu erleben.

Darunter verstehe ich nicht Genuß auf Kosten anderer, sondern ein Leben, welches Ihnen Spaß gemacht hat, worauf Sie am Ende mit Freude und Befriedigung zurückblicken können. Oder ist es bei Ihnen wider Erwarten anders? Möchten Sie eher ein Maximum an Verdruß in Ihrem Leben erleben? War es schon immer Ihr Wunsch, sich das Leben zur Hölle zu machen? Wollen Sie am Ende Ihres Lebens mit Bedauern auf Jahrzehnte des Verdrusses zurückblicken? Ist es das, worauf Sie seit Jahren eifrig hinarbeiten? *Ist es das? Nein, natürlich nicht!*

Bevor Sie irgend etwas in Ihrem Leben ändern können, brauchen sie zuerst ein Ziel. Solange Sie nicht wissen, was Sie wollen, können Sie auch nichts erreichen, jemand der nicht weiß, wohin er will, kommt dort auch nicht an. Um ein Ziel wirklich zu erreichen, bedarf es zweier Schritte; solange Sie nur den ersten Schritt wagen, um daraufhin in Lethargie zu versinken, wird Sie nichts Ihrem Ziel näherbringen, Sie hätten sich den ersten Schritt sparen können. Nur in Kombination sind diese beiden Schritte sinnvoll:

Formulieren Sie Ihre Wünsche und Bedürfnisse
als konkrete Absicht.
Richten Sie Ihr ganzes Denken und Handeln
auf die Erfüllung dieses Zieles aus.

Nur wenn Sie diese beiden Schritte befolgen, werden Sie Ihr Ziel erreichen. Jemand, der viel Geld haben möchte, aber nicht bereit ist, etwas dafür zu tun, der nicht bereit ist, jede Gelegenheit beim Schopf zu packen, der wird dieses Ziel nie erreichen. Deshalb nutzt es Ihnen gar nichts, wenn Sie jetzt halbherzig zustimmen und behaupten, ein Maximum an Genuß und ein Minimum an Verdruß wäre genau das, was Sie vom Leben wollen, aber andererseits nicht bereit sind, etwas dafür zu tun. Dann haben sie zwar einen guten Vorsatz, aber dabei bleibt es auch. Vielleicht kennen Sie die guten Vorsätze, die man sich bevorzugt am Jahresende macht: Man will aufhören zu rauchen, man will abnehmen, man will freundlicher zu seinem Lebensgefährten sein, man will dies und das…

Und am Ende des nächsten Jahres stellt man fest, daß alles beim alten geblieben ist. Es vergehen einige dieser Jahre, und am Ende des Lebens stellt man fest, daß sich gar nichts geändert hat…

*Ziele sind Vorstellungen, für deren Verwirklichung Sie bereit sind, etwas zu tun* – sonst bleibt es beim Vorsatz! Wenn für Sie Zielverwirklichung ein schönes Wort und danach handeln „irgendwann" bedeutet, werden Sie Ihren *Maximum an Genuß* nie erreichen, genausowenig, wie Sie in Rom ankommen, wenn Sie sich nicht in ein Fahrzeug setzen und losfahren. Der beste Kompaß nutzt Ihnen nichts, wenn Sie nicht bereit sind, in die Richtung, die er Ihnen anzeigt, zu gehen! Alle „Gewinner" auf unserer Erde wissen um die enorme Kraft, die eine bewußte Zielsetzung in Gang bringt, eine Untersuchung an der Universität von Yale im Jahre 1953 zeigte diesen Effekt in eindrucksvoller Weise. Studenten des Anfangssemesters an der betriebswirtschaftlichen Fakultät wurden befragt, ob sie für ihren beruflichen Werdegang ein klares Ziel hätten, und ob sie sich einen Plan erstellt hätten um dieses Ziel zu erreichen. Lediglich 3% von diesen Studenten konnte beide Fragen mit „Ja" beantworten. 3% wußten genau, wie lange sie studieren wollten, wo sie nach ihrem Studium arbeiten wollten und welche Position sie anstrebten. Die Untersuchung umfaßte einen Zeitraum von 20 Jahren! Nach 20 Jahren verdienten diese 3%, die anfangs genau wußten, was sie wollten, mehr, als die anderen 97% zusammen, die anfangs nicht wußten, was sie wollten.

Wie viele Menschen wissen nicht, was sie vom Leben wollen? Und wie schnell geht dieses Leben vorbei! Erinnern Sie sich noch an Ihren „unsichtbaren Begleiter"? Die überwiegende Mehrheit Ihrer Zeitgenossen richtet ihr Leben nicht bewußt nach einem Ziel aus, sie übernimmt keine Kontrolle über ihren Lebensweg, sie hat keinerlei Maßstäbe, an denen sie sich orientiert und sie führt ein Leben, in dem Genuß mehr oder weniger vom Zufall abhängt und Verdruß beinahe täglich „über sie kommt". Die Richtung Ihres Lebens wird aber von Ihren Maßstäben bestimmt, Maßstäbe sind wie

Steuerräder, sie sind das Instrument, um den Kurs zu halten! Weshalb hat ein Boot eigentlich ein Steuer? Aus dem einfachen Grund, um damit die Richtung bestimmen können, um das Boot unter Kontrolle zu haben. Ein Boot ohne Steuer ist nutzlos, Sie können damit zwar auf dem Ozean treiben, aber Sie kommen damit nirgendwo an, ja es besteht sogar die Gefahr, daß Sie damit Ihr Leben gefährden.

Und weshalb hat ein Mensch ein Gehirn? Nun, aus demselben Grund. Dieses Gehirn können Sie dazu benutzen, Ihrem Leben eine Richtung zu geben und ein Leben zu führen, in dem Sie ein Maximum an Genuß verspüren. Wenn Sie dieses enorm leistungsfähige Ding unter Ihrer Schädeldecke nicht dazu benutzen, Ihrem Leben eine Richtung zu geben, Kontrolle über Ihr Leben zu erreichen, was wollen Sie denn dann damit? Um nur existieren zu können, um Ihr Leben „abzusitzen", bis es endlich vorbei ist, dazu bräuchten Sie diesen hochkomplizierten Apparat zwischen Ihren Ohren nicht. Für ein derartiges Leben würde das Stammhirn und ein paar primitive Reflexe durchaus genügen. Nutzen Sie die phantastischen Möglichkeiten Ihres Gehirns, Sie können damit Ziele erreichen, die Ihnen jetzt vielleicht noch unglaublich erscheinen!

> *„Für eine bewußte Lebensführung ist es fundamental und wichtig*
> *zu wissen, wo wir hinwollen und wo wir nicht hinwollen*
> *(Selbstbestimmung), um nicht dort anzukommen,*
> *wo andere uns hinhaben wollen (Fremdbestimmung)."*
> *(Lothar J. Seiwert)*

Ziele dienen dazu, alle Kräfte auf einen Punkt zu konzentrieren, denn nur, wenn Sie das tun, haben Sie auch Erfolg, und wenn Sie sich wirklich ein Ziel gesetzt haben, dann zieht diese Zielsetzung immer ein Danach-Handeln nach. Sie werden nie ein Ziel erreichen, wenn Sie nicht bereit sind, dafür etwas zu tun. Den ersten Schritt haben Sie bereits hinter sich, indem Sie sich dieses Buch beschafft haben. Der nächste Schritt ist, dieses Buch nicht nur oberflächlich zu lesen, sondern damit zu arbeiten und danach zu handeln.

*„Du kannst deine Arbeit nicht tun, wenn du nicht bereit bist,*
*dein Werkzeug in die Hand zu nehmen!" (Verfasser unbekannt)*

Es gibt viele Menschen, die in einem Zustand von ständiger Unentschlossenheit zu leben scheinen; sie gehen einmal in diese Richtung, dann wieder in eine andere. Sie beginnen damit, bestimmte Sachen zu tun, geben sie dann wieder auf und versuchen es mit anderen. Das Problem dieser Menschen ist, daß sie nicht so recht wissen, was sie wollen. Sobald sie vor Entscheidungen stehen, sind sie unentschlossen, weil sie völlig unklare Maßstäbe für ihr Leben haben. Weil sie kein Ziel haben, können sie auch keines erreichen. Dieser Zustand der Unentschlossenheit und Verwirrung begleitet sie ihr ganzes Leben hindurch, sie leben nicht, sie existieren lediglich.

Benutzen Sie dieses Buch als Werkzeug; ein Werkzeug ist zum Arbeiten da, nicht zur wohlgefälligen Betrachtung. Nur wenn Sie damit arbeiten, erreichen Sie Ergebnisse. Der Verursacher Ihres Lebensgenusses und Ihrer Belastbarkeit sind Sie selbst, nicht diese beschriebenen Seiten Papier. Wenn Sie die bisherigen Übungen nicht gemacht haben, weil sie Ihnen lästig erschienen, weil Sie einfach zu bequem dazu waren oder weil Sie gewohnt sind, Bücher passiv zu lesen, dann tun Sie es jetzt, denn dieses Buch will Ihnen helfen, Ihre Lebensqualität zu verbessern; das kann es aber nur, wenn Sie es auch dazu benutzen! Ein altes Sprichwort besagt, daß es im Leben nur zwei Arten von Leid gibt: Die eine wird durch Disziplin, die andere durch Bedauern verursacht. Das erste wiegt nur wenige Gramm, das zweite aber Tonnen.

Sie hatten einen Grund, dieses Buch zu erwerben. Offensichtlich möchten Sie irgend etwas in Ihrem Leben ändern. Und mit diesem Buch und Ihrer Beharrlichkeit werden Sie es ändern! Wenn Sie wissen, wie Sie ein Ziel erreichen, können Sie darauf zusteuern. Ein Ziel ohne Wissen über den Weg dahin ist wertlos! Dieses Buch liefert Ihnen das Wissen, welches Sie benötigen um Ihr Lebensziel zu erreichen:

Maximum an Genuß und Minimum an Verdruß

Sie werden wissen, wie Sie ein Leben voll Zufriedenheit, Belastbarkeit, Gelassenheit und Glück führen können. Aber leben müssen Sie dieses Leben selbst, handeln kann dieses Buch nicht für Sie, und wenn Sie nicht bereit sind, nach diesem Buch zu handeln, Ihr Wissen anzuwenden, dann werden Sie weiterhin diejenigen beneiden, die auf der Sonnenseite des Lebens stehen.

> *„Mit guten Vorsätzen ist der Weg zur Hölle gepflastert."*
> *(William James)*

Stellen Sie sich deshalb von nun an jeden Tag die Frage:

> Bringt mich das,
> was ich gerade denke, fühle oder tue,
> wirklich meinem Ziel näher?

Ihr Ziel ist ein Maximum an Lebensgenuß, und Lebensgenuß ist eine Entscheidung, nicht etwas, was zufällig vorbeikommt! Lebensgenuß findet jetzt statt, denn jetzt leben Sie und jetzt, wo Sie diese Zeilen lesen, tun Sie etwas, was Sie Ihrem Ziel näherbringt, denn Sie verschaffen sich gerade das nötige Wissen.

Wie viele Bücher zu ähnlichen Themen haben Sie bereits gelesen? Haben Sie sie lediglich passiv gelesen oder damit gearbeitet? Wie viele Seminare zu ähnlichen Themen haben Sie besucht? Haben Sie anschließend gleich das nächste Seminar gebucht oder die Inhalte umgesetzt? Und was hat sich geändert? Hatten Sie den Eindruck, daß Ihnen das Ganze nichts oder nur sehr wenig bringt? Möglicherweise gehören Sie auch zu den Menschen, die sehr viel Wissen anhäufen, aber nur wenig davon anwenden, Menschen, die ihr Leben lang auf der Suche sind, aber nicht handeln. Nun, dann stellen Sie sich doch jetzt die entscheidenden Fragen:

> Was werden Sie diesmal anders machen?
> Und wann werden Sie damit beginnen?

# Die drei entscheidenden Regeln
# für ein phantastisches Leben

Möglicherweise haben Sie sich an dieser Stelle des Buches die Frage gestellt, wie man denn nun dieses „Maximum an Lebensgenuß" erreicht, was genau zu tun ist, um dorthin zu kommen, welchen „Trick" Sie anwenden müßten, damit „die Sonne aufgeht"...

„Pazienza!"(Geduld) sagte mein Nachbar Sebastiano in Sizilien, als ich mein Haus an einem Tag streichen wollte, „Pazienza!" sagte er, als mein Wagen den Geist aufgab, und als er vor ein paar Tagen mit seinem Fahrrad von einem Auto überrollt wurde und ich ihn übel zugerichtet im Krankenhaus von Avola sah, meinte er, daß er zuwenig „Pazienza" gehabt hätte, weil er nicht hatte warten wollen, bis das Auto die Straße freigegeben hatte.

Lebenseinstellungen zu verändern, ist ein Prozeß, der bestimmte aufeinander abgestimmte Schritte erfordert; genauso wie Treppensteigen nur dann funktionieren kann, wenn die Stufen in der richtigen Reihenfolge genommen werden, kann eine Einstellungsänderung nur dann stattfinden, wenn die dazu nötigen Bausteine aufeinandergestellt werden. Ich könnte Ihnen das, worauf es ankommt, mit ein paar Sätzen beschreiben, doch das würde Ihnen absolut nichts nutzen, es hätte weniger Wirkung als ein Tropfen Wasser gegen Durst, denn es wäre nur ein Beschreibung, es würde keine Denkprozesse in Gang setzen, keine neuen Erfahrungen und keinerlei Änderung. Ich habe dieses Buch nicht geschrieben, um Beschreibungen abzuliefern, sondern um Wirkungen damit zu erzielen. Deshalb werden wir, Sie und ich, uns gemeinsam in die Materie einarbeiten – und zwar mit „Pazienza"...

Gehen wir also einen Schritt weiter, betreten wir die erste Stufe der Treppe. Definieren wir dieses *„Maximum an Genuß – Minimum an Verdruß"* etwas genauer. Was tut eigentlich ein Mensch, der sein Leben genießt und für den „Verdruß" mehr oder weniger eine Art Fremdwort bedeutet? Betrachtet man sich derartige Lebenskünstler genauer, fällt auf, daß sie nach drei einfachen Grundsätzen leben, die sie ohne Wenn und Aber befolgen:

**Drei Grundsätze für die Lebenskunst**

**Grundsatz Nr. 1: Genieße alles, was dir über den Weg läuft!**

Es fällt auf, daß sich diese Menschen an vielen Dingen des alltäglichen Lebens erfreuen, auch an Dingen, die andere nicht einmal beachten. Das Essen, der blaue Himmel, eine Blume, die Farbe eines Kleides, ein Lächeln, ihre Arbeit, den Sternenhimmel, ein Musikstück, ein Glas Wasser ... – es scheint fast nichts zu geben, aus denen diese Künstler nicht zumindest ein bißchen Genuß erschaffen. Das führt dazu, daß sie meist eine geradezu „unverschämt" gute Laune entwickeln, die von ihren Mitmenschen argwöhnisch bis neidisch beäugt wird, denn „normal" ist ein derartiges Verhalten nicht.

**Grundsatz Nr. 2: Wenn du etwas nicht genießen kannst oder willst, ändere es!**

Sie werden unter diesen Menschen keinen finden, der lange in einer Situation bleibt, die er nicht genießen kann, dazu ist ihnen ihr Leben zu wertvoll. Diese Menschen würden keine Partnerschaften oder Arbeitsplätze aufrechterhalten, aus denen sie nur ein Maximum an Verdruß erfahren. Sie werden auch bemerken, daß diese Menschen sich selten mit negativen Gefühlen wie Ärger, Angst, Verzweiflung, Eifersucht, Haß, Schuld o.ä. herumquälen. Sie ändern Situationen, anstatt darunter zu leiden. *„Besser als über die Dunkelheit zu schimpfen, ist es, ein Licht anzuzünden!"* haben schon die alten Chinesen erkannt.

**Grundsatz Nr. 3: Wenn du etwas nicht genießen und nicht ändern kannst, akzeptiere es!**

Eine der auffälligsten Eigenschaften sogenannter Optimisten ist die Fähigkeit, nicht änderbare Dinge zu akzeptieren, anstatt sich daran aufzureiben. Haben Sie beispielsweise die Macht, einen anderen Menschen zu ändern, wenn dieser sich nicht ändern will? Natürlich nicht, denn darüber haben Sie keine Kontrolle. Wie oft wird aber in der Erziehung, am Arbeitsplatz oder in einer Partnerschaft versucht, einen anderen Menschen zu verändern? Und wenn diese Änderungsversuche nicht funktionieren, wie viele Kämpfe, wie viele Magengeschwüre, wie viele Depressionen sind die Folge, weil sich die Betreffenden weigern zu akzeptieren, daß diese Änderungen so nicht möglich sind? Anstatt ruhiger und spielerischer Gelassenheit entstehen dann Emotionsgewitter mit allen Ihnen inzwischen bekannten Folgen.

*Genießen – ändern – akzeptieren*, eine an Einfachheit nicht mehr zu unterbietende Lebensphilosophie, die Sie von jetzt an durch Ihr Leben begleiten wird.

**Wann immer ein Mensch
emotionale Probleme mit sich herumschleppt,
wann immer er über längere Zeit Verdruß erfährt,
besteht die Ursache darin, daß er sich
an keinen dieser drei simplen Grundsätze hält.**

*Genießen – ändern – akzeptieren, ohne Wenn und Aber*, darin besteht die „Kunst des Lebens". Wenn sie zuwenig Geld auf Ihrem Bankkonto haben, und diesen Zustand nicht genießen können, *ändern oder akzeptieren Sie das*, aber jammern Sie nicht darüber; wenn Ihr Kind unter „Ordnung" etwas völlig anderes versteht als Sie, *ändern oder akzeptieren sie das*, aber regen Sie sich nicht darüber auf; wenn Ihr Partner Sie in einer Weise behandelt, die für Sie alles andere als angenehm ist, *ändern oder akzeptieren Sie das*, aber fühlen Sie sich nicht wie ein „armes Schwein"; wenn ein Arbeitskollege meint, er müßte Intrigen gegen Sie in Gang setzen, *ändern oder akzeptieren Sie das*, aber verzweifeln Sie nicht darüber; wenn Sie Angst vor etwas haben, *ändern oder akzeptieren Sie das* …

Ändern oder akzeptieren Sie Situationen, die Sie nicht genießen können, aber reiben Sie sich nicht daran auf, beklagen Sie sich nicht, steigern Sie sich nicht hinein, denn außer Verdruß, außer verlorener Zeit, die Ihnen am Ende Ihres Lebens fehlen wird, wird dabei nichts herauskommen. Noch nie hat ein Mensch, der sich an Situationen aufreibt, anstatt sie zu ändern oder zu akzeptieren, ein Maximum an Lebensgenuß erreicht! Noch nie!

*Ändern oder akzeptieren Sie das…*; das klingt so einfach, werden Sie jetzt möglicherweise denken, alles schön und gut, aber wie soll das denn gehen? Wie soll man etwas ändern, wenn man nicht weiß *wie*; wie soll man etwas akzeptieren, wenn die Situation unerträglich ist? Mit diesen Einwänden haben Sie völlig recht, solange Sie nicht wissen wie, können Sie weder etwas ändern, noch akzeptieren, geschweige denn genießen.

Gehen wir also in „medias res", wie mein alter Lateinlehrer zu sagen pflegte, „bohren" wir uns hinein in die Materie, verschaffen wir uns dieses geheimnisvolle *Wie*!

> *„Wo man leben muß,*
> *kann man auch glücklich leben!"* *(Marc Aurel)*

---

**Sie haben sich in diesem Kapitel über Folgendes Klarheit verschafft …**

Sie wissen nicht, wie lange Sie leben werden, Sie wissen nicht, was Ihnen in diesem Leben zustoßen wird und wie es eines Tages enden wird. Aber Sie wissen inzwischen, welchen Preis Sie eventuell zahlen werden, wenn Sie nicht das Beste aus Ihrer Zeit auf diesem Planeten machen. Sie haben inzwischen einen Maßstab, an dem Sie das, was Sie denken, tun und fühlen, messen können.

**Maximum an Genuß – Minimum an Verdruß**

Alles, was langfristig diesem Maßstab nicht genügt, werden Sie aus Ihrem Leben eliminieren und alles, was diesem Maßstab entspricht, werden Sie sich aneignen. Die Grundformel, um das zu bewerkstelligen lautet:

**Genießen – ändern – akzeptieren**

---

und zwar ohne Wenn und Aber. Ein Maßstab kann nur dann funktionieren, wenn Sie ihn zum Messen benutzen. Ein Maßstab, den Sie ständig in Frage stellen, ist kein Maßstab mehr, sondern höchstens ein Instrument, das sich zum Zögern und Zaudern benutzen läßt. Also entscheiden Sie sich jetzt, bevor Sie weiterlesen, was Sie wirklich wollen: Ein Leben unter Ihrer Kontrolle mit einem klaren Konzept oder Unsicherheit, vertane Chancen und unnötiges Leid.

*„Jeden Tag brechen Ereignisse über einen herein,*
*und wenn man kein klares Konzept hat, anhand derer man sie*
*filtert, kommt man in die größten Schwierigkeiten!"*
*(Henry Kissinger)*

# Kapitel 2
# Der wahre Grund für Ihre
# Probleme …

*„Es gibt keine hoffnungslosen Situationen im Leben;*
*es gibt nur Menschen, die darüber hoffnungslos geworden sind."*

Clare Booth Luce

## Vom (Un-)Sinn unangenehmer Gefühle

Ein Mensch, der eine unabänderliche Situation nicht so akzeptiert, wie sie nun einmal ist, leidet in der Regel, er „fühlt" sich schlecht, er erlebt Emotionen, mit denen er sich eine Menge an Verdruß bereitet.

Haben Sie sich jemals gefragt, was der eigentliche Sinn von negativen Emotionen wie Verzweiflung, Schuld, Eifersucht, Ärger, Furcht, Haß, Gereiztheit und wie sie alle heißen mögen, ist? Wozu hat der Mensch diese ganze Palette unangenehmer Gefühle? Weshalb kommen sie ab und zu über ihn und mindern dadurch seinen Lebensgenuß? Offensichtlich scheinen sie doch keinen anderen Zweck zu haben, als ihm Kummer und Leid zu bereiten. Weshalb also hat er sie?

Machen wir einen kleinen Ausflug in das Tierreich. Nehmen Sie an, ein Schaf steht auf der Weide und grast friedlich vor sich hin. Und während es so grast, bemerkt es plötzlich den anschleichenden Wolf. Welches Gefühl wird dieses Schaf daraufhin wohl bekommen? Natürlich *Angst*! Und was wird es dann tun mit der Angst? Auch klar, *weglaufen*! Angst führt also bei diesem Tier dazu, daß es wegläuft, daß es versucht, der Gefahr zu entgehen.

Betrachten wir ein weiteres Beispiel: Versuchen Sie einmal, einem nicht an Menschen gewöhnten Wolf das Futter wegzunehmen. Falls Sie das wirklich tun würden, was würde in diesem Fall passieren? Nun, er würde wütend werden, und dann würde er Sie angreifen. Die Emotion *Wut* führt also zu *Kampf*!

Wenn Sie diese beiden Beispiele überdenken, werden Sie feststellen, daß in beiden Fällen die Emotion einen Sinn ergibt, sie löst nämlich ein *Handlung* aus, die dazu dient, *ein anstehendes Problem zu lösen*; das Schaf hatte das Problem, in Lebensgefahr zu sein, der Wolf im zweiten Beispiel hatte das Problem, daß ihm jemand sein Fressen wegnehmen wollte.

> Ein negatives Gefühl ist von Mutter Natur dazu vorgesehen, Handlungen auszulösen und damit aktuelle Probleme zu lösen; es ist nicht dazu gedacht, sich darin ausgiebig zu wälzen!

Negative Emotionen sind also nichts anderes als Handlungsimpulse, als instinktive Anzeiger dafür, daß irgend etwas nicht in Ordnung ist und durch Handeln geändert werden muß. Sie haben eine ähnliche Funktion, wie die Warnlampen in Ihrem Auto; wenn beispielsweise die Öldruckkontrolleuchte im Armaturenbrett aufleuchtet, bedeutet das, daß es entweder höchste Zeit ist, eine Werkstatt aufzusuchen, weil ein kapitaler Motorschaden droht, oder zumindest Öl nachzufüllen. Kein Autofahrer käme auf die Idee, sich an dem lustigen Leuchten des Lämpchens zu erfreuen und damit tage-, wochen-, monate- oder gar jahrelang durch die Gegend zu fahren. Vielmehr würde er das Aufleuchten des Lämpchens als Alarmsignal betrachten und schnellstens handeln, damit sein Wagen keinen Schaden nimmt.

> *„Unangenehme Gefühle sind die Öldruckkontrolleuchten des Lebens." („Geistesblitz" während eines Seminars)*

Die „Warnlämpchen" der höheren Tierarten und somit auch des Menschen sind die negativen Gefühle. Ursprünglich dienten sie dazu, gefährliche Situationen anzuzeigen und dadurch Handlungen, wie etwa Kampf oder Flucht, auszulösen. Sie dienten zur Problemlösung und nicht etwa dazu, sich Probleme zu bereiten. Diese Warnlämpchen waren auch nicht dazu gedacht, über einen längeren Zeitraum zu brennen; wie lange wird ein Schaf Angst vor dem anschleichenden Wolf empfinden? Stunden-, tage-, wochenlang? Nein, ein paar Sekunden, und dann wird es weglaufen und der Gefahr somit durch Flucht entgehen. Wie lange wird ein Wolf wütend werden, wenn Sie beabsichtigen, ihm sein Futter wegzunehmen? Ein halbes Jahrhundert? Nein, ein paar Sekunden lang, und dann wird er Ihnen schmerzlich klarmachen, daß das sein Futter ist.

---

**Fassen wir kurz zusammen**

Negative Gefühle waren ursprünglich von Mutter Natur dazu gedacht,

- Gefahren anzuzeigen,
- daraufhin Handlungen auszulösen,
- mit denen Probleme gelöst wurden.

---

Alles das war jedoch nur dann effektiv, wenn es nicht viel Zeit in Anspruch nahm. Ein Schaf, das eine Woche darüber nachgedacht hätte, ob es vor dem Wolf weglaufen sollte oder nicht, hätte diese Woche sicher nicht überlebt, und ein Wolf, der sich nicht hätte entscheiden können, ob er Sie nun angreifen soll oder nicht, wenn Sie ihm sein Futter wegnehmen, wäre mitten in der Entscheidungsfindung verhungert. *Gefühle waren ursprünglich zeitlich kurz und setzten Problemlösungen in Gang.* Nur unter diesen Voraussetzungen ergaben sie für das einzelne Individuum einen Sinn, nur unter diesen Voraussetzungen war das Überleben in einer feindlichen Umwelt möglich.

Betrachtet man sich den heutigen Menschen mit seiner immensen Vielfalt an negativen Gefühlen, so stellt man fest, daß der ursprüngliche Sinn bei vielen dieser Emotionen völlig verlorengegangen ist. Sie dienen nicht mehr dazu, Probleme zu beseitigen, sondern werden vielmehr selbst zum Problem! Der Mensch hat es durch seine Intelligenz fertiggebracht, Gefühle zu entwickeln, die lediglich dazu dienen, sich ein Maximum an Verdruß zu bereiten. Nehmen wir nur unsere beiden Beispiele vom Schaf und dem Wolf her, und übertragen wir diese Situationen etwas überspitzt auf menschliches Verhalten. Stellen wir uns also vor, statt dem Schaf steht ein Mensch auf der Weide und grast friedlich vor sich hin. Und wie er so vor sich hingrast, bemerkt er plötzlich den nahenden Wolf. Welches Gefühl bekommt er bei dessen Anblick? Natürlich Angst, genau wie das Schaf! Was tut er dann mit seiner Angst? Er fängt an zu jammern: „Warum muß das ausgerechnet mir passieren, womit habe ich das verdient, immer ich, wieso passiert das meinem Nachbarn nicht, die Welt ist ungerecht, immer die Schwachen, was bin ich für ein armes Schwein …!" usw. Statt zu handeln (wegzulaufen), fängt er an, sich in diesem Gefühl zu „wälzen".

Oder betrachten wir das Beispiel mit dem Wolf. Nehmen wir an, jemand will einem Menschen das Futter wegnehmen, was für ein Gefühl wird dieser Mensch empfinden? Nun, wahrscheinlich auch Wut, wie der Wolf. Was wird er dann tun mit dieser Wut? Möglicherweise fängt er an, sich damit Schuldgefühle zu bereiten, nach dem Prinzip: „Wie egoistisch von mir, mein Essen nicht herzugeben, ich habe zwar einen Riesenhunger, aber der andere auch! Was mache ich denn jetzt? Gebe ich es ihm, verhungere ich, gebe ich es ihm nicht, bin ich ein schlechter und verabscheuungswürdiger Mensch!" Und wenn er darüber lange genug nachdenkt, entwickelt er vielleicht noch eine Depression, weil er sich hilflos der Situation ausgeliefert sieht …

Zugegeben, es ist überspitzt, wie ich es hier formuliere, aber wer kennt diesen Effekt nicht, daß man ein negatives Gefühl empfindet, sich hineinsteigert und sich dann darin gefangen fühlt? Wie lange dauern solche Gefühle? Beim Menschen oft stunden-, tage-, monate-, ja jahrelang! Erreicht er mit diesen quälenden Emotionen irgendein Ziel, kann er damit irgendein Problem lösen? In der Regel erreicht er damit lediglich, daß es ihm „hundsmiserabel" schlecht geht, weiter gar nichts.

Der Mensch ist das Wesen auf unserem Planeten, das die umfangreichste Palette an Gefühlen aufweist; viele dieser Gefühle sind anerzogen, ergeben überhaupt keinen Sinn, führen zu keinem Ziel, sondern hinterlassen nur ein Maximum an Verdruß. Sie dienen nicht mehr als Warnlämpchen, sondern werden als eine Art Dauerflutlicht eingesetzt.

Wenn Ihr Ziel für Ihr Leben „*Maximum an Genuß – Minimum an Verdruß*" ist, dann ist es jetzt an der Zeit, sich darüber Gedanken zu machen, was Sie in Zukunft hinnehmen werden und was nicht. Entscheiden Sie sich hier und jetzt, welche Gefühle Sie brauchen und welche nicht. Überlegen Sie sich, ob Ihnen das betreffende Gefühl in irgendeiner Situation weiterhilft, ob Sie damit einen Maximum an Genuß erreichen oder ob Sie das Gefühl nur haben, damit es Ihnen schlecht geht.

Hören Sie auf, etwas hinzunehmen,
was Sie wertvolle Zeit Ihres Lebens kostet!

Betrachten wir doch einmal typisch menschliche Emotionen in aller Ruhe und fragen uns bei jedem dieser Gefühle, inwieweit Ihnen dieses Gefühl bei der Lösung eines Problems hilft, inwieweit Sie damit Ihr Maximum an Lebensgenuß erreichen bzw. welchem Zweck dieses Gefühl überhaupt dient.

Sie werden feststellen, daß ein Großteil negativer menschlicher Emotionen weder einen Sinn ergibt, noch zur Lösung eines anstehenden Problems hilfreich ist. Im Gegenteil, oft blockieren derartige Emotionen sogar eine effektive Problemlösung, oft führen sie nur zu einem Maximum an Lebensverdruß, zu weiter gar nichts!

## Versagen

Brauchen Sie wirklich das Gefühl, versagt zu haben, oder genügt es, wenn Sie sich in einer Situation, in der Ihnen einiges schief gelaufen ist, die Frage stellen:

„Was kann ich das nächstemal besser machen?"
oder
„Was kann ich ändern?"

Eine Katze erwischt von zehn Mäusen, denen sie auflauert, höchstens drei. Keine Katze der Welt käme auf die Idee, sich deswegen als Versager zu beschimpfen, sich unglücklich zu fühlen und sich ausgiebig darin zu wälzen. Sie würde vielmehr die Zeit dafür nutzen, nach einer anderen Gelegenheit zu suchen, doch noch eine Maus zu erwischen. Was aber tun viele Menschen, wenn etwas schiefgelaufen ist, wenn sie durch eine Prüfung gefallen sind, wenn sich ihre Erwartungen nicht erfüllt haben? Sie fühlen sich als Versager, sie bedauern sich ausgiebig und sie wälzen sich darin. Führt das zu einem Maximum an Lebensgenuß, läßt sich damit irgendein Problem lösen, kommt unter dem Strich dabei etwas anderes heraus, als eine Menge Verdruß? Sie werden nie einen belastbaren und glücklichen Menschen finden, der sich mit Versagensgefühlen herumquält, erfolgreiche Menschen kennen das nicht. Versagensgefühle sind Emotionen, die Sie für ein glückliches Leben nicht benötigen!

## Minderwertigkeit

Auch ein typisch menschliches Gefühl. Kein Tier beschäftigt sich mit diesem Gefühl. Nehmen Sie an, zwei Hunde säßen nebeneinander, ein Schäferhund und ein Yorkshire-Terrier. Der Schäferhund bellt laut und tief, richtig furchteinflößend. Daraufhin kläfft der Yorkshire-Terrier hoch und piepsig. Der Schäferhund blickt den Terrier hochnäsig an und sagt: „Auf dieses Bellen würde ich eine Fünf geben!“ Daraufhin läßt der Terrier den Kopf hängen und fühlt sich minderwertig ...

Schwer vorstellbar, nicht wahr? Ein Schäferhund bellt eben wie ein Schäferhund und ein Yorkshire-Terrier wie ein Yorkshire-Terrier. Kein Hund hätte damit irgendein Problem. Probleme haben sie deswegen nicht, weil sie sich nicht miteinander vergleichen und keine Wertungen aufstellen. Tiere verschwenden ihre kostbare Zeit nicht mit derartigem Unsinn, wohl aber der Mensch! Er bringt es fertig, sich von Kindesbeinen an in den Schraubstock unsinniger Vergleiche einspannen zu lassen. Erziehung, Gesellschaft und unser Schulsystem sind daran sicherlich nicht unschuldig, aber weshalb spielen viele Erwachsene dieses Spiel immer noch mit? Wer sich mit anderen vergleicht, kann doch nur Schiffbruch erleiden; denn es wird immer jemanden geben, der schöner, intelligenter, reicher, stärker oder was auch immer ist. Und wenn es ihn noch nicht gibt, kann er schon morgen geboren werden. Wayne Dyer hat einmal gesagt:

*„In einer Welt von Individuen ist jeder Vergleich sinnlos."*

Solange ein Mensch glaubt, nur durch Vergleiche mit anderen ein Maximum an Genuß erzielen zu können, programmiert er sich auf Verdruß. Ein glücklicher Mensch hat aufgehört, sich zu vergleichen; deshalb kann er auch das Gefühl von Minderwertigkeit nicht mehr erfahren.

## Zorn, Wut, Ärger, Gereiztheit

Vielleicht haben Sie schon festgestellt, daß wenn Sie sich richtig ärgern, wenn Sie sozusagen „platzen könnten vor Wut", bestimmte körperliche Begleiterscheinungen auftreten. In der Regel schlägt Ihr Herz schneller, Ihr Blutdruck steigt, Sie atmen häufiger und Sie bemerken einen unbändigen Drang, irgend etwas kaputtzuschlagen. An diesen körperlichen Veränderungen können Sie leicht erkennen, was der Sinn dieser Gefühle ist. Wut und Ärger dienen dazu, den Körper auf Kampf vorzubereiten. Es ist ein Gefühl, welches uns von Mutter Natur mitgegeben wurde, um Hindernisse beiseite räumen zu können. In Urzeiten waren diese Emotionen sehr praktisch, weil beispielsweise ein Neandertaler Hindernisse mit körperlicher Gewalt beseitigt hat. In jenen Zeiten wurde der Stärkste der Anführer der Gruppe, der Stärkste bekam die tollsten Frauen, der Stärkste hatte Privilegien. Und wer der Stärkste war, wurde durch körperlichen Kampf ermittelt.

Heute aber leben wir in einer völlig veränderten Welt. Heute erreicht man ein Ziel nicht dadurch, daß man jemand anderem eine Keule über den Schädel haut, sondern durch Intelligenz, Geld und ähnliche Dinge. Der körperliche Kampf wird nur noch ganz selten benötigt, um an das Ziel seiner Wünsche zu kommen. *Wann immer Sie Wut, Ärger oder Zorn verspüren, ist dieses Gefühl nur dann sinnvoll, wenn Sie körperlich angreifen können und durch diesen Angriff ein Problem lösen!*

Stellen Sie sich folgende Situation vor: Sie haben Ihrem Kind aufgetragen, sein Zimmer bis 18 Uhr aufzuräumen. Um 18 Uhr kommen Sie von der Arbeit nach Hause, und was nicht aufgeräumt ist, ist das Zimmer Ihres Kindes (Welche Eltern kennen diese Situation nicht!?). Wenn Sie sich jetzt darüber ärgern, haben Sie die Reaktionen eines angreifenden Neandertalers im Blut. Ihr Puls steigt, Ihr Blutdruck steigt, Ihre Muskelspannung steigt, Ihre Blutfettwerte steigen, Adrenalin und Noradrenalin werden ausgeschüttet und der Körper stellt sich auf einen Kampf ein. Nehmen wir an, einer Ihrer Grundsätze wäre, Ihr Kind niemals zu schlagen. Was wollen Sie jetzt tun mit diesen körperlichen Veränderungen? *Wen wollen Sie jetzt angreifen?* Wenn Sie aber niemanden angreifen können, dann haben Sie jetzt das, was man eine „ohnmächtige Wut" nennt, Sie kochen sozusagen in Ihrem „eigenen Saft" vor sich hin. Ihr Maximum an Genuß ist in solchen Momenten meilenweit weg.

Über welche Person oder Sache haben Sie sich zuletzt geärgert? Haben Sie in dieser Situation körperlich angegriffen? Hatten Sie dabei einen Maximum an Lebensgenuß? Hat Sie dieses Gefühl irgendwie weitergebracht? Haben Sie zur Lösung des Problems den Ärger gebraucht, oder wäre die Lösung auch ohne Ärger möglich gewesen?

Ein Großteil dessen, worüber sich der heutige Mensch ärgert, kann mit körperlichem Kampf nicht beseitigt werden. Die körperlichen Veränderungen, die mit diesem Gefühl einhergehen, sind also ebenfalls völlig sinnlos und führen neben einem Maximum an Verdruß nur zu psychosomatischen Beschwerden der unterschiedlichsten Art.

## Hilflosigkeit, Verzweiflung

Brauchen Sie diese Gefühle wirklich, um Ihr Leben genießen zu können? Müssen Sie sich dazu ab und zu hilflos oder verzweifelt fühlen?

Nehmen Sie an, Sie haben mit Ihrem Wagen nachts eine Reifenpanne. Als Sie das Rad wechseln wollen, stellen Sie fest, daß auch das Reserverad platt ist. Jetzt sind Sie in einer Situation, in der Sie Hilfe benötigen, und im Moment ist niemand da, der Ihnen helfen könnte. Sie sind also im wahrsten Sinne des Wortes „hilflos", vielleicht sogar verzweifelt. Die Frage ist aber, ob Sie sich jetzt unbedingt hilflos und verzweifelt fühlen müssen, ob dieses

Gefühl wirklich dazu beiträgt, daß plötzlich ein intaktes Reserverad vom Himmel fällt, oder ob es nicht sinnvoller wäre, sich zu fragen, wo Sie jetzt ein intaktes Rad herbekommen?

Hilflosigkeit und Verzweiflung sind zwei der typischen „Wälzgefühle", es ändert sich durch sie absolut nichts, man bereitet sich damit nur ein Maximum an Verdruß. Auch diese Gefühle brauchen Sie in Zukunft nicht mehr. Wann immer Sie in der Klemme stecken, stellt sich nicht die Frage, ob Sie jetzt hilflos oder verzweifelt sind, sondern vielmehr, wie Sie hier wieder herauskommen.

## Furcht, Angst

Auch bei Angst stellen Sie bestimmte Veränderungen an Ihrem Körper fest. Ihr Herz klopft plötzlich bis zum Hals, Sie beginnen zu schwitzen, Ihr Blutdruck steigt, Sie beginnen zu zittern (die Muskelspannung steigt) usw. Sie haben ähnliche körperliche Veränderungen wie beim Ärger. Diese körperlichen Veränderungen und das Gefühl Angst führten ursprünglich dazu, daß der Betreffende die Flucht antrat.

Angst ist dann, und nur dann, sinnvoll, wenn Sie in einer wirklich gefährlichen Situation stecken, wenn Ihr Leben oder Ihre körperliche Unversehrtheit bedroht ist; denn dann gibt Ihnen die Angst und die besagten körperlichen Veränderungen die nötige Energie, um schnell wegzulaufen.

Jede Angst, die Sie haben,
ohne in einer wirklich lebensgefährlichen Situation zu sein,
ist eine Angst, die Sie sich sparen können,
ist eine Angst, die Ihr Maximum an Lebensgenuß schmälert!

Typisch für solche Ängste sind zum Beispiel die Angst, den Job, die Firma zu verlieren, Zukunftsängste aller Art, Ängste vor bestimmten Situationen oder Dingen, wie zum Beispiel vor Aufzügen, großen Menschenansammlungen, Spinnen, Mäusen etc. Durch solche Ängste erreichen Sie Ihr oberstes Ziel, den Maßstab aller Maßstäbe, Ihr Maximum an Lebensgenuß, mit Sicherheit nicht.

## Schuldgefühle

Weit verbreitet und überaus beliebt, geradezu das Paradebeispiel für ein typisch menschliches „Wälzgefühl", sind Schuldgefühle! Noch nie hat ein Mensch dadurch, daß er sich lange genug schuldig gefühlt hat, irgendein Problem gelöst. Das ist auch der Grund, weshalb dieses Gefühl im Tierreich nicht vorkommt. Verwechseln Sie nicht „Schuld" mit „Verantwortung". Für das, was Sie tun, haben Sie die Verantwortung, das beinhaltet aber nicht, daß Sie sich deswegen in Schuldgefühlen wälzen müssen. Schuldgefühle sind auf die Vergangenheit bezogen. Aufgrund eines zurückliegenden Ereignisses lähmen Sie sich damit in der Gegenwart.

> *„Wenn Sie glauben,*
> *vergangene oder zukünftige Ereignisse*
> *dadurch beeinflussen zu können, daß Sie sie bedauern*
> *oder sich lange genug darüber Sorgen machen,*
> *dann sind Sie auf einem fremden Planeten*
> *mit anderen Realitätsbegriffen zu Hause."* (Wayne Dyer)

Trotzdem wird sich ein Mensch, der sich völlig von Schuldgefühlen befreit hat, anhören müssen, er sei ein rücksichtsloser Egoist. In unserer Gesellschaftsform haben Schuldgefühle die wichtige Funktion, Leute manipulierbar zu machen. Keine Politik, keine Religion, keine Erziehung käme ohne Schuldgefühle aus, Menschen, die sich nicht mehr in dieses Korsett zwängen lassen, sind natürlich überaus unangenehm und bedrohlich für Menschen, die gerne Macht über andere ausüben wollen. Die ganze Institution Kirche würde an einem Tag zusammenbrechen, würden sich die Gläubigen nicht mehr schuldig fühlen, Tausende von Intrigen und Erpressungen würden nicht mehr funktionieren, wenn niemand mehr das Gefühl hätte, Schuld auf sich geladen zu haben, und viele Depressionen, verschwendete Jahre und Selbstmorde wären gegenstandslos. Wir hätten dann nicht das befürchtete „Sodom und Gomorrha", sondern verantwortungsvolle Menschen statt „armer schuldiger Kreaturen". „Schuld" benötigen Sie nicht, um Ihr Leben auszufüllen, wohl aber Verantwortung …

## Neid

Neid ist das Gefühl, das der Mensch empfindet, wenn er etwas haben will, was andere schon haben. Jeder von uns kennt dieses Gefühl, meist aus der Kindheit. Es ist ein bohrendes Etwas, was mit Lebensgenuß meist nicht viel zu tun hat. Statt sich lange mit Neidgefühlen aufzuhalten, sollten Sie sich lieber mit der Frage beschäftigen, wie Sie das bekommen, was Sie wollen.

## Eifersucht

Ein altes Sprichwort besagt: *„Eifersucht ist die Leidenschaft, die mit Eifer sucht, was Leiden schafft!"* Der oder die Betreffende empfindet bei Eifersucht ein ganzes Bündel an negativen Gefühlen: Angst, den geliebten Partner zu verlieren, Wut auf den vermeintlichen Nebenbuhler, Hilflosigkeit wegen der eigenen Handlungsunfähigkeit. Ein Eifersüchtiger kann oft nur dahingehend handeln, daß er seinen Nebenbuhler angreift oder die Wut am Partner ausläßt (die Medien sind voll von Berichten zu diesem Thema). Wenn er aber zum Angriff übergeht, erreicht er damit in der Regel nicht sein Ziel, die Liebe des Partners zurückzugewinnen. Wenn er sich eifersüchtig und kontrollierend verhält, wird er für den Partner unattraktiv und erreicht auf diese Weise genausowenig sein angestrebtes Ziel. Daneben verschafft er sich mit diesem Gefühl auch sicher kein Maximum an Lebensgenuß. Nicht wenige Leute behaupten, Eifersucht wäre ein Ausdruck von großer Liebe; lieben und geliebt zu werden sind sicherlich ausgezeichnete Möglichkeiten, den Lebensgenuß zu steigern, Eifersucht aber zerstört in der Regel jede Liebe und damit auch den Lebensgenuß, der sich daraus erzielen ließe. Was also soll der Sinn von Eifersucht sein?

## Haß

Haß ist die Umkehrform der Liebe. Solange Sie jemand hassen, sind Sie *emotional von ihm abhängig*. Haß ist ein Gefühl, bei dem Sie kein Maximum an Lebensgenuß erreichen werden, bei dem Sie Ihre ganze Energie darauf verschwenden, jemandem zu schaden,

anstatt diese Energie für sich zu verwenden und daraus Genuß
entstehen zu lassen.

## Frust, Enttäuschung

Sobald die Erfüllung eines Wunsches blockiert wird, kommt es
zur Enttäuschung bzw., um es eleganter auszudrücken, zur „Frustration" (von lat. „frustra": vergebens). *Ent*täuscht heißt doch lediglich, daß man sich vorher *ge*täuscht hat und jetzt die Dinge so
sieht, wie sie nun eben einmal sind. Das würde aber bedeuten, daß
kein Mensch enttäuscht werden kann, wenn er die Dinge gleich so
sähe, wie sie nun einmal sind, nicht wahr? Wenn er also aufhören
würde, unsinnige Erwartungen und Forderungen aufzustellen,
dann könnte er sich dieses Gefühl sparen!

Wenn Sie in Zeitschriften Bekanntschaftsannoncen lesen, dann
finden Sie des öfteren Formulierungen wie: „… nach einer schweren Enttäuschung sucht Martin eine liebe Frau …"; „Elke wurde
schwer enttäuscht, sie weiß nicht, ob sie jemals wieder einem
Mann vertrauen kann; trotzdem …". Enttäuschung ist ein Gefühl,
welches mit überzogenen Ansprüchen zusammenhängt, mit einer
Lebenseinstellung, die nicht der Realität entspricht. Je realistischer
Sie die Welt und die Menschen um sich herum wahrnehmen, desto
belastbarer sind Sie, und je belastbarer Sie sind, desto weniger werden Sie Enttäuschung erleben, wenn die Dinge nicht so laufen, wie
Sie sich das vorstellen. Enttäuschung und Frust brauchen Sie nicht,
um Ihr Maximum an Lebensgenuß zu erreichen.

## Einsamkeit

Verwechseln Sie nicht Einsamkeit mit „alleine sein". Jeder
Mensch ist irgendwann alleine, deshalb fühlt er sich nicht unbedingt einsam. Das Gefühl Einsamkeit wird dann problematisch,
wenn der Betreffende gerne mehr Freunde hätte, aber nichts dafür
tut. Hier sehen Sie wiederum den Punkt, auf den wir immer wieder kommen: Gefühle sind Handlungsanzeiger, und wenn Sie
nicht handeln, dann wird Ihr Gefühl zur Qual; Sie leiden dann darunter, was von der Natur ursprünglich nicht vorgesehen war.

## Unzufriedenheit

Unzufrieden ist der Mensch dann, wenn das erzielte Ergebnis nicht seinen Vorstellungen entspricht. Dieses Gefühl ist ein wertvoller Antriebsmotor für jegliche Entwicklung. Wir würden unsere Nahrung immer noch mit dem Faustkeil zerteilen, wäre nicht irgend jemand damit unzufrieden gewesen und hätte bessere Schneidwerkzeuge entwickelt. Jegliches Lernen beruht im Grunde auf einer Unzufriedenheit (und wenn es auch nur die des Lehrers ist …). Unzufriedenheit hat Revolutionen in Gang gesetzt und Schicksale ganzer Völker beeinflußt. Unzufriedenheit ist das Gefühl, welches sich am besten eignet, Veränderungen vorzunehmen. Zum Problem wird diese Emotion jedoch dann, wenn jemand unzufrieden ist und gleichzeitig nichts ändert. Unzufriedenheit hat nur dann einen Sinn, wenn Sie Änderungen einleiten, Unzufriedenheit ohne Änderungsmöglichkeiten und ohne folgende Taten ist völliger Unsinn.

## Sorgen

*„Ich habe in meinem Leben eine Menge Probleme gekannt,*
*die meisten davon sind nie eingetreten!" (Mark Twain)*

*Sorge ist ein Zustand des innerlichen Gelähmtseins infolge von Dingen, die in der Zukunft geschehen* – oder eben auch nicht geschehen können. Und das ist genau der Knackpunkt. Sorgen dienen dazu, gefährliche Ereignisse vorauszusehen, sie dadurch zu verhindern oder sich zumindest darauf vorzubereiten. Sorgen sind nur dann sinnvoll, wenn der Betreffende etwas in dieser Richtung unternehmen kann. Wenn Sie durch Sorgen absolut nichts ändern können, bereiten Sie sich damit ein Maximum an Verdruß, die Dinge werden trotz Ihrer Sorgen ihren Lauf nehmen. Was bringen Ihnen beispielsweise Sorgen über die Weltpolitik, über Hungersnöte, über die Wirtschaftslage, über die Gesundheit, über das Älterwerden, über das „Wie wird es sein?". Welchen Krieg können Sie verhindern, wenn Sie sich lange genug Sorgen machen, inwieweit ändert sich Ihr Kontostand, wenn Sie sich damit schlaflose Nächte bereiten, ist Ihr Partner Ihnen treuer, wenn Sie sich möglichst lange darüber sorgen?

Vielleicht werden Sie jetzt entgegnen, daß Sorgen doch den berechtigten Sinn hätten, möglichen Gefahren ausweichen zu können. Je mehr und je intensiver man sich Sorgen macht, desto weniger kann passieren. Damit man einer Gefahr nicht unüberlegt in die Arme läuft, denkt man vorher darüber nach. Natürlich ist diese Überlegung nicht von der Hand zu weisen, dieses Prinzip funktioniert aber nur bei Dingen, auf die Sie einen Einfluß haben! Sorgen über Dinge, auf die Sie keinerlei Einfluß haben, führen nicht dazu, daß Sie das Problem in den Griff bekommen, sondern lediglich dazu, daß Sie sich durch Ihre Sorgen ein Problem schaffen! Auf diese Weise lassen sich aus einem Problem gleich zwei Gelegenheiten für eine Menge Verdruß erschaffen: Einmal vor Eintritt des befürchteten Ereignisses, indem man sich ausgiebig in Sorgen wälzt, und ein zweites Mal dann, wenn das Ereignis tatsächlich eintritt. Zwei Probleme zum Preis von einem!

> *„Ein Mensch, der leidet, bevor es nötig ist,*
> *leidet in seinem Leben mehr als nötig ist." (Seneca)*

> *„Sorge dich nicht, lebe!" (Dale Carnegie)*

Stellen Sie sich das nächstemal, wenn Sie sich über etwas sorgen, die einfache Frage:

> „Kann ich durch meine Sorgen irgend etwas ändern?"

Wenn Sie das können, dann tun Sie es sofort; wenn nicht, hören Sie auf, sich zu sorgen. In hundert Jahren kräht kein Hahn mehr danach, über was Sie sich heute Sorgen machen. Weshalb also heute wertvolle Zeit damit verschwenden?

## Selbstmitleid

Ein prächtiges Gefühl, so warm und weich und wohlig! Ein Gefühl, welches zur Grundausstattung jeglichen unnötigen Leids

gehört. Es läßt sich hervorragend mit sämtlichen hier besproche-
nen Emotionen kombinieren nach dem Motto: „Was weißt du
schon, du hast dieses Gefühl ja nicht …" oder „Mich versteht ja
doch keiner …"; sehr beliebt ist auch die Variante: „Warte nur, bis
du einmal in so eine Situation kommst …".

Selbstmitleid, in welcher Form auch immer, zeigt sich darin,
daß sich der Betreffende selbst unheimlich leid tut, daß er leidet,
*sich als Opfer sieht,* aber eben nichts unternimmt, um diesen Zustand zu ändern. Wer sich schon einmal richtig selbst leid getan
hat, der weiß, daß dieser Zustand durchaus etwas Angenehmes
hat, etwas Wohliges, etwas, was mich jedesmal an das verzückte
Gesicht eines sich im Schlamm wälzenden Schweines erinnert. Ich
habe dieses Gefühl deshalb „A.S.S." getauft, das Kürzel steht für

„Armes-Schwein-Syndrom"

eine Bezeichnung, die mir von einigen Klienten schon den Vor-
wurf der Respektlosigkeit einbrachte, die den Nagel aber genau
auf den Kopf trifft. Jemand, der sich angesichts über ihn herein-
stürzender Probleme als armes Schwein bemitleidet, der sich als
Opfer sieht und darüber jammert, unternimmt nichts, um nach
Lösungen Ausschau zu halten, er verschwendet Zeit, anstatt sie zu
nutzen, er wälzt sich in seiner Emotion anstatt sein Gehirn zum
Denken zu benutzen. Kein einziges Problem der Welt läßt sich
durch ein „Armes-Schwein-Syndrom" lösen, kein einziges!

Wenn Sie sich bei jedem negativen Gefühl, das Sie im Laufe
des Tages empfinden, nur die simple Frage *Wozu?* stellen, werden
Sie feststellen, daß ein Großteil Ihrer Gefühle keinen Sinn ergibt.
Sie können damit weder ein Problem lösen, noch ein Maximum an
Lebensgenuß erzielen. Jedes Gefühl aber, das Ihnen bei der Lösung
auftauchender Schwierigkeiten nicht weiterhilft, ist ein Gefühl,
das Sie sich sparen können. Jedes Gefühl, das länger als ein paar
Sekunden andauert, ohne eine Handlung auszulösen, kostet Sie
wertvolle Zeit Ihres Lebens, Zeit, die Sie nie wieder nachholen
können.

In dieser Zeit könnten Sie sich genauso Ihres Lebens freuen, Be-
geisterung und Glück empfinden. Es liegt nur an Ihnen …

# Beherrschen Sie Ihre Gefühle, oder werden Sie von Ihren Gefühlen beherrscht?

*»Es sind nicht die Dinge an sich, die den Menschen beunruhigen, sondern das, was er über diese Dinge denkt.«*

*Epiktet*

Gefühle, vor allem negative Gefühle, sind nicht irgendwelche Empfindungen, die zufällig über Sie kommen, sondern Reaktionen, die Sie freiwillig gewählt haben. Starker Tobak, werden Sie jetzt sagen, wenn das so wäre, dann könnte ich ja auch jederzeit andere, angenehmere Emotionen wählen, dann könnte ich ja mein Leben genießen, unabhängig davon, was gerade um mich herum geschieht!?

Stimmt! Sie haben völlig recht! Nun, ich weiß, daß diese Behauptung im ersten Moment unglaublich klingt, deshalb lassen Sie mich Ihnen die Sache näher erklären. Haben Sie sich jemals gefragt, wo Ihre Gefühle eigentlich herkommen? Sind Sie etwas, was einfach über Sie kommt, gegen das Sie nichts tun können, oder sind Sie selbst der Erschaffer Ihrer Emotionen? Glauben Sie zum Beispiel, daß

- irgend etwas Ihnen Angst machen kann?
- irgendwer Sie in Wut bringen kann?
- irgendwer Sie aufregen kann?
- eine Situation Sie unsicher machen kann?
- jemand Sie eifersüchtig machen kann?
- jemand Ihnen auf die Nerven gehen kann?
- Sie jemand psychisch verletzen kann?
- irgend etwas Ihnen Schuldgefühle machen kann?
- Sie jemand mit Worten fertig machen kann?
- Sie ein anderer Mensch enttäuschen kann?

Ja? Glauben Sie das? Dann gehören auch Sie zu den rund 75% aller Menschen, die diesen Unsinn glauben. Es wäre nicht verwunderlich, wenn Sie dazu gehören würden, denn in der Regel ist die Erziehung in unserer Gesellschaft, der Medieneinfluß, der Kircheneinfluß, ja sogar die Rechtsprechung darauf ausgerichtet, Ihnen diesen Unsinn einzureden.

Solange Sie glauben,
daß Ihnen andere Menschen oder Situationen
negative Gefühle bereiten können,
werden Sie nie ein Maximum an Lebensgenuß erreichen,
weil Sie ein Opfer Ihrer Umwelt und Ihrer Mitmenschen sind.

Sie haben sich entschieden, Ihr Ziel zu verfolgen, deshalb werden Sie hier und jetzt damit aufhören, irgend etwas zu glauben, was Sie an der Erreichung ihres Zieles hindert! „Glauben" heißt „nicht wissen", und ich hatte Ihnen schon gesagt, daß Sie *Wissen* brauchen, um ein Ziel zu erreichen. Deshalb bitte ich Sie jetzt, mir alles, was ich Ihnen auf den nächsten Seiten erklären werde, nicht zu glauben. Nein, Sie sollen absolut nichts glauben, sondern Sie sollen es überprüfen; zweifeln Sie alles an, was ich schreibe, suchen Sie Widersprüche, arbeiten Sie mit diesem Buch, dann werden sie die durchschlagende Wirkung von Wissen zu spüren bekommen. Wissen erreichen Sie nur durch die Suche nach Beweisen, nicht indem Sie mir blindlings etwas glauben!

Zuerst ein Behauptung, die Sie mir *nicht* glauben sollten: „Ihre Gefühle werden weder durch die Taten anderer Menschen, noch durch irgendwelche Situationen, die Ihnen in Ihrem Leben widerfahren, verursacht, sondern einzig und allein durch Ihre Art zu denken. Für Ihre Art zu denken, dafür sind Sie alleine verantwortlich; d.h., Sie sind auch für Ihre Gefühle alleine verantwortlich! Nichts und niemand kann Ihnen irgendwelche Gefühle „machen"! Nichts und niemand kann Sie aufregen, nichts und niemand ist für Ihren Streß verantwortlich, nichts und niemand kann Sie wütend, ängstlich, eifersüchtig, verzweifelt, unsicher machen – *Nur Sie selbst!"*

Glauben Sie mir das nicht, ich werde es Ihnen beweisen! Nehmen wir dazu eine ganz alltägliche Situation. Ein Verkehrsunfall, zwei Autos stoßen zusammen, kein Personen-, nur Blechschaden.

Nehmen wir weiter an, dieses Ereignis passiert fünf verschiedenen Menschen. Im folgenden sehen Sie, was dieser Unfall für den Betreffenden bedeutet, wie er darüber denkt. Schreiben Sie bei jedem dieser Menschen auf, wie er sich aufgrund dieser Bedeutung, die in seinem Kopf herumspukt, fühlen wird.

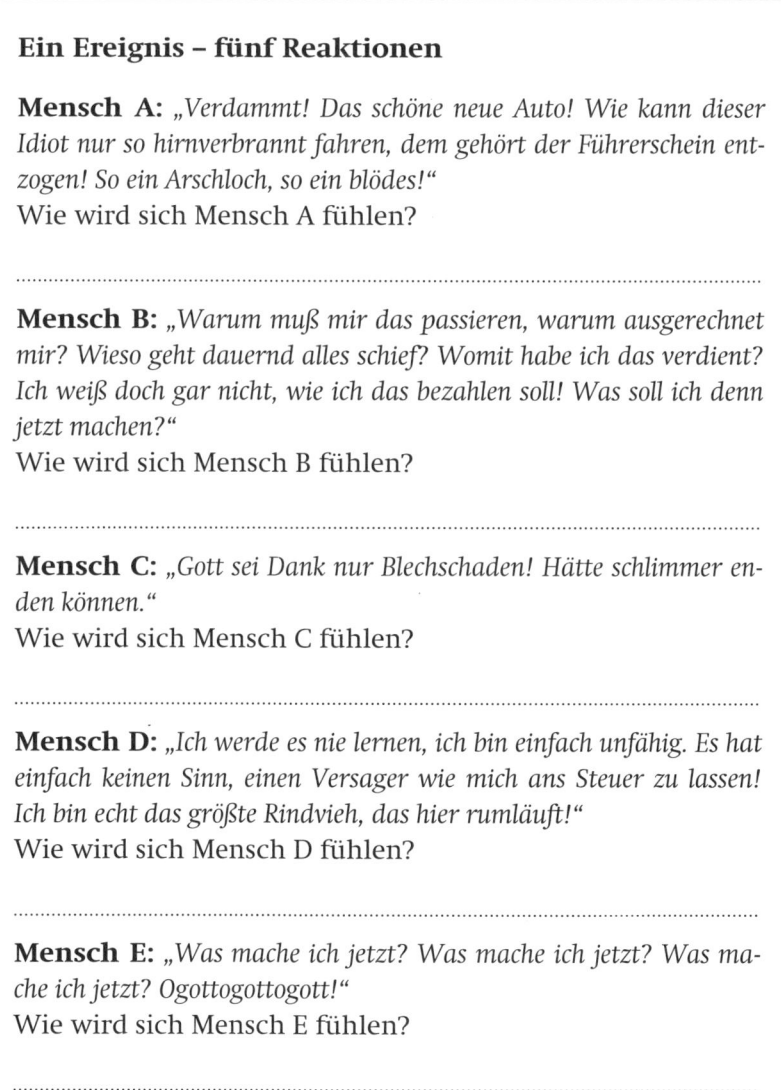

### Ein Ereignis – fünf Reaktionen

**Mensch A:** *„Verdammt! Das schöne neue Auto! Wie kann dieser Idiot nur so hirnverbrannt fahren, dem gehört der Führerschein entzogen! So ein Arschloch, so ein blödes!"*
Wie wird sich Mensch A fühlen?

.............................................................................

**Mensch B:** *„Warum muß mir das passieren, warum ausgerechnet mir? Wieso geht dauernd alles schief? Womit habe ich das verdient? Ich weiß doch gar nicht, wie ich das bezahlen soll! Was soll ich denn jetzt machen?"*
Wie wird sich Mensch B fühlen?

.............................................................................

**Mensch C:** *„Gott sei Dank nur Blechschaden! Hätte schlimmer enden können."*
Wie wird sich Mensch C fühlen?

.............................................................................

**Mensch D:** *„Ich werde es nie lernen, ich bin einfach unfähig. Es hat einfach keinen Sinn, einen Versager wie mich ans Steuer zu lassen! Ich bin echt das größte Rindvieh, das hier rumläuft!"*
Wie wird sich Mensch D fühlen?

.............................................................................

**Mensch E:** *„Was mache ich jetzt? Was mache ich jetzt? Was mache ich jetzt? Ogottogottogott!"*
Wie wird sich Mensch E fühlen?

.............................................................................

Sicher haben Sie festgestellt, daß sich diese fünf Menschen in der gleichen Situation völlig unterschiedlich fühlen werden. Während unser Mensch A auf den Unfallgegner wütend wird und diesen eventuell beschimpft oder sogar angreift, versinkt Mensch B in tiefster Verzweiflung. Die gleiche Situation läßt Mensch C erleichtert sein, während Mensch D sich minderwertig fühlt. Mensch E wiederum reagiert völlig hilflos und gerät in Panik.

Wenn es so wäre, daß die Situation „Unfall" für das Gefühl der Betreffenden verantwortlich wäre, dann müßten doch alle diese fünf Menschen, die sich ja in der gleichen Situation befinden, das gleiche Gefühl verspüren, nicht wahr? Nur unter dieser Voraussetzung ließe sich logisch nachweisen, daß die Situation für die Gefühle und Verhaltensweisen der Betreffenden verantwortlich ist. Wenn aber Menschen in der gleichen Situation völlig unterschiedliche Gefühle empfinden und unterschiedlich reagieren, dann kann es nicht die Situation sein, die für die Gefühle dieser Menschen verantwortlich ist. Wie Sie unschwer erkennen können, ist es nicht die Situation, sondern die *Bedeutung der Situation*, auf die die Betreffenden reagieren. Diese Bedeutung ist etwas sehr Individuelles, sie existiert lediglich in den Gehirnwindungen, niemand zwingt die Menschen, diese Bedeutung aufrechtzuerhalten!

Bedeutungen sind erlernt, und alles, was erlernt ist, läßt sich jederzeit wieder verändern. Wenn Sie zum Beispiel in Ihrer Kindheit die deutsche Sprache erlernt haben, heißt das nicht, daß Sie sie Ihr ganzes Leben lang sprechen müssen; Sie können auch noch als Erwachsener eine andere Sprache lernen und sich damit ausdrücken. Und wenn ein Kratzer im Lack Ihres Autos für Sie eine Katastrophe bedeutet, dann sind Sie nicht gezwungen, diese Bedeutung aufrechtzuerhalten und sich damit ein Maximum an Verdruß zu bereiten.

> Kein Ereignis, das Ihnen widerfährt, hat eine Bedeutung –
> außer derjenigen, die Sie ihm geben!

Dieser Zusammenhang war dem Philosophen Epiktet schon vor 2000 Jahren bekannt. Er erkannte, daß es nicht die Ereignisse waren, welche Menschen verwirrten und in Gefühle stürzten, sondern das, was diese Menschen über die Ereignisse dachten! Seit Tausenden von Jahren weiß man, daß Denkweisen für Gefühle verantwortlich sind, und trotzdem wird Kindern heute noch Unsinn eingeredet wie:

- Du machst mich wütend.
- Deine Schulnoten machen mich fertig.
- Du regst mich auf.
- Wegen dir habe ich so einen hohen Blutdruck.
- Reg den Vater nicht auf!
- Du bringst mich noch um den Verstand.
- Deine Ansichten machen mir Kummer etc.

Es wird ihnen von Kindheit an vermittelt, daß sie für die Gefühle und Reaktionsweisen anderer Menschen verantwortlich sind, daß sie anderen Menschen Gefühle machen können. Auf diese Weise lernt ein Kind natürlich auch den Umkehrschluß, nämlich daß andere Menschen oder Situationen auch ihm Gefühle machen können.

Fragen Sie sich doch einmal ernsthaft, ob Schulnoten irgend jemanden fertigmachen können! Sind es wirklich die Noten oder ist es nicht vielmehr die Bedeutung, die derjenige diesen Noten beimißt, die ihn „fertigmacht". Und wer ist dann für diese Bedeutung verantwortlich? Doch nur er alleine! Also sind es auch nicht die Noten, sondern er alleine, der sich fertigmacht. Und wer zwingt ihn, das zu tun? Niemand! Außer er selbst!

Machen Sie sich das folgende klar:
Ihr Maximum an Verdruß, Ihren Streß, die ganze Palette
Ihrer negativen Gefühle erschafft niemand anderes als Sie selbst;
und niemand zwingt Sie, das auch weiterhin zu tun!

Ich gehe davon aus, daß Sie jetzt zumindest darüber nachdenken, ob an meiner Behauptung, daß niemand und nichts Ihnen negative Gefühle machen kann, etwas Wahres dran sein könnte. Deshalb ein weiteres Beispiel, welches Ihnen verdeutlichen wird, wie Sie sich Ihre Gefühle durch Ihr Denken machen; es handelt sich um eine Demonstration, die ich in Seminaren sehr gerne verwende, weil sie auf einfache Weise zeigt, wie Denken und Fühlen zusammenhängt.

Nehmen wir an, ich würde einen Kugelschreiber auf Sie richten. Würden Sie dadurch irgendein Gefühl bekommen?

In der Regel nicht, wäre ja auch noch schöner, oder?

Nun, was passiert aber, wenn ich einen anderen Gegenstand dazu hernehme, zum Beispiel eine Pistole. Ich lade diese Pistole vor Ihren Augen mit scharfer Munition, spanne sie und ziele jetzt damit genau auf Ihren Kopf …

Ich erlebe in Seminaren die unterschiedlichsten Reaktionen der Teilnehmer auf dieses Experiment. Einige gehen sofort in Deckung, andere lächeln verkrampft und wiederum andere reagieren wütend über mein unvorsichtiges Verhalten. Fragen Sie sich selbst, was Sie empfinden würden, wenn eine geladene Pistole auf Ihren Kopf gerichtet wäre …

Auf die Frage, ob ihnen die Pistole angst mache oder ob mein unvorsichtiges Verhalten sie wütend mache, antworten die meisten Teilnehmer mit „Ja. Eine auf mich gerichtete, geladene Pistole macht mir angst!"

Stimmt doch, oder? Bereits in diesen völlig logisch klingenden Satz können Sie eine Sichtweise erkennen, die nichts, aber auch gar nichts mit der Realität zu tun hat. Die Pistole macht Ihnen keine angst!

Denn nehmen wir an, ich gehe mit dieser Waffe in den tiefsten Dschungel zu einem Indianerstamm, dessen Mitglieder noch nie eine Pistole gesehen haben, und ziele dort mit dieser Waffe auf einen der Stammesangehörigen. Dann kann es doch durchaus sein, daß der Betreffende herkommt und an meinem Schießeisen riecht, weil er daran interessiert ist, was der weiße Mann da in den Händen hält. Oder machen Sie das gleiche mit einem kleinen Kind, das Pistolen noch nicht kennt. Wieso haben dieser Indianer oder das Kind keine Angst? Oben wurde doch behauptet, die Pistole „mache" angst! Sie werden jetzt denken: „Ist doch klar, beide wissen noch nicht, was man mit diesem Ding anrichten kann!"

Und genau das ist der springende Punkt: Nicht die Pistole macht Ihnen angst, nicht mein unvorsichtiges Verhalten macht Sie wütend, *sondern das, was diese Pistole und mein Verhalten für Sie be-deutet.* Ihr Wissen über die Folgen, Ihre Gedanken, Ihre Bedeutungen, die Sie im Gehirn gespeichert haben, die sind für Ihre Gefühle und Ihr Verhalten verantwortlich. *Sie können nicht Angst vor einer Pistole empfinden, wenn dieser Gegenstand keine Bedeutung für Sie hat, wenn Sie nicht wissen, was man damit tun kann.* Genausowenig werden Sie in Deckung gehen, fortlaufen oder eine andere Verhaltensweise zeigen, solange Sie mit dieser Pistole keinerlei Bedeutung verknüpfen.

> Gefühle sind also nicht irgend etwas, was über Sie kommt,
> sondern sie hängen davon ab,
> wie Sie über einen Sachverhalt denken,
> welche Bedeutung Sie ihm beimessen.

Bedeutungen aber sind nicht angeboren, sie müssen erst gelernt werden. So muß beispielsweise ein Kleinkind die Bedeutung einer heißen Herdplatte erst lernen, ein Grundschüler die Bedeutung von Buchstaben, ein Fahranfänger die von Verkehrszeichen. Erst wenn Sie wissen, welche Bedeutung eine Situation für Sie hat, können Sie darauf reagieren. Deshalb kann ein Sachverhalt, der für Sie nichts bedeutet, auch zu keinerlei negativen Gefühlen führen!

Ich denke, Sie können mir bisher ganz gut folgen, und ich denke auch, daß Ihnen bisher klar geworden ist, daß Ihre Reaktionen, sowohl auf der Gefühls- als auch der Verhaltensebene, von Ihren Ansichten, Bewertungen und Denkweisen abhängig sind.

Das würde doch nun konkret nichts anderes heißen, als daß Ihre Gefühle und Ihr Verhalten nicht von anderen Menschen oder Situationen bestimmt werden, sondern *einzig und alleine von Ihnen.* Und das wiederum würde bedeuten, daß auch Ihr Lebensgenuß nicht von der Welt um Sie herum bestimmt werden kann, sondern nur von Ihnen – und zwar unabhängig davon, in welcher Situation Sie sich gerade befinden! Ein interessanter Gedanke, nicht wahr? Im Laufe Ihrer Arbeit mit diesem Buch werden Sie feststellen, daß sich dieser Gedanke in die Praxis umsetzen läßt, daß Sie sich für Ihren Lebensgenuß entscheiden können, ohne darauf zu warten, bis er irgendwann einmal „über Sie kommt".

---

**Fassen wir zusammen**
Ihre Gefühle und Verhaltensweisen hängen nicht davon ab, was Ihnen im Leben passiert, sondern wie Sie über diese Situationen denken. Für das, was Sie denken, sind nur Sie alleine verantwortlich; damit sind Sie jedoch auch für Ihre Gefühle und Verhaltensweisen alleine verantwortlich!

---

Ich hatte Sie gebeten, mir nichts von dem, was ich behaupte, zu glauben. Glauben Sie mir also nicht, daß Sie für Ihre Denkweisen, die daraus resultierenden Gefühle oder Verhaltensweisen und letztendlich Ihren Lebensgenuß selbst verantwortlich sind. Es ist viel einfacher und bequemer, die Verantwortung nicht zu übernehmen, sondern beispielsweise zu behaupten, die anderen wären daran schuld, man wäre so erzogen worden, die Eltern, die Umwelt, die Gesellschaft, die Lehrer hätte einem diese Ansichten vermittelt, man könne nicht anders, weil man ein Mann, eine Frau, jung, alt oder ein bestimmtes Sternzeichen wäre, einer bestimmten Generation angehöre, irgend jemand hätte einen dazu gebracht, etwas zu tun, irgend jemand hätte einem ein Gefühl gegeben …

Die Liste möglicher Ausreden ist unbegrenzt. Nichts ist so schwer, wie sich eingestehen zu müssen, daß man für sein Leben selbst verantwortlich ist, viel leichter dagegen erscheint es, immer wieder nach Schuldigen für seinen eigenen Verdruß zu suchen und damit in eine geradezu masochistische Opfermentalität zu schlüpfen. Vielleicht denken Sie gerade, das ist ja alles schön und gut und klingt auch ganz logisch, aber ich bin nun einmal in einer bestimmten Art und Weise erzogen worden, habe bestimmte Erfahrungen gemacht und das hat mich eben geprägt! Sehen wir uns das Ganze deshalb etwas genauer an: Es ist zweifellos richtig, daß Kinder sehr leicht die Meinungen und Weltsichten der Eltern übernehmen. Es ist auch richtig, daß Eltern, Lehrer, Gesellschaft etc. ihre Weltsichten und Meinungen dem Kind ohne große Mühe aufzwingen können. Und es ist auch richtig, daß dies dazu führen kann, daß der Betreffende, auch im Erwachsenenalter noch, diese Einstellungen und Gefühle an den Tag legt, obwohl er sich damit eventuell ein Maximum an Verdruß bereitet! Also stimmt es doch, daß die Erziehung und die Umwelt daran schuld ist, wenn es Ihnen heute schlecht geht, richtig? – Falsch!

Wer zwingt Sie denn,
an Einstellungen und Verhaltensweisen,
die Sie irgendwann einmal gelernt haben,
jetzt noch festzuhalten?
Doch nur Sie alleine!

Und schon sind wir wieder beim Thema Verantwortung, bei Ihrer Verantwortung für sich und Ihr Leben. Was ist denn, wenn ein Großteil dieser Einstellungen, die Sie im Laufe Ihres bisherigen Lebens aufgesogen haben wie ein trockener Schwamm, nicht mit der Wirklichkeit übereinstimmen, wenn Sie Erfahrungen gemacht haben, die sich nicht auf andere Situationen übertragen lassen, wenn das, was man Ihnen beigebracht hat, himmelschreiender Unsinn ist? Dann haben Sie auch Gefühle, die Sie sich sparen könnten, dann haben Sie Streß, den Sie selbst verursachen und dann haben Sie eine Menge an Verdruß, der Sie wertvolle Zeit Ihres Lebens kostet, Zeit, die Sie nie mehr zurückholen können, die unwiederbringlich vorbei ist!

Menschliche Wahrnehmung und menschliches Denken sind durch Erziehung und durch Erfahrung so vielen Fehlerquellen unterworfen, daß es ganz „natürlich" ist, daß wir die Welt nicht so wahrnehmen, wie sie ist. Wir nehmen Sie nur so wahr, wie wir gelernt haben, sie wahrzunehmen. Auf diese Weise entsteht jedoch sehr schnell ein Weltbild, das weder der Realität entspricht, noch zu einem Maximum an Lebensgenuß führen kann.

Um Ihnen zu demonstrieren, daß das, was Sie im Laufe Ihres Lebens gelernt haben und die Wirklichkeit zwei verschiedene Sachen sind, machen Sie doch einmal die folgende Übung:

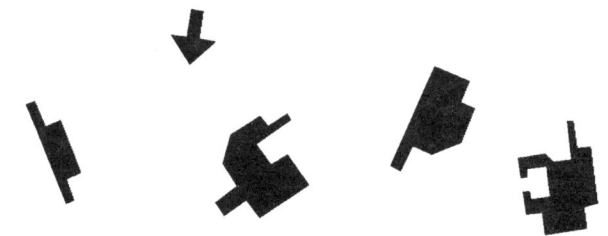

Beschreiben Sie diese fünf schwarzen Symbole auf einen gesonderten Zettel nur mit Worten. Beschreiben Sie sie so, daß Sie aufgrund Ihrer Beschreibung diese Symbole wieder zeichnen könnten. Ich weiß, daß diese Aufgabe etwas mühsam erscheint, bitte
Sie aber trotzdem, diese Übung sorgfältig auszuführen, da Sie Ihnen eine sehr wertvolle Erkenntnis verschaffen wird. Wie Sie die
fünf Symbole beschreiben ist völlig nebensächlich, Hauptsache,
Sie können sie aufgrund Ihrer Beschreibung wieder zeichnen.
Nun, dann fangen Sie mal an …

Nachdem Sie alle fünf Symbole mit Worten beschrieben haben, klappen Sie das Buch zu und zeichnen Sie diese Symbole
nach den Angaben auf Ihrem Zettel. Erst nachdem Sie mit Ihren
Zeichnungen fertig sind, klappen Sie das Buch wieder auf und lesen weiter.

**Nicht jetzt schon weiterlesen!**
**Sie berauben sich dadurch einer wertvollen Erfahrung!**

Nachdem Sie die fünf Figuren gezeichnet haben, vergleichen
Sie sie mit den Originalen. Um Ihnen die Sache etwas zu erleich-
tern, hier die fünf Symbole noch einmal.

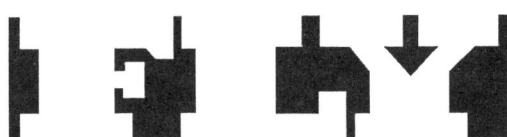

Betrachten Sie das, was Sie hier sehen können, genau, und fragen Sie sich, ob Sie irgendeinen Sinn darin erkennen können. Lassen Sie sich Zeit dazu, betrachten Sie alles in Ruhe ...

Möglicherweise gelingt es Ihnen auch nach längerem Betrachten nicht, irgend etwas Sinnvolles darin zu erkennen. So sehr Sie sich auch anstrengen, es ist kein Sinn erkennbar. Sehen Sie, das ist der Effekt von Erziehung, von einer Sichtweise, die ich Ihnen in relativ kurzer Zeit beigebracht habe. Wie lange haben Sie für diese Übung gebraucht? Wahrscheinlich nur ein paar Minuten; ein paar Minuten reichen aus, um Sie zu erziehen! Vom Zeitpunkt seiner Geburt an bekommt ein Kind von den Erwachsenen die Welt erklärt. Man erklärt ihm, was gut und schlecht ist, wie es Dinge zu bewerten hat, wie es sich zu fühlen und zu verhalten hat. Diese unaufhörlichen Erklärungen führen dazu, daß das Kind die Welt nur noch so wahrnehmen kann, wie sie ihm erklärt wurde. Schlimmer jedoch ist, daß es Wahrnehmungen, die nicht in dieses Schema passen, so umdeutet wird, daß sie wieder in dieses Schema passen, und damit im Gehirn ein Weltbild erzeugt, welches überhaupt nicht existiert! Jemand, der beispielsweise alle seine Mitmenschen als hinterhältig und gemein betrachtet, wird einen Menschen, der ihm freundlich und aufgeschlossen begegnet, nicht so wahrnehmen. Er wird vielmehr diese Freundlichkeit als Heuchelei und damit als besonders hinterhältig betrachten. Somit paßt die Sache dann wieder zu seiner Weltsicht und bestätigt ihm das, was er bisher für richtig gehalten hat. Wenn er sich dann mißtrauisch und unfreundlich gegenüber diesem Menschen, der anfangs offen auf ihn zugegangen ist, verhält, wird sich dieser Mensch irgendwann von ihm abwenden, und damit hat er einen zusätzlichen „Beweis" für seine Einbildung, daß alle Menschen hinterhältig und falsch sind. Man nennt so etwas eine „Selbsterfüllende Prophezeiung"; mit diesem Thema werden wir uns in einem späteren Kapitel noch ausführlich beschäftigen, denn wenn Sie die Mechanismen dieses Phänomens durchschauen, können Sie sie auch ausgezeichnet zu Ihrem Vorteil nutzen.

Doch zurück zu den fünf Figuren! Können Sie immer noch keinen Sinn darin erkennen?

Hier die „Auflösung": Möglicherweise ist es Ihnen nicht auf Anhieb gelungen, zwischen den fünf Symbolen das Wort „FLY" zu erkennen. FLY ist mit weißer Schrift auf schwarzem Grund geschrieben; wenn man zusätzlich einen schwarzen Rand um die Figuren
zieht, wird es deutlicher.

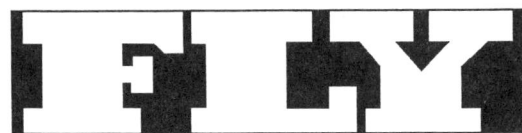

Wenn Sie die weiße Schrift und die Buchstaben FLY einmal erkannt haben, dann sind Sie auch in der Lage, sie zwischen den
fünf schwarzen Symbolen ohne Rand zu sehen, nicht wahr? Sie
können also plötzlich etwas wahrnehmen, was Sie die ganze Zeit
vor Ihren Augen hatten! Durch die vorherige Aufgabe, die
schwarzen Symbole zu zeichnen, habe ich Ihre Aufmerksamkeit
auf die schwarzen Felder gelenkt, was dazu geführt hat, daß Sie
sich nur mit den schwarzen Figuren beschäftigten und auch nur in
den schwarzen Bereichen nach „Sinn" suchten. Um die weißen
Buchstaben zu sehen, mußten Sie erst umdenken!

So schnell funktioniert Erziehung! Wie lange haben Sie für diese Übung gebraucht? Vielleicht zehn Minuten! In zehn Minuten ist
es möglich, Ihre Wahrnehmung der Welt so zu beeinflussen, daß
Sie die Realität nicht mehr sehen können! *Zehn Minuten!*

Haben Sie eine auch nur vage Vorstellung davon, was eine Erziehung bewirken kann, die sich über Jahrzehnte hinzieht, und
die nie aufhört, weil Medien und Gesellschaft irgendwann die Stelle der Eltern übernehmen? Eine derartig lebenslange Erziehung
kann zu einer völlig hirnrissigen Weltsicht führen, die mit der
Realität nichts mehr zu tun hat, mit der Sie sich ein Maximum an
Verdruß bereiten. Das Dumme daran ist, daß ein derartig erzogener Mensch gar nicht merkt, daß seine Weltsicht nicht stimmt, da
er ja nur das wahrnehmen kann, was man ihm beigebracht hat.

Bestenfalls merkt er an den Folgen seiner Einstellungen, daß irgend etwas in seinem Leben nicht stimmt, daß er beispielsweise immens viel Streß erlebt, eine Menge an Verdruß hat, unter Belastungen zusammenbricht, ständig krank ist und seine Ziele, sofern er sich überhaupt welche setzt, selten erreicht. Kurzum, daß er ein Leben lebt, in dem er nicht auf der „Sonnenseite" steht, ein Leben, in dem er Dinge tut, die er eigentlich nicht tun will, in dem er Gefühle hat, die er eigentlich nicht haben will, in dem er lebt, wie er eigentlich nicht leben will, ein Leben, das er nicht genießt, sondern „absitzt".

*„Daß er starb, heißt noch lange nicht, daß er auch gelebt hat!"*
*(Verfasser unbekannt)*

Vielleicht fragen Sie sich jetzt, was man tun könnte, um nicht in diese Misere hineinzurutschen. Wir alle haben doch diesen ewigen Kreislauf der Erziehung durchlaufen und durchlaufen ihn auch weiterhin, wir können doch gar nicht vermeiden, erzogen zu werden! Nun, natürlich können Sie als Kind nicht vermeiden, erzogen zu werden, das ist unbestritten. Wie ist es jedoch im Erwachsenenalter? Ist es wirklich so, daß Sie alles glauben müssen, was man Ihnen eintrichtert? Ist es wirklich so, daß Sie die hinderlichen Einstellungen, die Sie irgendwann einmal gelernt haben, nicht mehr ablegen und ändern können? Ist es wirklich so, daß Sie der Sklave Ihrer Gefühle und Verhaltensweisen sind? Ist es wirklich so, daß Sie Gesellschaft und Religionsführer dazu benötigen, um zu wissen, wo es lang geht?

Etwa jeder zweite Klient, der in meine Praxis kommt, erklärt mir, er könne nichts dafür, daß es ihm so schlecht gehe, es liege an seiner Erziehung. Ein Mensch, der als Erwachsener immer noch seine Erziehung für seinen Verdruß verantwortlich macht, ist in meinen Augen noch nicht erwachsen geworden. Seine Eltern, seine Lehrer, die Gesellschaft usw. schweben offensichtlich wie dunkle Wolken über ihm und bestimmen sein Schicksal. Offensichtlich steuert nicht er, sondern andere sein Leben. Erwachsensein bedeutet doch nichts anderes, als die Kontrolle über sein Leben zu übernehmen. Kontrolle über das Leben heißt wiederum, daß Sie Einstellungen, Verhaltensweisen, Gefühle, Gewohnheiten etc., die Sie behindern, über Bord werfen und sich das, was für ein erfülltes Leben nötig ist, aneignen. Mit anderen Worten: *Bringen Sie sich das bei, was Sie brauchen, und lassen Sie das weg, was Sie nicht benötigen; erziehen Sie sich also selbst!* Und genau das ist der erste Schritt für einen Maximum an Lebensgenuß: Hören Sie auf damit, sich als Produkt einer vergangenen Erziehung zu sehen,

Beginnen Sie, sich selbst zu erziehen!

Sie wissen, daß Ihre Sicht der Dinge für Ihren Lebensgenuß verantwortlich ist, fangen Sie deshalb an, sich eine Weltsicht zuzulegen, die

mit der Realität übereinstimmt
und Ihnen hilft, ein Maximum an Lebensgenuß zu erlangen

Möglicherweise ecken Sie damit bei einigen Leuten an, die plötzlich merken, daß Sie Ihre eigenen Maßstäbe entwickeln, möglicherweise werden Sie einiges in Ihrem Leben daraufhin radikal ändern ... Ich kann Ihnen nicht vorhersagen, was sich in Ihrem Leben ändern wird, ich kann Ihnen jedoch garantieren, daß Ihr Leben eine äußerst positive Wende erfahren wird – vorausgesetzt, Sie wenden das in diesem Buch enthaltene Wissen konsequent an.

Wer sich nicht selbst erzieht, der wird erzogen.

Nun, dann fangen Sie doch an, Kontrolle über Ihr Leben zu übernehmen, beginnen Sie sich selbst zu erziehen. Erziehen heißt, daß Sie zuerst einmal alte Einstellungen, die man Ihnen beigebracht hat, auf ihren Wahrheitsgehalt hin überprüfen und daraufhin eventuell über Bord werfen. Denn weshalb sollten Sie Ihr Leben von Einstellungen beherrschen lassen, die nicht einmal mit der Wirklichkeit übereinstimmen? Beginnen wir mit der Grundeinstellung, mit der sich die Mehrzahl der Menschen in die Opferrolle begibt: *Irgendwann hat Ihnen irgend jemand erzählt, Ihre Gefühle würden von anderen Menschen oder den Umständen abhängen, Situa-*

tionen und Ihre Mitmenschen wären also in der Lage, Ihnen Gefühle zu „machen".

Stimmt das?

Diese Frage ist der Knackpunkt jeglicher zumindest einigermaßen realistischer Weltsicht! Hören Sie auf, irgend etwas zu glauben, fragen Sie immer wieder:

„Stimmt das?"

Suchen Sie Antworten anstatt sich mit Halbwahrheiten zufriedenzugeben oder hirnlos das nachzuplappern, was Ihnen sogenannte „Autoritäten" einzureden versuchen. Sie wissen inzwischen, daß Ihnen niemand Gefühle machen kann und auch niemand Sie dazu bringen kann, sich in irgendeiner Weise zu verhalten. Sie wissen, daß einzig und alleine Sie die Verantwortung dafür haben, wie Sie sich fühlen und verhalten. Sätze wie

- „Der regt mich auf",
- „Du machst mir Angst",
- „Die Arbeit macht mich fertig" oder
- „Meine Lebensumstände sind daran schuld, daß es mir so schlecht geht"

gibt es ab jetzt nicht mehr für Sie. Ab jetzt werden Sie die Verantwortung dafür übernehmen, wie es Ihnen ergeht.

- Nicht mehr „Der regt mich auf", sondern „*ICH* rege mich über ihn auf".
- Nicht mehr „Du machst mir angst", sondern „*ICH* mache mir angst vor dir".
- Nicht „die Arbeit macht mich fertig", sondern „*ICH* mache mich mit der Arbeit fertig".
- Nicht mehr „Meine Lebensumstände sind daran schuld, daß es mir schlecht geht", sondern „*ICH* habe die Verantwortung dafür, wie ich mich fühle und verhalte".

Ich habe die Verantwortung dafür, wie ich mich fühle
und verhalte.

Denn nur wenn Sie die Verantwortung übernehmen, sind Sie
in der Lage, die Dinge zu ändern, sind Sie in der Lage, Kontrolle
über Ihr Leben zu übernehmen, anstatt als Opfer der Umstände
über diesen Planeten zu schleichen.

Gehen wir noch einen Schritt weiter: Wenn Ihnen niemand
Gefühle machen kann, dann können Sie doch umgekehrt auch
niemandem Gefühle machen, nicht wahr? Jeder Ihrer Mitmenschen, der behauptet, Sie würden ihn aufregen, Sie hätten ihn gekränkt, Sie hätten ihn dazu gebracht, sich in einer bestimmten
Weise zu verhalten, Sie wären an seinem Verdruß schuld, hat offensichtlich auch noch nicht verstanden, daß er für all das selbst
verantwortlich ist.

- Das englische Königshaus ist dafür verantwortlich, wie es dem
  Volk geht.
- Der Chef ist dafür verantwortlich, wie es seinen Untergebenen
  geht.
- Kinder sind dafür verantwortlich, wie es ihren Eltern geht.
- Sie sind dafür verantwortlich, wie es Ihrem Partner geht.
- Ihr Partner ist dafür verantwortlich, wie es Ihnen geht, usw.

Ist es nicht eine grandiose Erfindung des menschlichen Gei-
stes, immer andere für seinen Verdruß verantwortlich zu machen?
Auf diese Art und Weise kann man seinen Mitmenschen hervorragend Schuldgefühle einreden, kann man seine Mitmenschen ausgezeichnet manipulieren und sie letztendlich dazu verleiten, genau das zu tun, was man von ihnen will. Nach dem Motto: „Mir
geht es wegen dir schlecht, also verhalte dich so, wie ich das will,
dann bist du auch nicht schuld daran, wenn es mir schlecht geht",
wird versucht Einfluß auf andere zu nehmen – wie die Erfahrung
zeigt, mit großem Erfolg. Dieses Spielchen kann natürlich nur
funktionieren, wenn sich jemand findet, der sich einreden läßt,
für Gefühle und Verhaltensweisen anderer verantwortlich zu sein.
Ich gehe davon aus, daß Sie ab jetzt nicht mehr dazu gehören ...

> Ich habe keine Verantwortung dafür,
> wie du dich fühlst oder verhältst.

Das klingt auf den ersten Blick sehr egoistisch, zugegeben. Wo würde es hinführen, wenn jeder nur die Verantwortung für sich übernimmt? Nun, es würde dazu führen, daß beispielsweise weder Ajatollah Khomeini noch irgendein Moslem durch das Buch von Salman Rhusdie gekränkt werden könnte; es würde dazu führen, daß Mitläufer im Dritten Reich die Verantwortung für ihr Tun übernommen hätten und nicht behauptet hätten, „man hätte sie dazu gebracht", anderen Menschen soviel Leid anzutun; es würde dazu führen, daß Menschen nicht mehr so leicht manipulierbar wären; es würde dazu führen, daß es keine „beleidigten", „gekränkten" oder sonstwie in ihrer „Ehre" verletzten Individuen gäbe; und es würde dazu führen, daß weit weniger Leid auf unserem Planeten herrschen würde, weil die Leute etwas tun würden, um Probleme zu lösen, anstatt sich damit zu beschäftigen, wer an ihrer Misere schuld sein könnte. Ein gesunder Egoismus hilft Ihnen abzugrenzen, wofür Sie verantwortlich sind und wofür nicht; das heißt nicht, daß Sie deshalb auf Kosten anderer leben oder keinerlei Rücksicht nehmen, sondern lediglich, daß Sie genau wissen, wo Sie aufhören und der andere beginnt. Ein gesundes „Selbst"-Bewußtsein heißt nichts anderes, als daß Sie sich darüber bewußt sind, worüber Sie die Kontrolle haben und worüber nicht. Und wie sich ein anderer Mensch verhält oder fühlt, darüber können Sie nie die Kontrolle haben; niemand zwingt diesen anderen sich so zu fühlen oder zu verhalten, er tut das völlig freiwillig. Möglicherweise ist es ihm nicht bewußt, möglicherweise handelt er nach alten Mustern, die man ihm beigebracht hat, *aber auch dafür hat er die Verantwortung – nicht Sie!*

Weshalb aber haben die Menschen durch ihre Sicht der Dinge derartig komplexe Probleme? Nun, weil der Mensch durch Erziehung und durch seine Intelligenz geradezu vorbestimmt ist, sich eine Weltsicht zu schaffen, die ihm Probleme bereitet. Sie haben richtig gelesen: durch seine *Intelligenz*! Kein Tier hat die Fähigkeit, sich so einen Streß, sich so einen Maximum an Lebensverdruß zu erschaffen, wie der Mensch. Ein Tier kann das deswegen nicht,

weil es intellektuell gar nicht dazu in der Lage ist. Es klingt geradezu paradox:

> Um sich unnötige Probleme zu erschaffen,
> bedarf es großer Intelligenz.

Es gibt zwei Möglichkeiten, mit Intelligenz umzugehen. Entweder kann man sie ungesteuert vor sich hinarbeiten lassen, dann
wird sie jedoch Fehler machen, alte eingegebene Programme befolgen und damit das Gefühls- und Verhaltenspotential beeinflussen; oder man kann sie bewußt steuern, dann kann man sie dazu
benutzen, eben diese Fehler zu beseitigen. Wie Sie inzwischen wissen, hängen Gefühle, Verhaltensweisen und damit der Lebensgenuß primär von Ihren Einstellungen, Bewertungen und Gedanken
ab. Der Mensch ist das einzige Wesen, das über seine eigenen Gedanken nachdenken kann und damit auch die Möglichkeit hat,
diese zu verändern. Nur in der Regel tut er es nicht!

Denn dann müßte er sich bei allem, was er von Eltern, Lehrern
oder der Gesellschaft gesagt bekommt, die Frage

> „Stimmt das?"

stellen, anstatt diese ganzen Wertvorstellungen in sich aufzu-
saugen wie ein trockener Schwamm. Stimmt das, was man mir
hier erzählt? Ist es in sich logisch oder mit Fehlern behaftet? Menschen denken, und wenn Menschen denken, dann unterlaufen
ihnen Denkfehler, die möglicherweise zu völlig unsinnigen Reaktionen führen. Es gibt bestimmte Denkfehler, zu denen alle Menschen neigen und diese Denkfehler werden von Generation zu Generation weitergegeben, obwohl sie sich bei näherer Betrachtung
als völlig unsinnig und haltlos erweisen. Deshalb ist es immens
wichtig, diese Denkfehler zu erkennen und sie zu vermeiden,
denn nur wenn Sie überprüfen, was und wie Sie denken, wenn Sie
bestimmen, was in Ihren Gehirnwindungen abläuft, sind Sie in
der Lage, Ihren Lebensgenuß zu maximieren. Lebensgenuß ist eine
Entscheidung, nicht etwas, was zufällig über Sie kommt!

## Denkfehler Nr. 1:
## Menschen neigen dazu, die Umstände oder andere Menschen für ihre emotionalen Probleme verantwortlich zu machen

Daß Sie für Ihre Gefühle und Verhaltensweisen selbst verantwortlich sind, daß Sie sie durch Ihre Art, die Dinge zu sehen und über die Dinge zu denken, selbst erschaffen, dürfte Ihnen, wenn Sie bisher gewissenhaft mit diesem Buch gearbeitet haben, klar sein. Sie glauben nicht, daß es so ist, Sie wissen es jetzt! Das beinhaltet jedoch auch, daß Sie nicht für die emotionalen Probleme oder die Verhaltensweisen anderer Menschen die Verantwortung übernehmen können. Genausowenig wie Ihnen jemand ein Gefühl machen kann, können Sie einem anderen Menschen Gefühle machen.

Allerdings werden Sie jeden Tag von den Medien, Ihrer Umwelt und Menschen, mit denen Sie zusammenkommen, eines besseren belehrt.

- Ein Bekannter ist beleidigt und behauptet, Sie wären daran schuld, weil Sie eine Verabredung vergessen haben.
- In diversen Zeitschriften können Sie lesen, wie Frauen und Männer von ihren Partnern zu Verzweiflungstaten „gebracht" werden.
- Jemand bekommt Herzschmerzen und behauptet, Sie hätten ihn aufgeregt.

Die Liste ließe sich beliebig fortsetzen, und selbst bei der Auslegung der 10 Gebote sind Sätze wie *„Habe ich durch meine unzüchtige Kleidung jemandes Schamgefühl verletzt?"* zu finden. Sehen wir uns stellvertretend für diesen ganzen hanebüchenen Unsinn nur diesen Satz genauer an. Im Klartext heißt das, daß ich beispielsweise eine extrem kurze Hose oder einen gewagten Ausschnitt trage. Irgend jemand sieht das und verfällt daraufhin in tiefste Scham, und ich bin daran schuld. Ist es wirklich meine kurze Hose, die ihm Gefühle macht? Dann müßte er doch in der Wäscheabteilung eines Kaufhauses einen wahren Gefühlsrausch erleben! Wer ist jetzt daran schuld?

- Der Stoffhersteller, der es gewagt hat, Seide herzustellen?
- Der Modemacher, der diesen sexy Schnitt entworfen hat?
- Der Kaufhauschef, der sich entschlossen hat, diese Wäsche ins Sortiment aufzunehmen?
- Der Einkäufer, der sich ausgerechnet für diese Stücke entschieden hat?
- Der Ausbilder des Einkäufers, der ihn in diese Richtung ausgebildet hat?
- Die Mutter des Einkäufers, die nicht dafür gesorgt hat, daß er einen anderen Beruf ergreift?
- Die Dekorateurin, die das gute Stück drapiert hat?
- Die Verkäuferin, die es nicht rechtzeitig weggenommen hat?
- Der Kleiderständerhersteller, ohne dessen Ständer das Stück nicht hätte aufgehängt werden können?
- Das Jahrhundert, weil es solche Sachen in der Steinzeit noch nicht gab?
- Das Land, in dem er lebt, weil es so etwas in der Wüste auch nicht gibt?

Oder ist es einzig und alleine er selbst, weil sexy Wäsche für ihn *eine Bedeutung hat, mit der er sich einfach schuldig fühlen muß?* Nehmen wir an, er hätte eine andere Bedeutung in seinen Gehirnwindungen, zum Beispiel: „Wow, was für ein entzückender Anblick! Heute ist mein Glückstag!". Würde er sich dann schuldig fühlen? Denken Sie darüber nach, wenn Sie sich das nächstemal einreden, ein anderer wäre für Ihre unangenehmen Gefühle verantwortlich! Genausowenig wie Ihnen ein anderer Mensch Gefühle machen kann oder Sie dazu bringen kann, sich in einer bestimmten Art und Weise zu verhalten, können Sie das mit ihm tun. Nur Sie haben die Verantwortung für Ihr Leben, nicht Ihre Umwelt. Hören Sie auf damit, sich als Opfer der Umstände und der anderen zu betrachten; eine derartige Weltsicht stimmt weder mit der Realität überein, noch können Sie so ein Maximum an Lebensgenuß erreichen. Sätze wie:

- „Der regt mich auf."
- „Sie macht mich wütend."
- „Die haben mich dazu gebracht, das zu tun."
- „Mein Beruf macht mich fertig."

Diese und ähnliche Sätze gibt es ab jetzt nicht mehr für Sie. Nur Sie selbst sind es, der sich Gefühle macht und nur Sie selbst können das ändern, und zwar unabhängig davon, was andere tun oder was um Sie herum geschieht.

## Denkfehler Nr. 2:
## Menschen neigen dazu, zu übertreiben

„ *Alles*, was ich anfasse, geht in die Brüche; wieso geht bei mir *immer* alles schief?" fragte mich ein Klient in tiefster Verzweiflung. „Wieso habe ich *nie* Glück und immer nur die anderen?" fuhr er fort, sich in seiner Verzweiflung zu wälzen. Nun, geneigter Leser, wenn Sie diese Sätze lesen, was geht Ihnen durch den Kopf? …

Verzweiflung ist eine Emotion, Emotionen entstehen nicht durch Situationen, sondern durch Bewertungen von Situationen, nicht wahr? „Alter Hut", werden Sie sagen, „das haben wir doch nun wirklich lange genug durchgekaut!". Richtig, und ich hatte Ihnen auch vermittelt, daß wenn die Bewertungen, die Gedanken, die Sicht der Dinge nicht mit der Wirklichkeit übereinstimmen, die daraus resultierenden Gefühle auch nicht zur Wirklichkeit passen. Um „verzweifelt" sein zu können, braucht der Betreffende erst eine bestimmte Art und Weise zu denken, sonst schafft er es gar nicht, zu verzweifeln. Und wie bei allem, was ein Mensch denkt, ist auch hier die wichtigste Frage:

„Stimmt das?"

Stimmt das, was er denkt? „*Alles*, was ich anfasse, geht in die Brüche …", behauptete der Gute. *Alles* würde also bedeuten, daß die Türklinke zu Bruch geht, wenn er sie berührt, daß meine Hand zerfällt, sobald er sie anfaßt, daß er sich nicht einmal an die Nase fassen kann, ohne daß sie zerbricht …

Ich denke, ich brauche Ihnen den Blödsinn dieses Satzes nicht noch ausführlicher zu demonstrieren. Aber sehen wir uns weiter an, wie er seine Verzweiflung züchtet. „Wieso geht bei mir *immer alles* schief?" ist sein nächster Gedanke. Wenn *immer alles* schief geht, wie konnte er heute sein Frühstück zu sich nehmen, wie konnte er den Weg in meine Praxis finden, wie konnte er überhaupt seine Geburt überleben? „Wieso habe ich *nie* Glück und immer nur die anderen?" Nun, wenn er *nie* Glück hat, wie konnte er dann 40 Jahre alt werden? Hat er nicht Glück gehabt, als er ohne genetischen Defekt auf die Welt kam, hat er nicht Glück gehabt, daß er bisher keine ernsten Erkrankungen ertragen mußte, hat er nicht Glück gehabt, daß er in einem Land geboren wurde, in dem er sich keine Sorgen um sein tägliches Brot zu machen braucht? Stimmt es wirklich, daß er *nie* Glück hatte? Fragen Sie sich immer wieder, ob das, was Ihnen Ihr Gehirn vorgaukelt, wirklich stimmt! Hören Sie auf damit, an etwas zu glauben, was Ihnen nur Verdruß bereiten kann, Ihr Leben ist zu wertvoll für eine derartige Zeitverschwendung!

Jeder von uns neigt dazu, zu übertreiben, Sie kennen sicher auch aus Ihrem Leben genügend Beispiele. Vielleicht haben Sie Kinder, dann kommt Ihnen möglicherweise folgende Szene irgendwie bekannt vor: Sie möchten, daß Ihr Kind um acht Uhr abends ins Bett geht, damit es am nächsten Tag in der Schule nicht einschläft. Punkt acht fordern Sie Ihr Kind also auf, ins Bett zu gehen, worauf Ihrem Sprößling urplötzlich noch eine Menge an „unaufschiebbaren" Tätigkeiten einfallen, die er ausgerechnet jetzt noch machen muß. Plötzlich muß er noch etwas suchen, plötzlich hat er Durst, plötzlich überkommt ihn ein Bärenhunger usw. Wenn Sie dann zur härteren Sorte von Eltern gehören und ihm sagen: „Komisch, vor fünf Minuten gab es zu essen, da hattest du absolut keinen Hunger; jetzt, wo du ins Bett sollst, hast du auf einmal Hunger, jetzt gibt es nichts mehr!", dann kann es durchaus passieren, daß Ihr Kind herzzerreißend schreit: „*Nie* kriege ich hier etwas zu essen!" und sich anschließend derart hineinsteigert, daß Sie annehmen müssen, es werde in den nächsten Minuten den Hungertod erleiden. Übertreibung ist eine menschliche Eigenschaft, die von Kindheit an ausgiebig benutzt wird. Wenn Ihr

Sprößling wirklich *nie* etwas zu essen bekommen hätte, dann wäre er doch im Kindbett bereits verschieden, nicht wahr? Übertreibungen sind so alt wie die Menschheit und verursachen seit Urzeiten immer wieder die gleichen Probleme.

- Aus ein paarmal wird immer oder nie,
- aus möglicherweise wird bestimmt,
- aus wenige wird keiner oder alle,
- aus schwierig wird unmöglich,
- aus unangenehm wird furchtbar usw.

Weshalb aber übertreibt der Mensch so leidenschaftlich? Weshalb schafft er sich dadurch eine Sicht der Dinge, die überhaupt nicht mehr mit der Realität übereinstimmt?

Wie vieles aus unserem heutigen Verhaltensrepertoire läßt sich auch diese Verhaltensweise unter Zuhilfenahme unserer Vergangenheit erklären. Übertreiben hängt eng mit der menschlichen Eigenschaft zusammen, Gefahren voraussehen zu können und aus wenigen Informationen einen Überblick über einen Sachverhalt gewinnen zu können. Der Urmensch brauchte die Fähigkeit, übertreiben zu können, denn damit war garantiert, daß Gefahren relativ schnell erkannt werden konnten. Ein harmloses Geräusch wurde erst einmal als Signal für etwas Schlimmes interpretiert. Lieber sprang man zehnmal wegen eines Knackens auf, das sich hinterher als harmlos erwies, als daß man nicht reagierte und so eventuell in höchste Lebensgefahr geriet. Mit anderen Worten: *Lieber machte man zehnmal aus einer Mücke einen Elefanten, als daß man einmal glaubte, es wäre nur eine Mücke – und wurde daraufhin vom Elefanten zertrampelt.*

Für das Überleben in grauer Vorzeit war diese Weltsicht also unerläßlich. Was passiert aber, wenn Sie diese ursprünglich lebensrettende Fähigkeit falsch einsetzen? Die Realität könnte zum Beispiel so aussehen: *Drei* Arbeitskollegen lehnen Sie ab, Ihnen sind *zwei* Fehler unterlaufen, darüber haben sich *zwei* von Ihren Kollegen unterhalten, Sie wissen nicht, ob das zur Kündigung führt und ob Sie, falls das so wäre, schnell einen neuen Job bekommen würden, und im Moment fühlen Sie sich deswegen etwas unbehaglich.

Wenn Sie jetzt Ihr Gehirn ohne bewußte Kontrolle arbeiten lassen, dann übernimmt der „Neandertaler" in Ihnen die Steuerung und dann kann daraus sehr schnell folgendes werden:

Dann mag Sie eben *keiner, immer* geht alles schief, *alle* reden hinter Ihrem Rücken darüber, und bestimmt gibt Ihnen *keiner* mehr eine Arbeit, und deshalb werden Sie *nie* mehr glücklich werden können, und das wäre *furchtbar*. Wie würden Sie sich mit so einem Leben fühlen? Keine dieser Behauptungen entspricht der Realität. Und jetzt fragen Sie sich ernsthaft, ob Sie so ein *Maximum an Lebensgenuß* erreichen können! Mit Sicherheit nicht, Sie wären in dieser Situation hilflos und verzweifelt. Und wer ist dafür verantwortlich? Die Realität oder Ihre Art zu denken?

> Hören Sie auf damit, sich solchen Blödsinn einzureden,
> niemand zwingt Sie dazu!

## Denkfehler Nr. 3:
## Menschen neigen dazu, sich für Dinge verantwortlich zu fühlen, für die sie gar nicht verantwortlich sein können

Nehmen wir an, ein Vater sitzt mit seinem Sohn vor dem Fernseher, beide sehen sich einen spannenden Film an. Der Vater verspürt während des Films großen Durst, ist aber zu bequem, jetzt aufzustehen und in den Keller zu gehen, um sich ein Bier zu holen. Also sagt er zu seinem Sohn: „Sohn, hol mir doch mal ein Bier aus dem Keller!" Worauf ihm sein Sohn antwortet: „Ja, gleich, ich möchte nur noch diesen Film zu Ende sehen, dann hole ich dir eines!" Möglicherweise wissen Sie, was dann kommt. Der Vater wird mit vorwurfsvoller Miene aufstehen, leidend in Richtung Keller schlurfen und klagend von sich geben: „Dann muß ich mir halt mit meinem kaputten Rücken selbst eines holen!"

Und nehmen wir jetzt weiter an, daß der Vater aufgrund eines Fehltrittes ausrutscht, die Kellertreppe hinuntersegelt und sich dabei einige Knochen bricht. Dann wird es von den meisten Menschen als völlig normal angesehen, daß sich der Junge schuldig fühlt und sich mit Vorwürfen quält. Mit Vorwürfen wie zum Beispiel:

- Warum bin ich denn nicht gegangen?
- Der Film war doch nicht so wichtig!
- Ich bin ein Egoist!
- Ich bin ein schlechter Sohn!
- Ich bin schuld, daß sich mein Vater verletzt hat, usw.

Nun, auch hier sind wir bei der Ihnen inzwischen wohlbekannten Frage angelangt:

*Stimmt es, daß der Junge daran schuld ist?* Hat er seinen Vater dazu gezwungen, die Treppe hinunterzugehen und zu stolpern? Oder war es nicht vielmehr eine freiwillige Entscheidung des Vaters, trotz seines kaputten Rückens das Risiko auf sich zu nehmen? *War es nicht der Vater, dem seine Gesundheit nicht zehn Minuten Warten wert war?*

„Herzlos!" könnten Sie jetzt denken: „Wenn alle so denken würden ... dann hätten wir eine Welt von Egoisten ..." Fragen Sie sich auch hier wieder, ob das, was Sie denken, stimmt. Stimmt es wirklich, daß wir dann nur Egoisten hätten, die auf Kosten anderer lebten? Oder hätten wir nicht eher eine Welt von wirklich erwachsenen Menschen, welche die Verantwortung für das, was sie tun und wofür sie sich entscheiden, übernehmen und nicht dauernd die „anderen" dafür verantwortlich machen? Hätten wir dann nicht eine Welt mit weniger Vorurteilen und weniger Gewalt? Hätten wir dann nicht eine Welt, in der Gefühle wie „Beleidigtsein" und „Schuld" nicht mehr dazu benutzt würden, um anderen Menschen den eigenen Willen aufzuzwingen? Und hätten wir dann nicht eine Welt, in der sich die Menschen wohler fühlen würden, weil sie erkannt haben, daß ihr Glück nicht von den Umständen oder anderen Menschen abhängt?

Doch zurück zum Thema Verantwortung. Verantwortung können Sie nur für etwas haben, worüber Sie die *Kontrolle* haben. Nehmen wir an, Sie gehen durch eine belebte Straße und schlagen dem ersten, der Ihnen entgegenkommt, mit der Faust ins Gesicht. Dann würde Ihnen wahrscheinlich niemand glauben, wenn sie sagen: „Oh, Entschuldigung, meine Faust hat sich gerade mit aller Kraft in Ihr Gesicht bewegt, da kann ich aber nichts dafür, ist mir unerklärlich, daß sie so etwas macht! Wenn Ihnen jetzt ein paar Zähne fehlen, können Sie mich dafür nicht verantwortlich machen!"

Wie gesagt, kein Mensch würde Ihnen diesen Unsinn abnehmen, denn über Ihren Arm oder Ihre Faust haben Sie in der Regel die Kontrolle, und was Sie damit absichtlich machen, dafür haben Sie auch die Verantwortung. Wie steht es aber mit Ihrer Kontrolle über andere Menschen? Nehmen wir an, Sie haben Ihr Kind so erzogen, daß es einigermaßen in dieser Welt zurechtkommt. Sie haben ihm beispielsweise immer wieder eingeschärft, freundlich zu alten Menschen zu sein. Ihr Kind geht eines schönen Tages auf die Straße und pöbelt alte Leute an. Haben Sie dafür die Verantwortung oder nicht? Haben Sie die Kontrolle über Ihr Kind, wenn Sie gerade im Wohnzimmer sitzen und einen Kilometer entfernt tritt Ihr Kind einem anderen Menschen ans Schienbein? Können Sie dafür wirklich die Verantwortung übernehmen? Natürlich nicht!

Egal was Sie tun, Sie werden nie die Kontrolle über einen anderen Menschen haben. Kontrolle können Sie bestenfalls über Maschinen haben. Auf andere Menschen haben Sie möglicherweise einen gewissen *Einfluß* – mehr aber auch nicht. Sie haben einen gewissen Einfluß darauf, wie Sie Ihr Kind erziehen; was Ihr Kind jedoch daraus macht, entzieht sich Ihrer Kontrolle. Sie haben einen gewissen Einfluß darauf, wie Sie das Betriebsklima gestalten; ob Ihre Kollegen aber auch etwas für eine gute Beziehung tun, entzieht sich ebenfalls Ihrer Kontrolle. Ich habe einen gewissen Einfluß auf Sie, indem ich Sie auffordere, Ihre Gedanken zu überprüfen, anstatt blindlings einmal eingehämmerten Programmen zu folgen; ob und wie weit Sie das tun, darüber habe ich keine Kontrolle. Weder ich noch sonst jemand kann die Verantwortung dafür übernehmen, wie es Ihnen geht oder wie Sie sich verhalten!

Verwechseln Sie nicht Kontrolle und Einfluß!

Sie können nie die Kontrolle über Ihr Kind, Ihren Ehepartner, Ihre Mitarbeiter oder andere Menschen haben. Das heißt aber auch, daß Sie nicht die Verantwortung für diese Menschen, für das, was diese Menschen denken, wie sich diese Menschen fühlen oder verhalten werden, übernehmen können. Wenn diese Verantwortung, die Sie überhaupt nicht haben können, trotzdem übernehmen, werden Sie früher oder später leiden!

Wenn Jugendliche beispielsweise ins Drogenmilieu abgleiten, geschieht es nicht selten, daß sich die Eltern mit Schuldgefühlen herumplagen. „Was haben wir falsch gemacht?" „Wieso konnten wir ihn nicht davon abhalten?" sind dann die Fragen, die auftauchen. Sieht man sich dann die Lebensgeschichte des betreffenden Jugendlichen an, findet sich nicht selten eine ganz normale Erziehung, die Eltern haben sich nicht anders verhalten, wie andere Eltern auch. Aber jetzt quälen sie sich plötzlich mit Schuldgefühlen herum, reden sich ein, daß sie die Kontrolle über ihr Kind gehabt hätten ...

Stimmt das?

Wieder die Frage aller Fragen! Nehmen wir an, Ihr Kind geht auf eine Party, ein Freund gibt ihm Kokain, „nur mal so zum probieren", Ihr Sprößling stellt fest, daß man damit über geradezu grenzenlose Energie verfügt, daß man locker wird, daß man ohne Ermüdung die ganze Nacht durchfeiern kann. Und bei der nächsten Party nimmt man dann halt wieder ein bißchen was davon, und mit der Zeit gewöhnt man sich daran und kann sich gar nicht mehr vorstellen, ohne diesen Stoff „gut drauf" zu sein. Haben Sie als Eltern in solch einem Fall wirklich die Kontrolle darüber? Können Sie irgend etwas kontrollieren, das hinter Ihrem Rücken geschieht, das Sie erst dann bemerken, wenn es schon längst geschehen ist? Kommen Sie in dieser Situation mit Schuld, Verzweiflung oder Depression irgendwie weiter? Erinnern Sie sich daran, daß wir gesagt hatten, ein Gefühl diente ursprünglich dazu, Probleme zu beseitigen, es war der Handlungsimpuls, um Veränderung in Gang zu setzen. Wenn aber Eltern in so einem Fall mit Schuld und Verzweiflung reagieren, setzen sie nichts in Gang, sie können sich jahrelang schuldig fühlen, an der Drogensucht ihres Kindes ändert das überhaupt nichts. Und aus diesem Grund ist es so immens wichtig, daß Sie sich darüber Gedanken machen, wofür Sie verantwortlich sind und wofür nicht.

Jede unsinnige Verantwortungsübernahme lähmt Sie in Ihrer Handlungsfreiheit, führt zu zusätzlichen Problemen, anstatt auch nur eines zu lösen!

- Wenn Ihr Chef explodiert,
- wenn Ihr Partner beleidigt ist,
- wenn sich ein Elternteil benachteiligt fühlt,
- wenn ein Kunde sauer reagiert,
- wenn sich ein Mensch, der sich einredet, ohne sie nicht mehr leben zu können, das Leben nimmt,

dann sind nicht *Sie* dafür verantwortlich! Sie können nicht für die Reaktionsweisen eines anderen Menschen die Verantwortung übernehmen. Sie sind verantwortlich für das, was Sie tun, nicht für das, was Ihr Gegenüber daraus macht. Klingt jetzt etwas hart, zugegeben, aber sehen wir uns das im Detail an. Ein Kunde reagiert beispielsweise sauer, weil Sie ihn haben warten lassen. Die Verantwortung haben Sie dafür, daß Sie ihn haben warten lassen. Dafür, daß er sauer reagiert, haben Sie jedoch nicht die Verantwortung, niemand zwingt ihn, das zu tun. Wie Sie inzwischen wissen, hängt diese Reaktion von seiner Art zu denken ab, und dafür ist nur er alleine verantwortlich. Wenn Sie einen Fehler machen, liegt das an Ihnen; wenn sich aber Ihr Chef darüber aufregt, dann liegt das nur an ihm, Sie haben ihn nicht gezwungen, das zu tun. Und wenn sich jemand aufhängt, weil Sie es wagen, über Ihr Leben selbst zu bestimmen, anstatt so zu leben, wie es der Betreffende gerne hätte, dann ist dieser Mensch für das, was er tut, auch verantwortlich. Sicher, das klingt alles sehr egoistisch und kaltschnäuzig; wie Sie sich erinnern können, hatte ich Ihnen gesagt:

Wenn Ihr Denken nicht mit der Realität übereinstimmt,
werden Sie auch eine Menge Gefühle haben, die nicht mit der
Realität übereinstimmen.

Und hatten Sie sich nicht zu Beginn dieses Buches dafür entschieden, von nun an ein Maximum an Genuß für Ihren Lebensweg anzustreben? Vielleicht stimmen Sie jetzt zu, wenden jedoch
ein: „Ja schon, aber doch nicht auf Kosten anderer!" Ein durchaus
berechtigter Einwand! Fragen Sie sich, ob Sie wirklich auf Kosten
anderer leben, wenn Sie sich weigern, eine Verantwortung zu
übernehmen, die Sie gar nicht haben können. Fragen Sie sich, ob
Sie auf Kosten anderer leben, wenn Sie sich weigern, sich mit
Schuldgefühlen herumzuquälen. Fragen Sie sich, ob Sie auf Kosten
anderer leben, wenn man Sie ab jetzt nicht mehr mit Schuldgefühlen manipulieren kann.

Sicher wird es einigen Leuten nicht gefallen,
wenn Sie plötzlich nur dafür die Verantwortung übernehmen,
wofür Sie sie tatsächlich haben – für sich selbst.

Mir geht es hierbei darum, Sie immer wieder dazu zu bewegen,
Ihre Weltsichten zu überprüfen und sich eine realistischere Sicht
der Dinge zuzulegen. Eine realistischere Sicht schließt doch eine
gewisse Ethik nicht aus. Natürlich kann ich auch mit dem Wissen,
daß ich nicht für andere Menschen die Verantwortung übernehmen kann, trotzdem Rücksicht auf die Gefühle dieser Personen
nehmen. Natürlich kann ich ihnen helfen, mit Problemen, die sie
sich selbst erschaffen, fertig zu werden. Natürlich kann ich Ihnen
so weit entgegenkommen, wie es mir möglich ist. Aber bei aller
Ethik und Rücksichtnahme ist mir immer bewußt, daß ich nur für
mich selbst die Verantwortung übernehmen kann, nicht für Gefühle und Verhaltensweisen anderer Personen – egal wie sie sein
mögen. Nun, werden Sie sagen, schön und gut, ich weiß jetzt, daß
ich niemandem ein Gefühl machen oder ihn zu etwas bringen
kann, aber mein Gegenüber weiß das doch nicht! Also wenn ich
sage: „Junge, du bist für deine Gefühle selbst verantwortlich", und

er ist daraufhin eingeschnappt, dann ist ihm das Ganze doch nicht klar …

Sehen Sie, und schon fangen Sie an, wieder Verantwortung zu übernehmen, die Sie gar nicht haben können. Wenn Ihr Gegenüber nicht das Wissen hat, das Sie inzwischen haben, dann können Sie ihm zwar dieses Buch in die Hand drücken, nach dem Motto „Mach dir einmal Gedanken darüber …" , aber Sie können nicht die Verantwortung dafür übernehmen, daß er es auch tatsächlich tut. Ihre Weltsicht ist nicht von der Weltsicht anderer abhängig. Ihren Fortschritt können Sie nicht vom Wissensstand anderer abhängig machen. Wenn das so wäre, dann säßen wir auch heute noch in unseren Höhlen, würden Faustkeile herstellen und rohes Fleisch essen …

## Denkfehler Nr. 4:
## Menschen neigen dazu, falsche Schlußfolgerungen zu ziehen

Der Mensch ist mit einem Großhirn ausgestattet, wie es keine andere Spezies auf dieser Erde vorweisen kann. Dieses Großhirn hat den Vorteil, daß man damit herrliche Dinge anstellen kann; man kann sich damit sowohl Gedanken über die Vergangenheit, die Gegenwart und sogar die Zukunft machen, man kann sich damit Dinge vorstellen, die überhaupt nicht existieren und man kann mit diesem Biocomputer Erklärungen finden und Zusammenhänge herstellen. Der Mensch stellt mit dieser knapp drei Pfund wiegenden Nervenmasse den ganzen lieben langen Tag Theorien und Hypothesen auf über alle möglichen Ereignisse, die ihm begegnen, begegnet sind oder begegnen könnten.

Sehen wir uns doch einmal ein ganz alltägliches Beispiel an: Nehmen wir an, es ist gerade Kaffeepause in Ihrem Betrieb, ein Kreis von Kollegen und Kolleginnen steht laut lachend beisammen. Als Sie erscheinen, verstummt das Lachen …

Weshalb hört das Lachen auf, wenn Sie auf der Bildfläche erscheinen? Was geht Ihnen als erstes durch den Kopf?

...........................................................................................................

Ein Großteil aller Befragten antwortet darauf: „Die haben über mich gelacht!" Sie sehen, mit Hypothesen ist man sehr schnell zur Hand, in Sekunden hat das Gehirn eine Erklärung für diesen Sachverhalt gefunden. Der springende Punkt ist jedoch, daß es eben nur eine Hypothese ist. Hypothese heißt: So könnte es sein! Und „könnte" wiederum beinhaltet, daß auch noch andere Erklärungen denkbar sind. Aber in der Regel werden solche Annahmen, die das Gehirn blitzschnell produziert, nicht überprüft, man geht davon aus, daß sie stimmen. Ihr Gehirn kann aber nicht nur blitzschnell Erklärungen finden, es kann auch nach Alternativen suchen, wenn man es dazu anregt. Finden Sie nun zehn andere Gründe, weshalb die Kollegen aufhören zu lachen!

1 _____

2 _____

3 _____

4 _____

5 _____

6 _____

7 _____

8 _____

9 _____

10 _____

Bemühen Sie sich, mindestens zehn Erklärungen für das Verhalten der Kollegen zu finden; Ihr Gehirn ist dazu jederzeit imstande. Es ist aber nur dann dazu fähig, wenn Sie die Leistungsfähigkeit dieses Organs auch ausnutzen, anstatt sich auf die erstbeste Hypothese zu verlassen.

Sie kennen solche und ähnliche Situationen aus dem Alltag:

- Jemand parkt vor Ihrer Garage …
- Ein Anruf kommt nicht zur vereinbarten Zeit …
- Ihr Partner benimmt sich heute so seltsam …
- Sie finden bei Ihrem Kind eine Packung Zigaretten …
- Ein Arbeitskollege grüßt Sie frühmorgens nicht …

Sofort fängt Ihr Gehirn zu arbeiten an und stellt Theorien und Hypothesen auf, um diese Sachverhalte zu erklären. Bedenken Sie, daß diese Theorien immer nur einige von vielen möglichen sind, daß diese Theorien nicht der Realität entsprechen müssen. Wozu solche voreiligen Schlußfolgerungen führen können, kennt jeder, dessen Kind schon einmal zu spät nach Hause kam. Nach zehn Minuten macht man sich die ersten Gedanken und wenn dann zwanzig Minuten, dreißig Minuten, eine Stunde vergehen, dann werden die Eltern langsam „kribbelig". Dann braucht bloß noch am Tag vorher etwas über Kindesentführung in der Zeitung gestanden zu haben, vielleicht hört man noch in der Ferne einen Rettungswagen fahren, und schon steigert sich die Unruhe von Sekunde zu Sekunde. In den Köpfen der Betreffenden wimmelt es geradezu von Hypothesen und voreiligen Schlußfolgerungen, die sich natürlich auf das emotionale Befinden auswirken. Und wenn dann das Unschuldslamm nach einer Stunde endlich auftaucht und kleinlaut gesteht, daß es beim Spielen glatt die Uhrzeit vergessen hat, dann war die ganze Panik umsonst.

> *„Ich kannte in meinem Leben sehr viele Probleme,*
> *die meisten davon sind nie eingetroffen." (Mark Twain)*

Voreilige Schlußfolgerungen sind nicht selten im Spiel, wenn jemand das Verhalten einer anderen Person auf sich bezieht. „Er sieht mich so böse an, er mag mich nicht." In Wirklichkeit hatte der gute Mensch gerade Ärger mit seinem Chef. Ein Zuhörer schläft bei Ihrem Vortrag ein und Sie denken, Sie würden ihn langweilen; in Wirklichkeit hat er die Nacht vorher nur zwei Stunden geschlafen, weil sein Keller unter Wasser stand.

Der Mensch denkt ungefähr siebenmal schneller, als er sprechen kann, d.h., mit Erklärungen sind wir sehr schnell bei der Hand und leider auch mit völlig falschen Schlußfolgerungen. *„Der Mensch denkt und Gott lenkt"* lautet ein altes Sprichwort. Eigentlich müßte es heißen: *„Der Mensch denkt, und Gott schlägt beide Hände über den Kopf zusammen."* Überprüfen Sie Ihre Erklärungen anstatt sich blindlings auf deren Richtigkeit zu verlassen!

## Denkfehler Nr. 5: Menschen neigen dazu, sich und anderen Etiketten aufzudrücken

Woraus besteht eigentlich ein Mensch? Ich meine jetzt nicht Dinge wie Knochen, Muskeln, Zellen oder Organe, sondern was alles gehört zu einem Menschen, um ihn völlig zu beschreiben? Nun, das ist eine Frage, auf die noch niemand eine erschöpfende Antwort geben konnte. Es wäre auch müßig, das zu versuchen, denn dieses Buch würde bei weitem nicht dazu ausreichen. Ein Mensch besteht aus einer Vielzahl von einzelnen Eigenschaften:

- seinem Alter
- seinem Aussehen
- seinem Körper
- seinen Einstellungen
- seinen Bedürfnissen
- seiner Vergangenheit
- seinen Vorlieben
- seinen Abneigungen
- seinem Temperament
- seinen Erfahrungen
- seinen Fähigkeiten

- seinen Interessen
- seiner sprachlichen Ausdrucksfähigkeit
- seinem Beruf
- seiner Beziehung zu anderen Menschen
- seiner Größe
- seinem Gewicht
- seinen Gefühlen
- seinem Stil, Auto zu fahren
- seinem Willen
- seinem Biorhythmus usw.

Die Liste würde wahrscheinlich nie ein Ende finden, weil es unmöglich ist, einen Menschen in seiner Gesamtheit erschöpfend zu beschreiben.

Sehen Sie sich folgendes Bild an:

Wie gefällt es Ihnen? Nun, wahrscheinlich können Sie diese Frage nicht beantworten, weil Sie nur einen winzig kleinen Ausschnitt des Bildes sehen können. Es wäre ja auch Unsinn, anhand von so wenig Information eine Aussage über das ganze Bild machen zu wollen. Wenn es aber darum geht, uns oder andere zu beurteilen, haben wir mit solchen kleinen Ausschnitten kein Problem. In der Regel picken wir uns ein winzig kleines Detail heraus und schließen dann auf die ganze Person. Erkennbar ist das Ganze an „*Ich-bin-*" bzw. „*Du-bist*-Sätzen".

- „Hauptschulabschluß nicht geschafft" bedeutet: Ich bin ein Versager.
- „Meine Kinder nehmen Drogen" bedeutet: Ich bin eine schlechte Mutter.

- „Verhandlungsgespräch gescheitert" bedeutet: Ich bin eine Niete.
- „Jemand schnappt mir den Parkplatz weg" bedeutet: Er ist ein Arschloch.
- „Meine Freundin wird von ihrem Ehemann betrogen" bedeutet: Er ist ein Schwein.

In der Regel reicht ein Fehler oder eine Schwäche aus, um uns selbst oder andere zu etikettieren. Nehmen Sie an, Sie wären auf einer Almhütte seit Tagen eingeschneit und haben keine Möglichkeit, Proviant zu holen. Alles was Sie zum Essen vorfinden, ist ein Früchtekorb. Alle Früchte sind in Ordnung, bis auf eine Birne, die angefault ist. Wie gesagt, Sie haben nichts weiter zu essen als diesen Früchtekorb. Was würden Sie in dieser Situation tun? Würden Sie wegen einer angefaulter Birne den kompletten Früchtekorb wegwerfen? Nein, natürlich nicht, Sie würden vielmehr das faule Stück herausschneiden und sich freuen, daß Sie überhaupt etwas Eßbares in dieser Situation haben. Würden Sie ein nagelneues Fahrrad wegwerfen, weil der Reifen platt ist? Würden Sie einen Apfelbaum fällen, weil fünf Äpfel wurmstichig sind? Oder würden Sie einen Tausend-DM-Schein wegwerfen, weil eine Ecke ausgefranst ist?

Wenn Sie jemanden treffen würden, der so etwas macht, würden Sie nicht auch denken, daß der Betreffende nicht mehr ganz richtig im Kopf ist, einen sogenannten „Sprung in der Schüssel" hat? Wie ist es aber mit Ihnen? Alles, was Sie im Leben sicher haben werden, sind Sie selbst.

> Der einzige Mensch, der immer für Sie da sein wird,
> Tag und Nacht, der jeden Weg mit Ihnen gehen wird,
> egal wie schwer er sein mag, der einzige Mensch, auf den Sie
> sich immer verlassen können, sind Sie selbst.
> Weshalb also diesen Menschen schlecht behandeln?

Sie würden den Früchtekorb in unserem Beispiel nicht wegwerfen, weil Ihnen klar wäre, daß das die einzigen Lebensmittel
sind, die Sie besitzen. Nun, mit Ihrem Lebensweg verhält es sich
doch ähnlich: Sie sind in dieses Leben „hereingeschneit" und alles,
was Sie besitzen, sind Sie selbst. Alles andere sind nur Abschnitte
Ihres Lebens, Menschen und andere Lebewesen, denen Sie begegnen, werden Sie einen Teil Ihres Weges begleiten, Dinge, die Ihnen Freude bereiten, werden Sie eine Zeitlang besitzen; aber sowohl Menschen, Lebewesen als auch Dinge werden kommen und
gehen, nichts davon wird immer bei Ihnen sein. Nur Sie selbst, Sie
werden Ihr Leben lang sich selbst haben. In dem Moment, in dem
Sie sich selbst wegen eines Fehlers verdammen, in dem Sie sich als
Versager, schlechte(r) Vater/Mutter, Niete, Nichtskönner oder minderwertig betrachten, betrachten Sie sich als ganze Person.

- Ich bin keine Jungfrau mehr, deshalb bin ich nichts wert.
- Ich traue mich nicht, vom Zehn-Meter-Brett zu springen, ich
  bin eine Niete.
- Ich habe unseren besten Kunden vertrieben, ich bin ein Nichts-
  könner.
- Ich bin durchs Abitur gefallen, ich bin ein Versager.

Bei „*Ich-bin*-Sätzen" betrachten Sie sich als Ganzes. *Ich bin ...* beinhaltet, daß Sie das immer und überall sind. Ein Versager ist ein
Versager, auch in drei Stunden noch, auch übermorgen noch,
auch nächstes Jahr noch. Stimmt es, daß Sie aufgrund eines oder
mehrerer Fehler oder Fehlschläge automatisch zum Versager werden? Wie Sie sehen, sind wir wieder bei unserem roten Faden ge-
landet, der Ihnen inzwischen wohlbekannten Frage:

Stimmt das?

Am Anfang dieses Kapitels hatten wir versucht, einen Menschen in seiner Ganzheit zu definieren, was einfach aufgrund der
Unmengen an Eigenschaften, Rollen, Verhaltensweisen und anderen Faktoren eine Sache der Unmöglichkeit ist. Wenn jemand keine Jungfrau mehr ist, sich nicht traut, vom Zehn-Meter-Brett zu

springen, einen Kunden verscheucht oder das Abitur vermasselt, dann sind das doch lediglich winzige Bereiche seiner Persönlichkeit, vergleichbar mit einem einzigen Planeten im Universum. Es ist schlichtweg unmöglich, aufgrund dieser winzigen Bereiche diesen Menschen zu definieren. Die Aussage, daß jemand ein Versager wäre, weil er eine bestimmte Anzahl von Fehlschlägen hinnehmen mußte, beinhaltet die gleiche Logik, wie ein Auto wegzuwerfen, weil der Luftfilter verschmutzt ist.

> Egal, was Ihnen in Ihrem Leben passiert,
> Sie werden immer ein Mensch sein.
> Zum Versager, zum wertlosen Menschen oder zum Idioten
> machen Sie sich selbst. – Niemand zwingt Sie dazu.

Da wir gerade beim Thema „versagen" angelangt sind, beleuchten wir dieses typisch menschliche Gefühl doch noch einmal etwas näher. Haben Sie sich jemals gefragt, weshalb der Mensch versagen kann, ein Tier jedoch nicht?

Eine Katze erwischt von zehn Mäusen, denen sie auflauert, höchstens drei Stück. Siebenmal war sie entweder nicht schnell genug oder die Maus war schlauer. Haben Sie je eine Katze in einer derartigen Situation gesehen, die sich dann hinsetzt, den Kopf hängen läßt und sich ausgiebig darin wälzt, ein Versager zu sein? Haben Sie je eine Spinne bemerkt, deren Netz unsymmetrisch, zerrissen und klein ist, die angesichts des riesigen, symmetrischen und makellosen Netzes der Nachbarspinne in Minderwertigkeitskomplexe verfällt? Oder haben sie je einen Terrier gesehen, der einen Nervenzusammenbruch bekommen hat, weil Nachbars Schäferhund eindrucksvoller bellen konnte als er? Nun, offensichtlich tun Tiere so etwas nicht. Sie betrachten sich nicht als Versager, Nieten oder ähnliches. Sie produzieren Ergebnisse, ohne diese Ergebnisse in irgendeiner Weise mit ihrem Selbstwert zu verbinden. Ein Vorgehen übrigens, das sich auch bei außergewöhnlich erfolgreichen Menschen wiederfindet. Ein charakteristisches Merkmal aller Lebenskünstler, Optimisten und Erfolgsverwöhnten ist, daß diese Personen das Wort „versagen" nicht kennen. Das heißt jedoch nicht, daß sie keine Fehlschläge haben, im Gegenteil, gerade diese Menschen haben oft mehr Fehlschläge als die sogenannten „Normalen"; aber sie beschäftigen sich im Falle eines Fehlschlages nicht damit, ob sie versagt haben, sondern damit, wie sie es besser machen könnten. Hier können Sie sehr gut die Parallelen zur Katze erkennen. Wenn ich als Katze eine Maus nicht erwische, interessiert mich, wo die nächste Maus ist; wenn ich als Mensch einen Fehlschlag hinnehmen muß, interessiert mich, wie ich es das nächstemal besser machen kann. Mich interessiert nicht, was es bedeutet, daß ich die Maus nicht erwischt habe oder einen Fehler begangen habe, ich suche nach Lösungen, nicht nach einen Maximum an Verdruß. Sehen wir uns doch nur einmal die Lebensgeschichte eines erfolgreichen Mannes an: Dieser Mann

- erlebte mit 31 Jahren seine erste geschäftliche Pleite,
- verlor im Alter von 32 Jahren einen Wahlkampf,
- erlebte mit 34 die zweite geschäftliche Pleite,
- mußte mit 35 den Tod seiner Geliebten verwinden,
- hatte mit 36 einen Nervenzusammenbruch,
- verlor mit 38 den Wahlkampf,
- unterlag mit 43 im Kongreß,
- unterlag mit 46 im Kongreß,
- unterlag mit 48 im Kongreß,
- verlor mit 55 den Kampf um einen Senatorenplatz,
- erreichte mit 56 sein Ziel nicht, Vizepräsident zu werden
- und verlor mit 58 den Kampf um einen Senatorenplatz.

Für viele Menschen hätte bereits die erste geschäftliche Pleite ausgereicht, um nicht mehr auf die Beine kommen, weil Sie sich durch ihre Art und Weise, die Dinge zu bewerten, in Hilflosigkeit und Depression hineinmanövriert hätten. Dieser Mann aber wurde im Alter von 60 Jahren zum Präsidenten der Vereinigten Staaten von Amerika gewählt. Sein Name war *Abraham Lincoln*.

Nicht viel anders erging es Thomas Alpha Edison bei der Erfindung der Glühbirne. Es ist bekannt, daß er dazu etwa 10 000 Versuche benötigte. Auf die Frage, wie viele Mißerfolge er denn noch brauche, damit er die Sache endgültig aufgäbe, antwortete Edison: „Ich habe bis jetzt keinen einzigen Mißerfolg hinnehmen müssen.

Ich habe lediglich 9 000 Wege gefunden, die Glühbirne nicht zu erfinden!" Er betrachtete das, was er gefunden hatte, nicht als Mißerfolg, sondern lediglich als Ergebnis. Ich nenne diese Vorgehensweise das

„Wo-ist-die-nächste-Maus-Prinzip"

in Anlehnung an die Vorgehensweise einer Katze beim Mäusefang; mit diesem Prinzip werden wir uns in einem gesonderten Kapitel noch ausführlich beschäftigen. Hören Sie auf, das, was Sie tun oder nicht tun, mit Ihrer ganzen Person in Verbindung zu bringen. Ein Fehler ist nichts anderes als ein Fehler, ein Fehlschlag nichts anderes als ein Ergebnis. Alles andere machen Sie daraus. Lassen Sie die Kirche von nun an im Dorf, bewerten Sie Dinge so wie sie sind, ohne Rückschlüsse auf ihre Person zu ziehen, suchen Sie statt dessen „die nächste Maus".

*„Versagen gibt es gar nicht.*
*Versagen besteht nämlich lediglich in der Meinung eines anderen,*
*wie eine bestimmte Handlung hätte vollendet werden müssen."*
*(Wayne Dyer)*

Ob ein Mensch versagen kann, hat also etwas mit einer Meinung zu tun! Nehmen wir an, nicht nur Sie würden sich für einen Versager halten, sondern auch Ihre Frau/Ihr Mann, Ihre Eltern, Ihre Kinder, Ihre Verwandten, Ihre Freunde, Ihr Chef und Ihre Kollegen. Das ist doch schließlich der Beweis, daß Sie einer sind, oder?

Stimmt das?

Und schon sind wir wieder bei der Frage aller Fragen! Lassen Sie mich Ihnen demonstrieren, daß es gar nicht stimmen kann. Nehmen wir an, ich würde sagen: „Ich mag keine gegrillten Hähnchen!" Sage ich damit etwas über mich oder über gegrillte Hähnchen aus? Ganz klar, ich sage nur über mich etwas aus, über meine Abneigung gegrillten Hähnchen gegenüber; ich sage absolut nichts über gegrillte Hähnchen aus. Wie ist es aber dann, wenn ich zu einem Mitmenschen sage: „Ich mag dich nicht!"? Auch in diesem Fall sage ich doch nur etwas über mich aus, etwas darüber, was *ich* mag oder nicht mag. Und genauso verhält es sich, wenn ich jemand als Versager, als verachtenswert oder als Nichtskönner bezeichne. Ich sage dabei nur etwas über mich aus, nämlich was für mich ein Versager ist, was für mich verachtenswert ist, was ich unter „Nichtskönnen" verstehe. Es handelt sich hierbei also immer um persönliche Meinungen, nicht um Tatsachen. Wenn ich der Meinung bin, Sie seien ein Truthahn, sind Sie dann einer? Natürlich nicht, meine Meinung ändert doch nichts an dem, was sie tatsächlich sind, nämlich ein Mensch. Wenn jetzt aber Ihr Partner, Ihre Verwandten, Ihre Freunde, Ihr Chef und Ihre Arbeitskollegen behaupten würden, Sie seien ein Truthahn, sind Sie dann einer? Nun, wahrscheinlich würden Sie sich dann etwas genauer im Spiegel betrachten, aber selbst dann wären Sie immer noch keiner. Und wenn alle diese Leute behaupten, Sie wären ein Versager, sind Sie dann einer …?

Eine Meinung sagt immer nur etwas über denjenigen aus, der sie äußert; deswegen heißt sie ja auch *Mein*ung. Eine Meinung ist keine Tatsache und die Meinung anderer über Sie ändert nichts an Ihnen. Ihr Selbstwert ist nicht von der Meinung anderer abhängig. Ihr Selbstwert ist der Wert, den Sie sich selbst geben; wenn er von der Meinung anderer abhängig wäre, dann wäre es kein Selbstwert, sondern ein Fremdwert. Wenn jemand seine Meinung zu einer Sache oder einem anderen Menschen äußert, definiert er nur sich selbst – weder die Sache, noch sein Gegenüber. Deshalb ist es wichtig, daß Sie Meinungen als solche erkennen und diese nicht mit Tatsachen verwechseln. Finden Sie heraus, welche der folgenden Sätze eine Meinung oder eine Tatsache zum Ausdruck bringen:

- Ich kann in diesem Kleid nicht zur Party gehen.
- Heute ist es schön.
- Es regnet.
- Schlechtes Wetter heute.
- Die Wassertemperatur beträgt 20 Grad.
- Du fährst aber schnell.
- Du bist wunderschön.

- Er ist Arzt.
- Sie ist eine verdammt schlechte Chirurgin.
- Du bist ein Idiot.
- Das Haus ist rot angestrichen.
- Das Haus ist häßlich.

Wie Sie erkannt haben, handelt es sich außer bei den Sätzen „Es regnet", „Die Wassertemperatur beträgt 20 Grad", „Er ist Arzt" und „Das Haus ist rot angestrichen" um subjektive Meinungen, die absolut nichts über die Sache oder den Betreffenden aussagen. Hören Sie auf, sich von Meinungen abhängig zu machen, und hören Sie vor allem auf, sich aufgrund von Meinungen als gesamte Person zu verdammen!

## Denkfehler Nr. 6:
## Menschen neigen dazu, zuerst das Negative zu sehen

Auch diese typisch menschliche Eigenschaft geht zurück auf die Frühgeschichte der Menschheit. Für den Urmenschen war es lebensnotwendig, Gefahren sehr schnell zu erkennen. Auch auf den ersten Blick harmlos erscheinende Situationen konnten gefährlich werden. Ein harmloses Knacken in der Höhle konnte höchste Gefahr bedeuten. Es konnte natürlich auch ein Mitbewohner sein, der sich gerade im Schlaf umgedreht hatte, es konnte das Knacken des Feuers sein, es konnte das Knacken von trocknendem Holz sein …, aber es konnte eben auch ein Feind sein, der sich gerade anschlich. Das Prinzip dabei war: Lieber zuerst mit dem Schlimmsten rechnen, lieber zehnmal umsonst aufspringen, als einmal die Gefahr übersehen. Diese Fähigkeit, das Negative zu sehen, wird dem Menschen aber heute nicht selten zum Verhängnis. Anstatt sie dazu zu benutzen, sein Leben zu schützen, schafft er sich damit ein Maximum an Lebensverdruß.

Vor ein paar Tagen stießen vor meiner Praxis zwei Autos zusammen. Ich rannte auf die Straße, um gegebenenfalls Verletzten zu helfen. Keine Person war zu Schaden gekommen, lediglich die Fahrzeuge sahen etwas zerknittert aus. Wie ich mich abwandte, um wieder in die Praxis zurückzukehren, hörte ich plötzlich lautes Schreien und Heulen. Eine der beteiligten Fahrerinnen schrie und klagte herzzerreißend, als ob etwas Furchtbares geschehen wäre. Sie sah nur das Negative, nämlich das verbeulte Blech. Sie sah nicht, daß sie Glück hatte, daß sie nicht verletzt wurde, daß kein Mensch ernsthaft verletzt oder getötet wurde. Sie sah nicht, daß Sie weiterhin täglich ihr Essen haben würde, daß sie weiterhin ihr Dach über den Kopf haben würde, daß sie gesund war ...

Sie sah nur das Negative, und sie hatte ein *Maximum an Verdruß.*

> *„Alles im Leben hat zwei Seiten,*
> *damit wir die wählen können,*
> *die uns nicht in unserer Ruhe stört." (Fürst de Ligne)*

Wie bereits gesagt, war diese Eigenschaft in der Frühzeit der Menschheit wichtig, um eventuelle Gefahren schon im Ansatz zu erkennen, heute jedoch wird sie meist dazu genutzt, eine durch und durch negative Weltsicht aufrechtzuerhalten.

> *„Optimisten wandeln auf der Wolke,*
> *unter der die Pessimisten Trübsal blasen!"*

Inzwischen haben Sie einiges über menschliches Denken erfahren, Sie wissen, daß Ihre Gefühle von Ihren Denkweisen abhängig sind, Sie wissen, daß das menschliche Gehirn, wenn es nicht bewußt kontrolliert wird, zu bestimmten Denkweisen neigt, die ursprünglich im weitesten Sinn dazu dienten, Gefahren abzuwehren, heute jedoch zu einer unrealistischen Sichtweise der Dinge führen. Prüfen Sie doch einmal nach, inwieweit Sie sich das Bisherige auch eingeprägt haben; alles, worüber Sie hier lesen, nützt Ihnen nichts, wenn Sie diese Denkweisen bei sich nicht erkennen und abstellen. Sehen Sie sich jeden der folgenden Sätze an und fragen Sie sich, welche der Ihnen bekannten Denkfehler der Betreffende begeht.

- Solche großen Höhen machen mir angst.
- Bei mir geht immer alles schief.

- Ich bin einfach ein Schlappschwanz, und ich werde immer einer bleiben.
- Es ist meine Schuld, daß er so unglücklich ist.
- Du regst mich auf.
- Er kann mich nicht leiden, das sehe ich daran, daß er mir nicht in die Augen sehen kann.
- Sie geht mir auf die Nerven.
- Ich bin ein Versager.
- Bestimmt kriege ich den Job nicht.
- Wenn du mich lieben würdest, dann wärst du auch eifersüchtig.

Wenn Sie bisher mit diesem Buch gearbeitet haben, dürfte es Ihnen nicht schwerfallen, die jeweiligen Denkfehler dieser Sätze zu identifizieren. Falls Sie dabei Schwierigkeiten haben oder gar diese Übung flugs überspringen, sollten Sie sich ernsthaft die Frage stellen, was Sie von diesem Buch erwarten. Wenn Sie dieses Werkzeug, als das ich dieses Buch verstehe, nicht benutzen, werden Sie auch keine Ergebnisse damit erzielen …

Der Mensch ist den ganzen lieben langen Tag damit beschäftigt, alles, was er erlebt, zu interpretieren, zu erklären und mit Bedeutungen zu versehen. Er „denkt" also die meiste Zeit seines Wachbewußtseins. Vorsichtige Schätzungen ergaben, daß ein Durchschnittsmensch zwischen 4000 und 6000 Gedanken pro Tag produziert. Diese Gedanken müssen ihm nicht bewußt sein, dennoch denkt er. Was passiert aber, wenn diese Gedanken, Bewertungen und Interpretationen nicht mit der Realität übereinstimmen? Dann führen Sie doch zu Gefühlen und Verhaltensweisen, die ebenfalls nicht mit der Realität übereinstimmen, mit denen er sich seinen Lebensverdruß im Kopf erschafft!

Sehen Sie sich doch einmal folgende Zeichnung an:

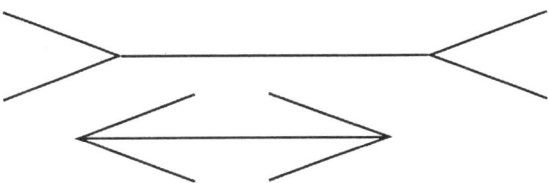

97

Welche der langen Geraden ist länger, die obere oder die untere? Es handelt sich hierbei um eine bekannte optische Täuschung. Natürlich sind beide Linien gleich lang. Ihre Wahrnehmung gaukelt Ihnen eine Realität vor, die nicht existiert. Was würden Sie tun, wenn jemand behauptet, beide Geraden seien gleich lang, obwohl Ihnen Ihre Wahrnehmung vormacht, die obere sei eindeutig länger?

Richtig, Sie würden nachmessen!

Nun, der Mensch denkt zwischen 4000 und 6000 Gedanken pro Tag, warum hier nicht das gleiche tun? Gedanken sind nur Interpretationen der Realität, keine Wirklichkeit! Sie können das Ganze mit einer Landkarte vergleichen. Eine Landkarte bildet eine Landschaft ab, sie ist aber nicht diese Landschaft. Ihr Gehirn bildet die Realität ab, aber dieses Abbild muß nicht unbedingt mit der Wirklichkeit übereinstimmen.

Sie reagieren nicht auf die Realität,
sondern auf das, was Ihr Gehirn aus der Realität macht!

Und je mehr Sie Ihr Gehirn ohne Kontrolle arbeiten lassen, je mehr dieses Organ sozusagen auf „Autopilot" geschaltet ist, desto mehr Interpretationsfehler werden ihm unterlaufen und desto verzerrter wird das Abbild der Wirklichkeit, auf das Sie letztendlich mit Gefühlen und Verhaltensweisen reagieren. Seien Sie sich darüber im klaren, daß Ihr Denken und die Realität verschiedene Dinge sind. Nur wenn Sie Ihr Denken an der Realität ausrichten und immer wieder die Frage

„Stimmt das?"

stellen, nur dann werden Sie einen Schritt weiter in Richtung Ihres Zieles – Maximum an Genuß – kommen. Unglück ist etwas, was nur in Ihrem Kopf existiert; die Welt ist weder gut noch schlecht, sie ist, wie sie eben ist.

*„Die Welt ist weder gut noch schlecht.*
*Erst unser Denken macht sie dazu!" (William Shakespeare)*

**Sie haben sich in diesem Kapitel über folgendes Klarheit verschafft …**

Jedes unangenehme Gefühl diente ursprünglich dazu, ein Problem zu lösen und Schwierigkeiten aus dem Weg zu räumen. Jedes belastende Gefühl, das Sie empfinden, und in dem Sie sich lediglich wälzen, anstatt irgend etwas zu unternehmen, ist ein Gefühl, welches seinen Sinn verloren hat, ein Gefühl, das zum Problem wird, anstatt bei dessen Lösung zu helfen, ein Gefühl, das Ihnen Verdruß beschert und damit mit Ihrem höchsten Ziel nicht vereinbar ist.

Ein Großteil typisch menschlicher Gefühle ergibt bei näherer Betrachtung keinen Sinn, sie sind weder notwendig noch hilfreich bei der Lösung konkreter Probleme. In Zukunft werden Sie Gefühle nicht mehr einfach hinnehmen, sondern sich fragen, wozu Sie dieses Gefühl benötigen, bevor Sie sich darin „wälzen".

**Ihre Gefühle sind nicht von anderen Menschen**
**oder Situationen abhängig,**
**sondern von den Gedanken und Bedeutungen,**
**die in Ihrem Kopf existieren!**

Das bedeutet: Sie allein haben die Verantwortung dafür, wie Sie sich fühlen. Sie haben nicht die Verantwortung dafür, wie andere sich fühlen. Wenn das, was Sie über eine Situation denken, nicht stimmt, haben Sie auch ein Gefühl, das der Situation nicht angemessen ist.

**Sie werden typisch menschliche Denkfehler**
**aus Ihrem Denkrepertoire streichen,**
**und Sie werden von nun an**
**die Verantwortung für sich,**
**für Ihre Verhaltensweisen und Emotionen übernehmen.**

# Kapitel 3
# Stoische Gelassenheit und unerschütterliches Selbstbewußtsein – wie Sie mit den vier Problemstiftern fertig werden

*„Die meisten Probleme existieren nicht, sie werden erschaffen.*
*Die einfachste Art, keine Probleme mehr zu haben,*
*besteht darin, damit aufzuhören, sie zu erschaffen!"*
*Helmut Lautner*

## Problemstifter Nr. 1:
## Die Tyrannei des „Muß"

*„Der Gelassene nutzt seine Chance besser als der Getriebene!"* hat Thornton Wilder einmal gesagt, und er beschrieb mit diesem Ausspruch etwas, was in der Psychologie schon lange bekannt ist: Menschen, die sich und andere unter hohen Druck setzen, erreichen damit in der Regel eher einen Leistungsabfall statt Erfolg. Klingt paradox, nicht wahr?

Um Ihnen dieses wichtige Kapitel langsam näher zu bringen, eine kleine Aufgabe: Schreiben Sie 5 Situationen auf, in denen Sie sich geärgert haben oder über die Sie sich ärgern würden:

1 _____

2 _____

3 _____

4 _____

5 _____

Fünf Situationen, in denen Sie sich geärgert haben, sind fünf Situationen, in denen Sie Ihr Leben nicht genossen haben, in denen Sie Ihre wertvolle Zeit damit vergeudet haben, sich Verdruß zu schaffen! Weshalb tun Sie das?

Nun, vielleicht werden Sie auf diese etwas naiv erscheinende Frage entgegnen, daß Sie schließlich in allen fünf Fällen einen Grund hatten, sich zu ärgern, und daß es völlig normal wäre, sich in solchen Situationen zu ärgern, und daß Sie dagegen nichts tun könnten, weil der Ärger einfach über Sie kommt, weil sie so etwas nicht einfach mitansehen könnten und, und, und …

Welchen Sinn hat eigentlich Ärger? Erinnern Sie sich, wir hatten bereits darüber gesprochen. Den Sinn dieses Gefühls können Sie relativ einfach an den körperlichen Begleitsymptomen ablesen. Wann immer Sie wütend werden, sich richtig ärgern, steigt Ihr Blutdruck, Ihre Herzschlagfrequenz, Ihre Atemfrequenz, Ihr Blutfettspiegel und Ihre Muskelspannung. Diese Veränderungen haben nur einen einzigen Zweck, nämlich Ihren Körper auf Kampf vorzubereiten! Wut, Ärger und Zorn sind nur dann sinnvoll, wenn Sie körperlich angreifen können, wenn Sie mit körperlicher Kraft irgend jemand oder irgend etwas beiseite räumen können und das dann auch tun! Der Sinn dieses Gefühls ist Kampf; wann immer Sie dieses Gefühl haben, ohne kämpfen zu können oder zu wollen, ergibt dieses Gefühl keinen Sinn, es ist *un*-sinnig. Sehen wir uns also Ihre fünf Ärgersituationen unter diesem Aspekt an:

Haben Sie in diesen Situationen körperlich angegriffen?
Und falls Sie das haben, haben Sie durch diese Angriffe Ihre
Ziele erreicht?

Ich nehme an, daß Sie in keiner dieser Situationen körperlich gekämpft haben, und selbst wenn, daß Sie damit Ihr Problem nicht gelöst, sondern höchstens noch vergrößert haben; ist es nicht so?

In unserer Gesellschaft und der Zeit, in der wir leben, ist es höchst selten, daß man Ziele durch körperlichen Angriff erreicht, Probleme löst man heutzutage mit Intelligenz, nicht mehr mit körperlicher Gewalt. Wieso aber ärgert man sich dann eigentlich, wenn man den Ärger gar nicht braucht? Gute Frage, werden Sie denken, wenn ich das so einfach abstellen könnte …

Sie können das jederzeit abstellen! Ich werde Ihnen in diesem Kapitel auch zeigen, wie das geht. Zu Beginn wieder eine kleine Aufgabe:

Im folgenden finden Sie ganz „normale" Alltagssituationen. Wie sehr würden Sie sich ärgern, wenn Ihnen so etwas passieren würde? Tragen Sie den Grad Ihres Ärgers auf der Skala von 0 bis 100 ein. 0 heißt „gar kein Ärger", 100 bedeutet „Weißglut".

Bitte machen Sie diese Übung gewissenhaft, denn nur so werden Sie die Zusammenhänge erkennen.

1) Bei einer Diskussion werden Sie ständig von einem anderen Teilnehmer unterbrochen.
   0........................50........................100

2) Sie sind eine Frau und werden von Arbeitskollegen als eine Art „Freiwild" betrachtet und behandelt.
   0........................50........................100

3) Sie sind Farbiger, werden von Weißen grundlos krankenhausreif geschlagen, und Ihre Peiniger werden vor Gericht freigesprochen.
   0........................50........................100

4) Ein Betrunkener zerkratzt den Lack Ihres neuen Autos und verschwindet auf Nimmerwiedersehen, etwa DM 3000 Schaden, Sie sind nicht versichert.
   0........................50........................100

5) Ihr Partner behandelt Sie in Gegenwart anderer total kühl und herablassend.

   0........................50........................100

6) An Ihrem Arbeitsplatz wälzt man unangenehme Arbeiten bevorzugt auf Sie ab.

   0........................50........................100

7) Sie haben eine wichtige Verabredung, sind pünktlich dort, und man läßt Sie ohne Entschuldigung einfach eine halbe Stunde warten.

   0........................50........................100

8) Sie haben Ihrem Kind aufgetragen, sein Zimmer bis 18 Uhr aufzuräumen. Als Sie von der Arbeit nach Hause kommen, sehen Sie, daß nichts dergleichen passiert ist, das Chaos eher noch vergrößert wurde.

   0........................50........................100

Nun, alles ganz normale Vorfälle des Alltags, Situationen, in denen sich ganz normale Menschen ärgern würden, Situationen, die wie geschaffen sind, um sich Verdruß damit zu bereiten, Situationen aber auch, die sich durch Ärger, egal wie lange er auch dauern mag, in keinster Weise ändern, in denen Ärger zwar „normal", aber trotzdem unsinnig ist. Weshalb treiben „normale" Menschen derartigen Unsinn, weshalb schaffen sie sich durch völlig sinnlosen Ärger ein Maximum an Lebensverdruß?

Lüften wir also das Geheimnis von Ärger, Wut, Zorn, Druck und allen Gefühlen, die damit verwandt sind. Inwieweit können Sie den folgenden Äußerungen zustimmen?

1 = trifft völlig zu
2 = trifft überwiegend zu
3 = trifft annähernd zu
4 = trifft etwas zu
5 = trifft wenig zu
6 = trifft gar nicht zu

Man muß die Gesetze unbedingt befolgen.
1....2....3....4....5....6

Kinder müssen lernen, ihren Verpflichtungen nachzukommen.
1....2....3....4....5....6

Mein Partner muß mich achten.
1....2....3....4....5....6

Wenn ich in einer Diskussion meine Meinung vertrete, dürfen mir andere nicht dauernd ins Wort fallen.
1....2....3....4....5....6

Meine Mitmenschen müssen mich so behandeln, wie ich es erwarte.
1....2....3....4....5....6

Bei Verabredungen muß man pünktlich sein.
1....2....3....4....5....6

Man darf andere nicht warten lassen.
1....2....3....4....5....6

Wenn man sich entschieden hat, etwas zu tun, dann muß man es auch zu Ende führen.
1....2....3....4....5....6

Ungerechtigkeit darf nicht sein.
1....2....3....4....5....6

Arbeitskollegen müssen fair und aufrichtig sein.
1....2....3....4....5....6

Nun, was haben Sie angekreuzt? Bei allen diesen Behauptungen gehört Ihr Kreuzchen auf die Nummer 6! *Kein einziger dieser 10 Sätze trifft zu!* Nicht einer!

Wenn ich diese Ungeheuerlichkeit in meinen Seminaren behaupte, kommt in der Regel massiver Widerspruch. Ich gehe davon aus, daß auch Sie diese Behauptung nicht so einfach schlucken. Das ist auch gut so, denn Sie sollen mir ja nichts glauben, ich werde Ihnen beweisen, daß es so ist und nicht anders! Nehmen wir dazu den ersten Satz: „Man muß die Gesetze unbedingt befolgen!"

Stellen Sie sich vor, Sie fahren mit Ihrem Auto auf eine Kreuzung zu, die Ampel ist grün. Als Sie mitten in der Kreuzung sind, kommt von rechts ein anderer Wagen angeschossen, dessen Ampel zwar rot zeigt, aber das kümmert den Fahrer anscheinend nicht. Er rammt Ihren Wagen frontal und begeht Fahrerflucht. Bevor Sie noch die Autonummer Ihres Gegners aufschreiben können, ist der über alle Berge. Tja, jetzt stehen Sie mit Ihrem total demolierten Wagen mitten in der Kreuzung, und nachdem der erste Schock vorbei ist, verspüren Sie eine unbändige Wut. Zufällig kommt genau in diesem Moment ein Psychotherapeut vorbei und fragt Sie, worüber Sie sich denn derart aufregen. „Der ist bei Rot über die Ampel gefahren und hat meinen Wagen demoliert!" schimpfen Sie lautstark. „Und?" kommt die lapidare Frage. „Der kann doch nicht einfach bei Rot über die Ampel fahren!" schreien Sie. „Natürlich kann er das, das hat er Ihnen doch gerade bewiesen!" antwortet der Psychotherapeut. „Also hören Sie mal, der muß sich doch an die Gesetze halten!" entgegnen Sie erregt. „Nee, das muß er nicht, das hat er Ihnen doch ebenfalls gerade bewiesen!" kommt die ebenso einfache wie verblüffende Antwort. Nach dieser bahnbrechenden Erkenntnis zweifeln Sie keine Sekunde länger mehr daran, daß die Behauptung, Psychotherapeuten hätten alle selbst einen Sprung in der Schüssel, der grausamen Wahrheit entspricht ...

„Stimmt das?"

Das ist die Fragen aller Fragen, wie Sie inzwischen ja wissen! Stimmt das, daß der sich an Gesetze halten *muß*? Oder hat er Ihnen nicht gerade wirklich bewiesen, daß er überhaupt nichts muß? Muß er sich an Gesetze halten oder kann er sich auch entscheiden, das nicht zu tun?

„Wo kämen wir denn da hin, wenn alle so denken würden ..." höre ich Sie jetzt sagen. Deshalb übertragen wir doch einmal diese

Logik auf ein anderes Beispiel. Stellen Sie sich vor, Sie betreten einen Raum, ein Mann steht am Fenster. Draußen regnet es in Strömen, grauer Himmel. Sie setzen sich, und wie Sie eine Weile so dasitzen, fängt der Mann am Fenster plötzlich an zu toben: „Jetzt muß die Sonne scheinen, die muß jetzt scheinen!" und regt sich dabei fürchterlich auf. Was würden Sie über diesen Mitmenschen denken? Würden Sie nicht auch denken, daß der gute Mann nicht mehr ganz richtig im Kopf ist? Würden Sie nicht auch denken, daß er doch sieht, daß es regnet und daß es eine Idiotie ist, angesichts dieser Tatsache zu fordern, daß es gefälligst anders zu sein hat? Ist es nicht so, daß Sie genau das denken würden?

Wie aber ist es mit unserem Kreuzungsbeispiel? Sie stehen auf der Kreuzung und fordern, daß sich der andere Verkehrsteilnehmer an Gesetze halten muß, obwohl Sie doch gerade gesehen haben, daß er es eben nicht muß. Ist das nicht die gleiche Idiotie wie angesichts von Regenwetter zu verlangen, daß jetzt die Sonne scheinen muß? Nun, Sie könnten jetzt argumentieren, daß sich diese beiden Dinge nicht so einfach vergleichen lassen, aber dann würde ich Ihnen antworten, daß Sie weder einen Einfluß darauf haben, ob die Sonne scheint, noch darauf, wie sich ein Verkehrsteilnehmer benimmt, und von daher sind sie sehr wohl vergleichbar. Daß sich Menschen nicht an Gesetze halten müssen, können Sie jeden Tag in den Zeitungen nachlesen:

Unterscheiden Sie zwischen einem *Muß* und einer freien Entscheidung! Sie müssen sich nicht an Gesetze halten, aber Sie können sich dafür entscheiden. Und wenn Sie in Gesellschaft anderer Menschen leben möchten, dann werden Sie sich dafür entscheiden, weil Ihnen Ihr Verstand sagt, daß ein Zusammenleben anders nicht möglich ist. Es bleibt aber trotzdem eine freie Entscheidung, die Sie damit treffen, Sie müssen das nicht tun!

Wie ist es zum Beispiel, wenn irgend jemand behauptet, er *müsse* jetzt zur Arbeit, in die Schule, zu einem Termin oder sonstwohin gehen? Stimmt das, was er sich und anderen damit einredet oder macht er sich etwas vor? Was muß ein Mensch eigentlich wirklich? Ergänzen Sie spontan diese „Ich muß"-Sätze und fragen Sie sich dabei jedesmal, ob Sie für diese Behauptung irgendeinen Beweis erbringen können.

Ich muß   _____

Ich muß   _____

Ich muß   _____

Ich muß   _____

Ich muß   _____

Ich muß   _____

Ich muß   _____

Wo ist der Beweis, daß Sie alles das müssen? Sind Sie wirklich gezwungen das zu tun? Können Sie sich dafür oder dagegen entscheiden? Müssen Sie atmen, essen, zur Arbeit gehen, Geld verdienen, den Kredit abzahlen, in den Augen anderer gut dastehen, bei der Bewerbung um den Job unbedingt genommen werden …

Müssen Sie das?

Nein! Sie müssen nichts von alledem. Sie müssen nicht atmen, Sie können sich umbringen, dann hört das auf! Sie müssen nicht essen, Sie können sich entscheiden damit aufzuhören. Sie müssen nicht zur Arbeit gehen, Sie können sich jeden Tag aufs Neue entscheiden, es nicht zu tun!

Es gibt nur eine Sache auf dieser Welt, die Sie wirklich müssen:

Sie müssen eines Tages sterben!

Im Idealfall werden Sie an diesem besagten Tag frühmorgens aufwachen und neben Ihrem Bett eine dünne hagere Gestalt erblicken, ganz in Schwarz gekleidet, mit einer großen Sense in der Hand …

Und während Sie sich noch fragen, wie dieser Kerl in Ihr Schlafzimmer kommt, wird er zu Ihnen sagen: „Mein Freund, es ist soweit, ich bin gekommen, um dich zu holen!"

Dann können Sie nicht sagen: „Das kommt mir aber jetzt ungelegen, ich habe heute nachmittag noch einen Termin, und nächste Woche wollte ich in Urlaub fahren, und meinen hundertsten Geburtstag wollte ich doch auch noch feiern und …"

Sie haben keine Wahl, Sie können sich nicht gegen Ihren Tod entscheiden. Das ist ein *Muß*, dem Sie, egal was Sie auch tun, nicht entgehen können. Wie ist es aber mit Sätzen wie:

- Ich *muß* zur Arbeit gehen.
- Dieses Teil *muß* heute noch fertig werden.
- Ich *muß* einen guten Abschluß in der Schule schaffen.
- Ich *muß* jetzt gehen.
- Ich *muß* meinen Teller leer essen.
- Als Frau *muß* ich den Haushalt machen.
- Als Mann *muß* ich stark sein.
- Begonnene Arbeiten *muß* ich zu Ende führen.
- Ich *muß* pünktlich sein.
- Ich *muß* mich beherrschen können.
- Ich *muß* das machen, was die Gesellschaft für gut befindet.
- Ich *muß* Anerkennung bekommen.
- Ich *muß* verstanden werden.

- Ich *muß* das kriegen, was ich will.
- *Ich muß, ich muß, ich muß ...*

Wie werden Sie sich fühlen, solange Sie Ihr Leben mit derartig massivem Druck zupflastern? Wie fühlen Sie sich, wenn Sie etwas „müssen"; locker, gelassen, heiter und entspannt? Oder ist es nicht vielmehr so, daß Sie sich in solchen Situationen unter Druck gesetzt und gestreßt fühlen?

Was aber ist, wenn Sie alles das gar nicht müssen? Was ist, wenn Sie sich das nur einreden? Nun, dann haben Sie sich ein Maximum an Verdruß bereitet, weil Ihr Denken nicht mit der Wirklichkeit übereinstimmt! Sie wissen, daß Ihre Gefühle von Ihren Denkweisen abhängen, und Sie wissen auch, daß Denkweisen, die nicht mit der Wirklichkeit übereinstimmen, zu einer Menge Streß führen, den Sie sich hätten sparen können.

*Müssen* Sie zur Arbeit gehen oder können Sie sich dafür bzw. dagegen entscheiden? Sie werden jetzt sagen, daß Sie zur Arbeit gehen müßten, weil Sie sonst ja kein Geld verdienen würden und von daher wäre es doch ein *Muß*. Klingt ganz logisch, nicht wahr? Also verfolgen wir die Spur weiter: *Müssen* Sie Geld haben? Ja natürlich, werden Sie jetzt denken, sonst kann ich doch die Raten für das Haus nicht abbezahlen, die Versicherung für das Auto und, und, und ... Also noch weiter; *müssen* Sie ein Haus haben, *müssen* Sie ein Auto haben? *Müssen* Sie das wirklich haben, oder ist es nicht in Wirklichkeit so, daß Sie das haben möchten, daß es Ihr Wunsch ist, diese Dinge zu besitzen? Sie *wollen* ein Haus, Sie *wollen* ein Auto, Sie *wollen* Geld ...

Aber wo steht, daß Sie das haben *müssen???* Ist das etwa nicht Ihr eigener Wille, der Sie dazu bringt, Geld zu verdienen? Sie haben sich entschieden, zur Arbeit zu gehen, weil Sie das Geld wollen, ist es nicht so? Oder zwingt Sie jemand, dahin zu gehen? Jetzt könnten Sie sagen, so einfach wäre das nicht, denn wenn Sie kein Geld verdienen, dann müßten Sie verhungern, weil Sie nichts zu essen hätten.

Stimmt das?

Wieder die Frage aller Fragen! Hören Sie auf, sich Unsinn einzureden, an irgend etwas zu glauben, ohne es überprüft zu haben! Nein, es stimmt natürlich nicht, Sie können auf Erspartes zurückgreifen, Ihr Konto eine Zeitlang überziehen, Arbeitslosenunterstützung oder Sozialhilfe beantragen, Sie können eine neue Berufsausbildung anfangen oder sich einen neuen Job suchen, Sie können sich selbständig machen oder betteln gehen. Sie können alles und jedes tun, aber eines werden Sie sicher nicht: Sie werden nicht verhungern! Möglicherweise würde Ihr Lebensstandard sinken, Sie könnten sich möglicherweise nur noch eine kleinere Wohnung leisten, Sie würden möglicherweise auf das Auto verzichten und weniger Essen gehen. Bedenken Sie, daß ein Arbeitsloser in unserer Gesellschaft heutzutage ein wesentlich luxuriöseres Leben führt als ein Fürst vor 1000 Jahren!

Natürlich ist es erstrebenswert, einen bestimmten Lebensstandard zu haben, sich etwas leisten zu können, nicht mit jedem Pfennig zu rechnen, das ist keine Frage; die Frage ist vielmehr, ob Sie diesen Lebensstandard um alles in der Welt haben müssen, ob Sie sterben, wenn Sie ihn nicht erreichen, oder ob Sie ihn haben möchten und bereit sind, einiges dafür zu tun; das ist der kleine, aber entscheidende Unterschied.

> Solange Sie etwas müssen,
> sind Sie unter Druck, haben Sie Streß,
> sind Sie ein Opfer!

Erst wenn Ihnen klar ist, daß Sie auf dieser Welt nichts müssen, sondern lediglich etwas möchten, haben Sie die Macht über sich selbst, denn dann wissen sie, daß Sie sich jederzeit dafür oder dagegen entscheiden können. Erst dann sind Sie unabhängig, sind Sie frei!

Gewöhnen Sie sich ab, daß Wort *muß* in Situationen zu benutzen, wo es nicht angebracht ist. Sie müssen eines Tages sterben, weiter müssen Sie gar nichts! „Ich muß jetzt gehen!" sagt man oft, wenn man etwas anderes vorhat. Stimmt das? Stimmt es, daß mich irgend etwas zwingt, jetzt zu gehen, etwas, auf das ich keinen Einfluß habe? Oder ist es nicht vielmehr so, daß ich noch etwas vorhabe, was mir jetzt wichtig ist? Warum sage ich dann nicht: „Ich gehe jetzt", „ich werde jetzt gehen" oder „ich will jetzt gehen"?

„Ich muß pünktlich sein!", eine andere weitverbreitete Redewendung. Stimmt das? Muß ich das um jeden Preis oder möchte ich es gerne? Wie werde ich mich fühlen, wenn ich pünktlich sein *muß*? Entspannt oder unter Druck? Wenn ich pünktlich sein will und mir Mühe gebe, es auch zu sein, warum sollte ich mich dann unter Druck setzen?

> *„Ein Mensch, der die Kraft seines Willens kennt, braucht*
> *keinen Druck!" (Helmut Lautner)*

Er erreicht entspannt sein Ziel, *weil er es so will*, nicht weil er es muß!

„Ich muß Anerkennung bekommen!" – wieviel Tragödien und Verbitterung entstehen dadurch, daß jemand nicht die Anerkennung zuteil wird, die er unbedingt haben *muß*. Stimmt es, daß Sie Anerkennung um jeden Preis haben *müssen*? Können Sie beweisen, daß Sie ohne Anerkennung nicht überleben werden? Kennen Sie auch nur einen Menschen, der sterben mußte, weil er keine Anerkennung bekam?

Was aber wird passieren, wenn Sie die Anerkennung der anderen unbedingt haben müssen? Wie hoch ist der Preis, den Sie für dieses *haben müssen* zahlen werden? Nun, Sie werden ein Leben führen, von dem Sie denken, daß es den anderen Leuten gefallen wird. Sie werden auf die meisten Ihrer Sehnsüchte, Träume und Bedürfnisse verzichten, weil Sie befürchten, daß Ihnen deswegen jemand die Anerkennung entziehen könnte, die Sie doch unbedingt haben müssen. Sie werden alles tun, um diesem Gott „Anerkennung" zu huldigen, Sie werden sich prostituieren für Anerkennung …

Und das Paradoxe an der ganzen Geschichte ist, daß Sie auf diese Weise immer weniger davon bekommen werden. Es ist geradezu grotesk, je mehr Sie Anerkennung unbedingt haben müssen, je mehr Sie ihr nachlaufen, je mehr Sie sich selbst verleugnen in der Hoffnung, anderen zu gefallen, desto weniger wird man Ihnen geben. Sie glauben mir nicht? Gut so, das sollen sie ja auch nicht; denken Sie einfach nach. Welche Menschen bekommen in unserer Gesellschaft die meiste Anerkennung? Sind es die, die darum buhlen, die sich bei jeder Gelegenheit fragen, ob das, was Sie tun oder tun möchten, den Leuten gefällt, oder sind es nicht vielmehr die, die selbstbewußt ihre Meinung vertreten, kein Blatt vor dem Mund nehmen, ihre Träume verwirklichen und Ihre Ziele schnurstracks verfolgen, nötigenfalls auch gegen althergebrachte Meinungen und Moralbegriffe? Kennen Sie die Fabel vom „Glück im Katzenschwanz" von C.L. James, die dieses Anerkennung-kriegen-Müssen treffend karikiert?

---

**Glück im Katzenschwanz**

Eine große alte Katze sah eine kleine Katze, die große Anstrengungen unternahm, um ihren eigenen Schwanz zu erwischen. „Was tust du da?" fragte die große Katze die kleine. „Ich versuche, meinen Schwanz zu erwischen, weil ich gehört habe, daß sich darin das Glück befindet. Und wenn ich ihn erwischt habe, dann kann ich das Glück festhalten!" antwortete die kleine. „Ich glaube auch, daß sich darin das Glück befindet", antwortete die alte Katze bedächtig, „aber so oft ich es fangen will, entwischt es mir. Ich habe aufgehört, es einfangen zu wollen. Gehe ich jedoch meiner Wege, kommt es mir immer hinterher, egal wohin ich auch gehe."

---

Anerkennung bekommen Sie nicht, wenn Sie sie haben müssen, wenn Sie ihr hinterherlaufen; alles was Sie damit bekommen, ist ein Maximum an Lebensverdruß und ein Leben, das Sie für „die Leute" führen, anstatt für sich! Anerkennung bekommen Sie dann, wenn Sie davon unabhängig sind, wenn Sie ein freier, glücklicher und belastbarer Mensch sind, der weiß, daß er nur sterben *muß* und sonst gar nichts, und wenn Sie sich mehr mit dem beschäftigen, was Ihnen gefällt, als mit dem, was anderen eventuell gefallen könnte.

Sie müssen in Ihrem Leben nichts, und es gibt auch nichts, was Sie unbedingt haben müssen, es sei denn, es ist überlebensnotwendig. Alles, von dem Sie sich einreden, es zu müssen oder haben zu müssen, beruht auf einer Willensentscheidung Ihrerseits, nicht auf einem unentrinnbaren Zwang.

- Wenn Sie zur Arbeit gehen, ist das *kein Muß*, sondern beruht auf *Ihrer Entscheidung*.
- Wenn Sie den Müll wegräumen, den Ihr Partner liegenläßt, ist das *kein Muß*, sondern beruht auf *Ihrer Entscheidung*.
- Wenn Sie die Raten für Ihr Haus abbezahlen, ist das *kein Muß*, sondern beruht auf *Ihrer Entscheidung*.
- Wenn Sie pünktlich sein wollen, ist das *kein Muß*, sondern beruht auf *Ihrer Entscheidung*.
- Wenn Sie ein Kind haben möchten, ist das *kein Muß*, sondern beruht auf *Ihrer Entscheidung*.
- Wenn Sie berufliche Karriere machen möchten, ist das *kein Muß*, sondern beruht auf *Ihrer Entscheidung*.

Weshalb sollten Sie Ihrem Gehirn also weiter den Unsinn vorgaukeln, daß Sie ein in Zwängen gefangenes „armes Hascherl" sind?

Alle „Muß" in Ihrem Leben beruhen
auf Ihren Entscheidungen,
nicht auf Abhängigkeiten!

## Das „Mußturbieren"

Wissen Sie, was masturbieren ist? Seltsame Frage an dieser Stelle, nicht wahr? Nun, „masturbieren" heißt „sich mit der Hand befriedigen", von lateinisch manus: die Hand und turbare: sich verwirren. Wortwörtlich übersetzt heißt also masturbieren nichts anderes, als „sich mit der Hand verwirren". In der Psychotherapie hat sich der davon abgeleitete Begriff „Mußturbieren" eingebürgert, der soviel wie „sich mit einem *Muß* verwirren" bedeutet. Wenn Sie sich einreden, *Sie, ein anderer Mensch oder gar die Welt müßte irgend etwas*, fangen Sie an, sich mit unsinnigen Forderungen zu verwirren, Sie erschaffen sich dadurch ein Problem, das zwar nur in Ihrem Kopf existiert, aber dennoch Ihr Fühlen und Handeln beeinflußt. Jedes Muß in Ihrem Kopf ist für eine Menge Zwang, Verdruß und Unglück verantwortlich, das Sie sowohl sich als auch anderen ersparen könnten. An einem Beispiel aus meiner Praxis kann ich Ihnen diesen Effekt eindrucksvoll demonstrieren:

Eine Klientin kam eines Tages mit allen Anzeichen einer ausgewachsenen Depression in meine Praxis. Nach einem längeren Gespräch stellte sich heraus, daß die gute Frau das Gefühl hatte, eine Versagerin zu sein. Sie hatte nach der Schule drei Lehren angefangen und keine beendet. An Ihrer ersten Lehrstelle hielt Sie es etwa zwei Jahre aus, die zweite Lehre brach sie nach knapp einem halben Jahr ab, und die dritte nach ein paar Wochen. Daneben waren noch einige Sachen im privaten Bereich schiefgegangen, sie war das, was man als das schwarze Schaf einer Familie bezeichnet. Vater und Mutter aus „gutem Hause", Vater Universitätsprofessor, ihre zwei Brüder waren promovierte Akademiker. Sie hatte das Abitur nicht geschafft, die drei Lehren abgebrochen und saß jetzt da mit ihrer Depression, unfähig etwas Neues anzufangen, nur noch ein Häufchen Elend. Auf meine Frage, woher ihre Depression denn käme, blickte sie mich etwas verwundert an und meinte, daß es doch aufgrund eines derart verpfuschten Lebens ganz natürlich sei, verzweifelt und hilflos zu sein. Alles, was sie beginnen würde, würde schiefgehen und sie sei einfach nicht in der Lage, derart erfolgreich wie ihre Eltern und Geschwister zu sein.

Wie hatte sich diese Klientin in ihre Depression hineinmanövriert? Bevor Sie dieses Buch zur Hand genommen haben, hätten Sie vielleicht auch die abgebrochenen Lehren, das nicht bestandene Abitur, den fehlenden Verdienst oder die hohen Anforderungen des Elternhauses für den Verdruß dieser Frau verantwortlich gemacht. Inzwischen wissen Sie, daß Situationen nicht für Gefühle oder emotionale Probleme gleich welcher Art verantwortlich sind, sondern die Denkweisen, die Bedeutungen und Bewertungen, die im Kopf der Betreffenden herumgeistern. Für die Depression der Frau sind also nicht die drei abgebrochenen Lehren, nicht das verbaute Abitur oder die fehlende akademische Ausbildung, nicht die Anforderungen Ihrer Eltern oder sonstige Ereignisse grundlegend, sondern lediglich ihre Art und Weise, darüber zu denken. Für diese Klientin bedeuteten die drei abgebrochenen Lehren zum Beispiel:

- Wenn ich etwas anfange, dann *muß* ich es auch beenden.
- Alle meine Freundinnen haben in meinem Alter längst einen Beruf, ich *muß* auch einen haben.
- Ich *muß* doch so etwas durchstehen können.
- Ich *muß* in der Schule und der Ausbildung so gut sein wie meine Brüder.
- Meine Eltern *müssen* stolz auf mich sein.
- Alles *muß* so laufen, wie ich mir das vorstelle usw.

Wenn Sie mit diesem Buch bisher intensiv gearbeitet haben, dann erkennen Sie auf den ersten Blick, wie sich diese Klientin ihr persönliches Maximum an Lebensverdruß schafft. Sie mußturbiert geradezu „leidenschaftlich". Und wenn Sie sich alle diese „Muß" ansehen, wie würden Sie sich fühlen, wenn Sie sich einen derartigen Blödsinn einreden würden und auch noch fest daran glauben würden, daß das der Wirklichkeit entspricht? Wie würden Sie sich fühlen? Energiegeladen, glücklich, voll von Kraft?

Nein, sicher nicht, Sie würden sich verzweifelt, hilflos und depressiv fühlen, Sie würden angesichts dieser Forderungen keine Energie mehr haben, sich wie ein Versager vorkommen und alles sinnlos finden. Und die Gretchenfrage ist auch hier wie bei allen Problemen, die Sie in Ihrem Kopf züchten, wiederum:

„Stimmt das?"

Stimmt das, was Sie denken mit der Realität überein, gibt es dafür irgendwelche unumstößliche Beweise? Sehen wir uns also die Gedanken dieser Frau näher an:

- Stimmt es, daß, wenn ich etwas anfange, ich es auch beenden muß? – Nein, es gibt keinen Beweis dafür, daß das so sein muß.
- Stimmt es, daß ich sofort meinen Traumberuf finden muß? – Nein, ich kann danach suchen, solange ich will.
- Stimmt es, daß ich beruflich genauso weit sein muß, wie meine Freundinnen? – Nein, ich kann auch ganz andere Wege gehen, es steht mir frei.

- Stimmt es, daß alles so laufen muß, wie ich es gerne hätte? – Nein, es gibt keinerlei Garantie dafür.
- Stimmt es, daß meine Eltern auf mich stolz sein müssen um jeden Preis? – Nein, es wäre zwar schön, wenn sie es wären, aber ich werde auch ohne diesen Stolz ganz gut leben können.
- Stimmt es, daß ich auf den gleichen Treppchen wie meine Brüder stehen muß, um mein Leben zu genießen? – Nein, denn wenn das so wäre, könnten alle Menschen ihr Leben nur dann genießen, wenn sie Akademiker wären!

Wie Sie ohne Schwierigkeit bemerken, existiert in der Realität kein einziges dieser *Muß*, mit denen sich diese Frau das Leben zur Hölle machte. Ihr ganzes Problem entstand also dadurch, daß sie inbrünstig an etwas glaubte, das man ihr irgendwann einmal durch Erziehung, in welcher Form auch immer, eingetrichtert hatte, und das sie bisher nicht hinterfragt hatte. In unserer Gesellschaft bezeichnet man den Glauben an etwas, das überhaupt nicht existiert, als Aberglaube. Abergläubische Menschen werden in der Regel mitleidig belächelt, denn man weiß, daß sie sich ihr Leben mit allerlei Ritualen und Regeln, die auf diesem Aberglauben beruhen, unnötig schwer machen. Wie ist es aber, wenn sich ein Mensch, der völlig frei und unabhängig ist, einredet, er *müßte* etwas und stünde unter Druck? Ist das nicht reinster Aberglaube?

### Im Rhetorik-Seminar

Wenn ich Seminare zur Rhetorik halte, fällt mir immer wieder auf, daß die meisten Teilnehmer Lampenfieber haben, wenn Sie vor einer großen Gruppe sprechen wollen. Lampenfieber ist nichts anderes als Angst, Angst ist ein Gefühl, und ein Gefühl entsteht durch Bewertungen. Angst vor Dingen, die nicht lebensgefährlich sind, entsteht durch Bewertungen, die nicht mit der Wirklichkeit übereinstimmen. Wenn ich in solchen Seminaren die Teilnehmer frage, welche Eigenschaften ihrer Meinung nach ein guter Redner haben *muß*, bekomme ich in der Regel Beschreibungen wie

- souverän
- sicher

- muß auf Fragen passende Antworten haben
- schlagfertig
- ruhig
- er muß astreines Deutsch sprechen usw.

Und jetzt stellen Sie sich vor, wie Sie vor ein großes Publikum treten; es herrscht gespannte Stille, alle Augen sind auf Sie gerichtet und Sie reden sich in dieser Situation ein: Ich muß sicher sein, ich muß absolut sicher wirken, ich darf keine Schwächen zeigen, ich muß souverän wirken, ich muß schlagfertig sein, ich darf keinerlei Dialekt sprechen, bei jeder Zwischenfrage muß ich sofort die passende Antwort parat haben usw. Wie würden Sie sich fühlen? Locker, gelassen, selbstbewußt? Oder würden Sie nicht auch vor Lampenfieber schlottern, weil Sie an diese durch nichts beweisbaren „Muß"-Vorstellungen glauben? Ein wirklich guter Redner muß überhaupt nichts! Und das ist der Grund, warum er locker ist, warum er die Nerven behält, falls die Situation einmal etwas haarig wird. Sie können nicht locker und entspannt sein, wenn Sie sich einreden, etwas zu müssen!

An dieser Stelle ein kurzer Hinweis; *„Darf nicht"* ist nichts anders als ein herumgedrehtes „Muß". „Ich darf nicht schwach sein" bedeutet das gleiche wie „Ich muß immer stark sein".

## Wieso haben Sie diese unsinnigen Muß- und Darf-nicht-Vorstellungen in Ihrem Kopf?

Nun, Sie kommen auf die Welt und nach einer gewissen Weile erfahren Sie Zwänge (Du mußt …, Du darfst nicht …) durch Ihre Eltern und die Umwelt. Diese von außen auferlegten Zwänge haben im Idealfall den lobenswerten Sinn, Sie in das Gesellschaftssystem einzuordnen; diese durch Zwänge, Muß und Darf-Nicht bewirkte Ein- bzw. Unterordnung dient aber unter anderem auch dazu, aus Ihrer Einordnung Vorteile zu ziehen. Wenn Sie zum Beispiel gelernt haben, daß man dem Vater gehorchen muß, dann bringt das Ihrem Vater sehr viele Vorteile, wenn sie gelernt haben, daß man Vater und Mutter ehren muß, dann erspart das viele Diskussionen, die eventuell beweisen könnten, daß sich die Eltern in bestimmten Dingen geirrt haben; wenn man für seine Sünden Buße tun muß, dann verschafft das der Kirche Arbeitsplätze und Macht ...

Als Kind können Sie sich gegen all das nicht wehren, Sie haben nur die Möglichkeit das, was man Ihnen einschärft, wie Sie sein müssen, wie Sie sich benehmen müssen, was Sie denken müssen und was Sie nicht tun, denken und fühlen dürfen, zu befolgen, sonst gibt's mächtige Schwierigkeiten. Nachdem Sie als Kind gelernt haben, daß die Eltern immer recht und im Zweifelsfall einfach den längeren Arm haben, schaffen Sie sich zusätzlich Regeln und Anordnungen, die sie in der Schule, in der Kirche oder durch die Medien aufgeschnappt haben. Diese Regeln und Zwänge werden starr und ohne den leisesten Zweifel solange befolgt, bis der Lebensverdruß perfekt ist. Und das Bizarrste an diesem Treiben ist, daß Sie, je älter Sie werden, sich diese Zwänge mehr und mehr selbst machen, Sie benötigen gar nicht mehr Ihre Eltern, Lehrer oder sonstige Autoritätspersonen dazu; nein, jetzt hagelt es die „muß“ und „darf nicht“ in Ihrem Gehirn, aus ursprünglich äußeren Zwängen werden mit der Zeit „hausgemachte“!

Wie alle Menschen sind auch Sie mit der Fähigkeit, Probleme zu überdenken und zu lösen, ausgestattet. Aber Sie sind eben auch ein Fachmann in der Kunst der Vereinfachung, des Selbstbetruges und der Anwendung völlig hirnrissiger und unlogischer Denkweisen.

Sie können Ihre Art und Weise, die Welt zu sehen, mit einem Computerprogramm vergleichen. Dieses Programm wurde durch Erziehung, Gesellschaft und einige wenige Erfahrungen geschrieben. Sie können nach diesem von anderen geschriebenen Programm Ihr ganzes Leben leben, eine Menge an Verdruß, Unsicherheit, Ängste, Ärger und Unzufriedenheit erleben, oder Sie können anfangen, Ihr eigenes Programm zu entwerfen, ein Programm, mit dem Sie Ihr Ziel „Maximum an Genuß“ erreichen, ein Programm, für das Sie sich selbst entscheiden, mit dem Sie das Leben führen können, das Sie leben möchten.

Doch zurück zum Muß. Was mir bei einigen Leuten auffällt, die sich mit diesem *Muß* auseinandersetzen, ist, daß sie manchmal argumentieren: „Das stimmt schon, aber da mache ich mir doch was vor! Natürlich *muß* ich zur Arbeit gehen, natürlich *muß* ich mein

Haus abzahlen, natürlich *muß* ich pünktlich sein …, muß ich …, muß ich …, muß ich …, so einfach ist das auch nicht! usw. Ist das nicht faszinierend? Solange sich diese Leute völligen Blödsinn einreden, nämlich den Blödsinn, sie *müßten* irgend etwas und wären in Zwängen gefangen, halten Sie das für die Realität. Konfrontiert man sie jedoch mit der Realität, nämlich daß Sie nur sterben müssen, dann halten Sie das für Blödsinn! Sagenhaft, nicht wahr?

Das menschliche Gehirn ist ein sogenanntes musterbildendes System, d.h., wenn es einmal ein Reaktionsmuster gelernt hat, dann hält es daran fest, selbst wenn es sich dabei um den größten Blödsinn handelt, selbst wenn dieses Reaktionsmuster nichts wie Verdruß bereitet, ja selbst wenn es dadurch seinen eigenen Untergang besiegelt. An etwas festhalten bedeutet Sicherheit, und nichts liebt der Mensch mehr als diese „Sicherheit". Das kann soweit führen, daß er Gefangener seines eigenen unsinnigen Denkens wird.

Aber unser Gehirn hat noch eine andere, wesentlich wertvollere Fähigkeit; es ist fähig, über sein eigenes Denken nachzudenken, seine eigenen Muster in Frage zu stellen und zu verändern. Das tut es jedoch nur, wenn man es dazu anregt, wenn man die Intelligenz zu Veränderungen benutzt, anstatt auf alte bequeme Muster zurückzugreifen und nach eingegebenen Programmen zu leben. Nur, das ist harte Arbeit!

> *Es gibt kein Mittel, zu dem der Mensch nicht greifen würde,*
> *nur um nicht denken zu müssen. (Thomas Alpha Edison)*

## Niemand kann Sie unter Druck setzen

Sehen wir uns an, wie Sie sich Ihre Zwänge machen, wie Sie sich Probleme erschaffen, die Sie sich sparen könnten. Rufen Sie sich 5 Situationen in Ihre Erinnerung zurück, in denen Sie sich unter Druck gesetzt fühlten:

1 _____

2 _____

3 _____

4 _____

5 _____

Wie kann man Sie unter Druck setzen? Kann man Sie überhaupt unter Druck setzen? Natürlich nicht, das wissen Sie inzwischen, Sie können es nur selbst, indem Sie sich einreden Sie *müßten* etwas tun oder irgend etwas *müßte* geschehen.

Nehmen wir an, Sie fühlen sich dann unter Druck gesetzt, wenn Kollegen Ihnen unnötige Arbeit aufhalsen, wenn der Chef Überstunden verlangt, wenn alle Telefone gleichzeitig klingeln, wenn die Termine wieder einmal in Sekundenabständen aufeinander folgen u.ä. Wann immer Sie unter Druck stehen, fragen Sie sich diese einfache Frage:

Was muß ich jetzt?

Auf diese Frage könnten Ihnen zum Beispiel Antworten wie die folgenden einfallen:

- Ich muß alle Arbeiten machen, die die Kollegen auf mich abwälzen.
- Ich muß ein gutes Verhältnis zu meinen Kollegen haben.
- Ich darf ihnen nicht sagen, daß das zuviel ist.
- Das muß jetzt funktionieren.
- Ich muß das machen, was der Chef von mir will.
- Ich muß diese Arbeitsstelle unbedingt behalten.
- Ich muß ans Telefon gehen.
- Ich muß diese Arbeit schneller als schnell erledigen können.
- *Ich muß …, ich darf nicht …, das muß …*

Und wenn sie dann Ihre *Muß-* und *Darf-nicht* identifiziert haben, stellen Sie wieder die Ihnen inzwischen wohlbekannte Gretchenfrage:

„Stimmt das? Wo ist der Beweis?"

Stimmt das, daß Sie alle Arbeiten machen müssen, die auf Ihrem Schreibtisch landen? Oder können Sie sich als freier Mensch dafür entscheiden, das zu tun? Wenn Sie sich aber entscheiden können, weshalb reden Sie sich dann ein, *Sie müßten das?*

Jetzt könnten Sie argumentieren: „Ja gut, wenn ich es nicht tue, dann sind die Kollegen sauer auf mich!" Und schon spukt in Ihren Hirnwindungen das nächste *Muß* herum: Die Kollegen *müssen* mich mögen, ich *muß* ein gutes Verhältnis zu ihnen haben. Stimmt das? Können Sie den Beweis erbringen, daß Ihr Leben beendet sein wird, wenn Sie bei Ihren Arbeitskollegen nicht beliebt sind, weil Sie sich nicht mehr ausnutzen lassen? Stimmt es, daß Sie ein gutes Verhältnis um jeden Preis haben *müssen*? Sind Sie bereit, sich jeden Tag in Streß zu stürzen, jeden Tag unzufrieden zu sein, jeden Tag ein Stück mehr Ihres Lebensgenusses herzugeben, nur damit Ihre Kollegen eine hohe Meinung von ihnen haben? Ist das der Preis, den Sie bezahlen würden, nur um ein gutes Verhältnis zu haben? Möglicherweise steht dann später auf Ihrem Grabstein:

*„Gelebt hat er/sie nicht,*
*aber das Verhältnis zu den Kollegen war ganz gut …"*

Verwechseln Sie nie „Ich will"
mit „Ich muß"!

Natürlich wollen Sie ein gutes Verhältnis zu Ihren Kollegen haben und sind bereit, auch einiges dafür zu tun; in einem angenehmen Arbeitsklima läßt es sich einfach schöner arbeiten, keine Frage. Aber *müssen* Sie deswegen eines haben? Oder möchten Sie lediglich gerne eines? Im ersten Fall haben Sie Druck, den Sie sich selbst erschaffen, im zweiten Fall sind Sie frei, entspannt und selbstbewußt, weil Sie wissen, was Sie wollen und was nicht.

*„Ich muß das machen, was der Chef will."* Stimmt der Satz wenigstens? Natürlich nicht! Sie können sich entscheiden, das zu tun oder es sein zu lassen. Wenn Sie sich entscheiden, das zu tun,

dann machen Sie das freiwillig, ohne Druck, und wenn Sie sich entscheiden, es nicht zu tun, dann geschieht das ebenfalls freiwillig. Also reden Sie sich nicht ein, Sie könnten sich nicht entscheiden, Sie wären gezwungen das, was Ihr Chef, ein Arbeitskollege oder sonst ein Mensch von Ihnen verlangt, zu tun. Hören Sie auf, zähneknirschend Anordnungen zu befolgen und sich einzureden, Sie hätten keine andere Möglichkeit. Denn mit dieser Denkweise leben Sie nicht in der Realität, sondern in einer Phantasiewelt, durch die Sie sich Ihr Leben verderben. Weder der Chef noch Ihre Arbeit oder sonst wer ist dafür verantwortlich, nur Sie selbst!

Denken Sie bei all dem, was ich Ihnen vermittle, daran, worum ich Sie gebeten hatte:

> Glauben Sie mir nichts von dem, was ich hier behaupte,
> überprüfen Sie es!

Möglicherweise kommen Ihnen beim Lesen dieses Buches und speziell bei diesem Kapitel öfter Gedanken wie „Ja, ja, wenn es so einfach wäre …" oder „So ein Unsinn, natürlich muß ich …" in den Sinn. Sie können an derlei Gedanken sehr schön erkennen, wie Ihr Gehirn einmal eingefahrene Muster zu verteidigen versucht. Neue, gegensätzliche Information wird zunächst einmal mitleidig belächelt und möglichst schnell „abgewürgt", das erspart nämlich die genaue Überprüfung, denn diese könnte ja eventuell ergeben, daß das alte Muster nicht paßt, und das wiederum würde Unsicherheit verursachen, einen Zustand also, den das Gehirn nun mal überhaupt nicht mag. Solange Sie Ihr Gehirn nicht mit Ihrem Willen steuern, wird es nur nach Mustern funktionieren, Mustern, die Ihnen Zwang und Druck einbringen. Deshalb hören Sie auf mit „Wenn das so einfach wäre …" und ähnlichem, diese Denkweisen führen lediglich dazu, daß Sie nicht überprüfen, sondern weiterhin an Alteingefahrenem festhalten. Wenn Sie bisher noch nichts von dem, was wir hier besprechen, überprüft haben, dann tun Sie das jetzt, sonst verschwenden Sie mit der Lektüre dieses Buches lediglich Ihre wertvolle Zeit.

Überprüfen wir also weiter das, was Sie in Ihrem Leben müssen. Sie müssen nicht das tun, was Chef, Arbeitskollegen, Partner,

Bekannte, Freunde oder wer auch immer von Ihnen verlangen oder erwarten. Nehmen wir aber an, Sie tun nicht, was Ihr Chef will, dann kann es doch sein, daß Sie Ihren Arbeitsplatz verlieren, nicht wahr? Und wenn Sie sich darüber schlaflose Nächte bereiten sind Sie schon wieder in einem *Muß* gefangen: Ich *muß* diesen Arbeitsplatz unbedingt haben!

Da Sie ja inzwischen schon Spezialist in Sachen „Muß" sind, was klingelt bei Ihnen im Hinterkopf? Richtig!

Stimmt das?

Sie werden bemerken, daß diese Frage, je intensiver Sie mit diesem Buch arbeiten, immer häufiger in Ihren Hirnwindungen auftauchen wird, und daß sich durch diese simple Frage einiges in ihrem Leben ändern wird, daß Sie freier, selbstbewußter und gelassener auf Ihre Mitmenschen und Ihre Umwelt reagieren werden. Stimmt das, daß Sie diesen Arbeitsplatz haben müssen? Stimmt das, daß es der einzige auf der Welt ist, stimmt es, daß Sie nie mehr einen anderen finden werden? Und falls Sie wirklich keinen anderen finden, stimmt es, daß Ihr Leben dann keinen Pfifferling mehr wert sein wird, Sie nur noch Dunkelheit und Nebelkrähen auf dem düsteren Weg bis an Ihr Ende begleiten werden, Sie keinerlei Lebensgenuß mehr empfinden können und sich die schwarzen Wolken des Trübsinns um Ihr gemartertes Haupt legen werden? *Stimmt das?*

Nein, natürlich nicht. Es ist gut, wenn Sie einen Arbeitsplatz haben, es ist gut, wenn Sie sich mit Ihren Arbeitskollegen verstehen, es ist gut, wenn Sie in einer erfüllten Partnerschaft leben. Sie wollen das, Sie möchten das, *aber Sie müssen es doch nicht!* Wie viele Menschen rennen jeden Tag zu ihrer Arbeitsstelle in der festen Überzeugung, daß sie diese Arbeit hassen, ihr aber nicht entrinnen können, weil sie dort arbeiten müssen. Wie viele Partnerschaften werden zum Zwang, weil sich die Betreffenden einreden, beieinander bleiben zu *müssen*, sei es aus finanziellen Gründen, der Kinder oder der Rente wegen. Wie viele Leute tun täglich Dinge, die sie überhaupt nicht tun wollen, der „Leute" wegen, weil sie ihren Partner nicht verärgern wollen, weil sie die „Pflicht" haben, das zu tun, oder weil es von der Gesellschaft so erwartet wird.

*Eine Hochzeitsgesellschaft*

Vor nicht allzulanger Zeit war ich zur Hochzeit eines Verwandten eingeladen. Die kirchliche Trauung fand in der Mittagszeit statt, nachher fuhr die ganze Hochzeitsgesellschaft in ein nahegelegenes Restaurant, um den leiblichen Genüssen zu frönen. Da es inzwischen früher Nachmittag war, gab es kein Mittagessen, sondern es wurde sofort mit Kaffee und Kuchen begonnen. Wie ein Großteil der Hochzeitsgäste auch, hatte ich noch nicht zu Mittag gegessen, deshalb verspürte ich trotz der fortgeschrittenen Stunde großen Hunger, allerdings nicht auf Kaffee und Kuchen, sondern auf etwas Herzhaftes. Also fragte ich die Bedienung, ob ich ein Wurstbrot und ein Glas Bier haben könnte. Kaum hatte ich das getan, wurde ich aus den Reihen meiner Verwandtschaft auch schon darauf hingewiesen, daß es jetzt eben Kaffee und Kuchen gäbe und kein Wurstbrot. „Du brauchst wieder eine Extrawurst! Alle essen jetzt Kuchen und Torte, nur du mußt wieder aus der Reihe tanzen!" bekam ich zu hören. Weil alle Kuchen essen, *muß* ich das auch! Weil alle Kaffee trinken, *muß* ich das auch! *Stimmt das?* Oder rede ich mir das nur ein? Schade ich irgend jemandem, wenn ich ein Wurstbrot anstatt Kuchen esse? Gibt es irgendeine vernünftige Erklärung, weshalb ich kein Wurstbrot essen sollte, wenn mir der Appetit danach steht? Bin ich ein freier Mensch oder ein Knecht der Tortenplatten und der Kaffeekannen?

Ich aß also mein Wurstbrot (und ich bin mir sicher, daß einige das auch gern getan hätten, aber sich nicht trauten, weil „man" das nicht macht), während die anderen Sahnetorten und Kuchen in sich hineinschaufelten. Als ich mich satt gegessen hatte, war mir danach, etwas spazieren zu gehen und frische Luft zu schnappen. Kaum hatte ich gefragt, ob jemand Lust habe mitzugehen, ging das Spielchen weiter: „Also hör mal, einmal wenn die Verwandtschaft zusammenkommt, da bleibt man doch sitzen nach dem Essen und unterhält sich!" Und schon haben wir unser nächstes „Muß". „Du *mußt* sitzenbleiben und das tun, was wir für richtig halten!" *Stimmt das?* Stimmt das, daß ich sitzenbleiben muß obwohl mir nach Bewegung ist? Oder kann ich mich entscheiden das zu tun, was meiner Verdauung meiner Meinung nach förderlicher ist? Tut es irgend jemand weh, wenn ich ein halbes Stündchen spazierengehe?

Jetzt könnten Sie argumentieren, daß ich dadurch vielleicht einige Leute vor den Kopf stoße und rücksichtslos bin. Wenn Sie diesen Gedankengang hatten, dann haben Sie einen ganz wichtigen Punkt noch nicht verinnerlicht:

> Wenn irgend jemand meint,
> Sie müßten sich so verhalten, wie er sich das vorstellt,
> und, wenn Sie es nicht tun,
> sich vor den Kopf gestoßen fühlt, beleidigt oder frustriert ist,
> dann sind nicht Sie dafür verantwortlich.

Seine Gefühle und Verhaltensweisen hängen nicht davon ab, was Sie tun oder nicht tun, sondern davon, was er darüber denkt; und für seine Gedanken ist nur er alleine verantwortlich! Und wenn er sich einredet, Sie müßten das tun, was er will, dann erlebt er eben eine Enttäuschung, die er sich mit diesem idiotischen Gedanken selbst bereitet. Ein Mensch, der frei ist und nichts mehr muß, wird in unserer Gesellschaft gerne als Egoist bezeichnet. Sicher werden auch Sie bei konsequenter Anwendung dieses Buches von dieser Erfahrung nicht verschont bleiben. Wenn Sie Ihr Leben nach eigener Regie führen und aufgrund nicht mehr vorhandener „Muß" nicht mehr manipulierbar sind, wird es sicher einige Menschen in Ihrer Umgebung geben, die versuchen, Ihnen mit Bezeichnungen wie „rücksichtslos" oder „Egoist" Schuldgefühle einzureden, einfach deshalb, weil Sie als freier Mensch nicht so einfach auszunutzen sind wie als armes Hascherl, das mannigfaltigen Zwängen unterworfen ist. Die Bezeichnung „Egoist" ist dann auch durchaus zutreffend, denn ein Egoist wird sein Leben und seinen Lebensgenuß mit großer Achtung betrachten, es als Geschenk ansehen und das Beste daraus machen. Ein rücksichtsloser Egoist sind Sie nur dann, wenn Sie anderen Menschen mit Ihrer Art zu leben absichtlich Schaden zufügen; nicht aber, wenn andere sich an Ihrer Lebenseinstellung stören, denn niemand zwingt diese Menschen dazu, das zu tun! Jemand, der andere dahingehend manipulieren will, daß sie nach seinen Vorstellungen leben, der ist ein Egoist. Jemand der sein

Leben genießt, ist kein rücksichtsloser Egoist, sondern ein Mensch, der begriffen hat, um was es im Leben wirklich geht.

Doch noch einmal zurück zu meiner „Hochzeitsgeschichte". Nachdem ich spazierengegangen war (einige Leute sind über ihren Schatten gesprungen und mitgegangen, ihnen war es nämlich auch danach) kehrte ich in das Restaurant zurück, und der Tag wurde noch sehr gemütlich. Zu vorgerückter Stunde kam dann ein Alleinunterhalter und begann mit dem, wozu er engagiert worden war, nämlich mit der Unterhaltung des Publikums. Ich unterhielt mich gerade sehr angeregt mit jemandem, als es laut durch den Lautsprecher tönte: „Da hinten sitzen noch ein paar Leute, alle stehen jetzt auf und beteiligen sich an der Polonaise!" Ich gab darauf nicht viel und unterhielt mich weiter, denn ich war der Meinung, daß ich selbst entscheiden kann, wann ich tanzen und wann ich mich unterhalten will. Weit gefehlt! Nach ein paar Augenblicken tönte es: „Nicht so schüchtern, der junge Mann da hinten, auf geht's!" Gut, der Mann tat seinen Job, ich nahm das immer noch nicht sonderlich ernst, weil ich mich einfach über das interessante Thema weiter unterhalten wollte …

„Und jetzt krempeln wir unser linkes Hosenbein hinauf und hüpfen auf dem rechten Bein … Los, alle machen mit!" tönte es über den Lautsprecher weiter in meine Richtung. Schließlich kam die Verwandtschaft angerückt: „Los, jetzt mach mit, stell dich nicht so an!" kam die unmißverständliche Aufforderung „Du *mußt* jetzt mitmachen, alle machen mit!".

Vielleicht kennen Sie solche oder ähnliche Situationen des völlig normalen Alltags, in denen Sie das Gefühl haben, mit Ihrem eigenen Willen sei es nicht soweit her. Mancher Ihrer Zeitgenossen bildet sich ein, Sie müßten das machen, was er sich gerade vorstellt, und nicht selten reagieren die Leute etwas säuerlich, wenn Sie ihnen klarmachen, daß derlei Forderung ein Unsinn ist. Sie werden auf diesem Planeten keinem Menschen begegnen, der mußturbiert und dem es gleichzeitig gut geht. Meist stehen diese Leute unter großem Druck, plagen sich mit einer Menge negativer Gefühle ab, haben den Eindruck, nicht Ihr Leben, sondern das der anderen Leute zu leben, und „Maximum an Lebensgenuß" ist für sie nur ein Fremdwort.

### Die eigene Praxis

Ich möchte Ihnen eine weitere Episode aus meinem Leben erzählen, die Ihnen verdeutlichen wird, wie schnell man aus seiner Arbeit ein Maximum an Verdruß erschaffen kann, einfach indem man sich mit einem *Muß* herumquält, das nur in der Phantasie existiert. Nach meinem Studium stand ich an dem Punkt, wo jeder mit frischem Berufsabschluß einmal steht: Ich brauchte einen Job. Nach etlichen Bewerbungen hatte ich endlich einen Honorarjob aufgetan, den ich anfangs auch relativ interessant fand. Nach einer gewissen Zeit aber wurde ich unzufrieden mit dieser Tätigkeit, denn es war nicht das, was ich wirklich wollte. So begann ich, mir nebenher eine eigene Praxis aufzubauen. Ich verschuldete mich, um eine Eigentumswohnung in Citynähe kaufen zu können, die ich zur Praxis umbaute. Um die Schulden abbezahlen zu können, brauchte ich meinen ungeliebten Honorarjob, denn bis eine Praxis so läuft, daß man einigermaßen davon leben kann, vergehen mindestens drei bis fünf Jahre. Und schon begann der Teufelskreislauf! Um das tun zu können, was ich wirklich wollte, *mußte* ich den ungeliebten Job machen. Eine kurze Zeit lang fand ich das auch in Ordnung, aber die Zeitspanne wurde immer länger. Nach einer gewissen Weile merkte ich, daß ich morgens zur Arbeit ging und mir wünschte, daß der Tag bald vorüber wäre. Meine Laune sank auf den Nullpunkt, die Arbeit machte mir keinen Spaß, ich sah weder einen Sinn, noch eine Herausforderung in dem, was ich jeden Tag tat.

Stellen Sie sich vor, Sie hätten einen ungeliebten Job und wünschten sich, daß der Tag, den Sie heute vor sich haben, bald vorüber ist. Wenn Sie eine derartige Arbeit über Jahre ausüben, summiert sich das, Sie wünschen dann nichts anderes, als daß Wochen, Monate, Jahre und im Endeffekt Ihr Leben bald vorüber wäre! Ist diese Art, das Leben zu betrachten, nicht hirnrissig? Als mir das klar wurde, fing ich an, mein Gehirn einzuschalten.

Wann immer Sie sich unter Druck gesetzt fühlen,
suchen Sie die Gründe nicht
bei anderen Menschen oder in Ihrer Umwelt,
sondern bei sich selbst!

Und genau das tat ich. Ich fühlte mich unter Druck gesetzt, ich hatte den Eindruck, etwas zu tun, was ich nicht wollte, und ich sah keinen Ausweg aus dem Dilemma. Also führte ich ein Gespräch mit mir selbst. Ein Vorgehen, das ich Ihnen nur empfehlen kann, wenn Sie vorhaben, als freier Mensch zu leben. Die erste Frage, die Sie sich stellen, wenn Sie sich unter Druck fühlen ist:

„Was muß ich?"

In meinem Fall war die Antwort darauf: „Ich muß diese Arbeit machen!" Wenn Sie sich auf die erste Frage eine Antwort gegeben haben, folgt Frage Nummer zwei:

„Stimmt das?"

Stimmt das, was Sie sich da einreden? In dem Moment, wo Sie sich für oder gegen etwas entscheiden können, *müssen* Sie nichts! Auch in meinem Fall konnte ich mich doch jeden Tag für oder gegen meine Arbeit entscheiden, es war meine freie Entscheidung, diese Arbeit zu tun, oder sie sein zu lassen, niemand zwang mich dazu. Was redete ich mir also für einen Unsinn ein! Nun, als mir das klar wurde, bombardierte mich mein Gehirn mit einer Ladung *Aber* ....

*Aber* was passiert, wenn ich diese Arbeit nicht mache? Dann habe kein Geld, um die Praxis abzubezahlen! *Aber* wenn ich die Praxis nicht abbezahlen kann? Das wäre schlimm, denn ich *muß* diese Praxis unbedingt haben! Sehen Sie, das war das *Muß*, das für meinen Verdruß verantwortlich war. Stimmt das, daß ich diese Praxis haben muß?

Nein, natürlich nicht; wenn ich eine Praxis haben müßte, dann wäre ich als Praxis auf die Welt gekommen, nicht als Mensch. Es gibt auf dieser Welt Milliarden von Menschen, die keine eigene Praxis haben, und es sollen sich durchaus auch einige glückliche darunter befinden. Dadurch, daß ich mir einredete, ich müßte diese Praxis unbedingt haben, war ich zum Sklaven meiner Praxis geworden. Nicht ich hatte die Praxis, sondern die Praxis hatte mich!

Wenn Sie etwas unbedingt haben müssen
und Ihren Lebensgenuß dafür opfern,
haben Sie den Maßstab Ihres Lebens
völlig aus den Augen verloren!

Wenn Ihnen aber klar ist, daß Sie etwas sehr gerne haben wollen, aber eben nicht haben müssen, dann sind sie bereit, dafür einen gewissen Preis zu bezahlen, aber eben nicht jeden. Und der Preis, Ihren Lebensgenuß dafür zu opfern, dieser Preis ist immer zu hoch. Nehmen wir an, ich hätte so weitergemacht; ich wäre jeden Tag zu dieser ungeliebten Arbeit gegangen, hätte mir jeden Tag gewünscht, daß dieser Tag bald zu Ende gehen möge. Irgendwann einmal wäre mein Leben zu Ende gewesen und ich hätte darauf zurückgeblickt mit den Worten: *„Ich hab es zwar nicht genossen, aber ich hatte eine Praxis ..."*

Erschreckend, nicht wahr? Ich redete mir ernsthaft ein, eine Praxis haben zu *müssen* und fühlte mich diesem *Muß* hilflos ausgeliefert, ein *Muß*, das nur ich selbst in die Welt gesetzt hatte, ein Muß aber auch, das in der Realität gar nicht existierte. Der ganze Druck, den ich empfand, existierte in Wirklichkeit überhaupt nicht, ich verursachte ihn selbst!

Nachdem Sie sich also die Fragen Nr. 1 und 2 gestellt haben, tun Sie den dritten Schritt:

*Überprüfen Sie Ihre „Aber ..."*
Ihr Gehirn wird nicht einfach akzeptieren, daß Sie nichts müssen, es wird sofort genügend „Abers" aufzählen, die Ihnen beweisen sollen, daß Sie doch *müssen*. Verfahren Sie mit diesen „Abers" genauso wie mit aller Information, die Ihnen Ihr Denkorgan liefert; überprüfen Sie sie, bevor Sie blindlings daran glauben. Suchen Sie die Gründe für Ihr „Muß". In meinem Fall beispielsweise steckte hinter dem *„Ich muß zur Arbeit gehen"* das völlig unsinnige Muß *„Ich muß eine Praxis haben"*. Wann immer Sie sich unter Druck setzen, liegt dem ein *Muß* zugrunde, mit dem Sie sich völlig unnötig quälen und mit dem Sie sich Ihre Freiheit nehmen. Sobald Sie Ihr *Muß* identifiziert haben, ist es deshalb an der Zeit, sich die Freiheit wieder zu geben:

*Treffen Sie Ihre Entscheidung*

Sich zu entscheiden ist das Privileg eines freien Menschen. In einer Situation, die Ihnen nicht gefällt, haben Sie zwei Möglichkeiten: Sie können sie ändern oder Sie können sie so akzeptieren, wie sie ist. Egal für welche der beiden Möglichkeiten Sie sich entscheiden, ab dem Zeitpunkt Ihrer Entscheidung werden Sie damit aufhören sich einzureden, Sie müßten etwas oder irgend etwas oder irgend jemand würde Sie unter Druck setzen.

Nachdem ich diese Gedankengänge hinter mir hatte, kündigte ich damals diese ungeliebte Arbeit und sprang ins kalte Wasser. Denn, wie heißt es so schön:

> *„Du kannst nicht neue Ozeane entdecken,*
> *solange du nicht den Mut hast,*
> *den sicheren Strand aus den Augen zu verlieren."*

Die Praxis habe ich heute, Jahre nach diesem Vorfall, immer noch. Ich habe Wege und Mittel gefunden, sie zu finanzieren. Wege, die ich gehen will, nicht gehen muß. Ich schreibe jetzt an diesem Buch, opfere sehr viel Zeit und Geld dafür, nicht weil ich es schreiben *muß*, sondern weil ich es will, weil ich davon überzeugt bin.

> Wann immer Sie etwas haben müssen,
> sei es ein anderer Mensch, eine Position oder eine Sache,
> sind Sie von diesem Etwas abhängig.
> Nicht Sie werden dieses Etwas haben,
> sondern dieses Etwas wird Sie haben.

> Wann immer Sie etwas haben wollen, werden Sie bereit sein,
> viel dafür zu tun. Sie werden das mit Freude und freiwillig tun.
> Aber Sie werden nie dafür Ihren Lebensgenuß opfern!

Hören Sie auf, sich einzureden, Sie *müßten* einen bestimmten Beruf, eine bestimmte Position, ein eigenes Haus, einen bestimmten Partner, einen bestimmten Lebensstandard, Kinder, Gerechtigkeit und Fairneß oder was auch immer unbedingt haben. Machen Sie sich klar, daß Sie all dieses lediglich möchten und wollen!

## Niemand kann Sie ärgern

Wenn Sie auf dieser Welt nichts müssen, außer eines Tages sterben, dann müssen doch andere Menschen auch nichts, nicht wahr? Glauben Sie mir diese Behauptung nicht, sondern überprüfen Sie sie! Was müssen andere Menschen?

Andere müssen _____

Andere müssen _____

Andere müssen _____

Andere müssen _____

Andere müssen _____

Fragen Sie sich, ob Sie dafür auch nur einen einzigen Beweis erbringen können. Ob Sie irgendein Anrecht darauf haben, daß sich andere Menschen so verhalten müssen, wie Sie sich das vorstellen. Sie werden feststellen, daß das, was für Sie gilt, auch auf andere Menschen zutrifft, *die müssen auch nichts!*

Wenn Ihre Mitmenschen aber nichts *müssen*, weshalb sollten Sie sich dann überhaupt noch über sie ärgern? Ärger, Wut oder Zorn kann nur dann entstehen, wenn in Ihrem Kopf einige unsinnige Ansichtsweisen über Ihre Umwelt und Ihre Mitmenschen existieren.

> Wann immer Sie sich ärgern, egal über was oder wen,
> hat Ihr Gehirn eine Regel aufgestellt!

Diese Regel beinhaltet ein *Muß*- bzw. ein *Darf-nicht* (ein „Darf-nicht" ist nichts anderes als ein herumgedrehtes „Muß"). Solche Regeln könnten zum Beispiel sein:

- *Ich muß* perfekt sein.
- *Ich darf keine* Fehler machen.
- *Du mußt* das tun, was ich will.
- *Du darfst mich nicht* beschimpfen.
- *Die Welt muß* fair und gerecht sein.
- *Der darf mir nicht* den Parkplatz wegschnappen.
- *Mein Partner darf nicht* anderen Mädchen nachsehen.
- *Meine Frau muß* meine Interessen teilen.
- *Man darf mich nicht* ungerecht behandeln.
- *Der Kellner muß* mich prompt bedienen usw.

Muß, muß, muß und darf nicht, darf nicht, darf nicht! Mit dem Aufstellen derlei Regeln hat unser Denkorgan keinerlei Probleme. Schließlich hört es ja von Kindheit an täglich, was man alles muß und nicht darf; und Programme, die ihm einmal eingetrichtert wurden, wiederholt es stereotyp immer wieder, denn es ist ja ein sogenanntes „musterbildendes" Organ. Wie gesagt, es hat keinerlei Probleme dabei, eingegebene Regeln blindlings zu befolgen, es hat auch keinerlei Schwierigkeiten, neue Regeln zu erfinden; was es aber mit Sicherheit nicht tun wird, solange man es unbeaufsichtigt „vor sich hinwursteln" läßt, ist, diese Regeln auf ihre Logik und ihren Wahrheitsgehalt hin zu überprüfen!

Überprüfen Sie Ihre Regeln, bevor Sie danach handeln!!!

Stellen Sie sich die alles entscheidende Frage:

Stimmen meine Regeln?

Diese Frage entscheidet maßgeblich darüber, ob Sie in Zukunft Ihren Ärger loswerden oder nicht. Denn was ist, wenn die von Ihrem Gehirn aufgestellten Regeln jeglicher Grundlage entbehren? Wenn Sie etwas fordern, was völlig hirnrissig und unlogisch ist? Wenn Sie beispielsweise fordern, irgend jemand oder irgend etwas *müßte* etwas, ohne daß es dafür auch nur den geringsten Beweis gibt?

Nun, dann ärgern Sie sich völlig umsonst. Sie bereiten sich ein Maximum an Lebensverdruß aufgrund Ihrer eigenen Denkweise, einer Denkweise die mit der Realität in überhaupt keiner Weise übereinstimmt. Halten Sie sich das immer wieder deutlich vor Augen! Es ist nicht irgend jemand oder irgend etwas, das Sie ärgert, sondern es sind Sie selbst, indem Sie mußturbieren!

*Im Selbstsicherheitskurs*
Lassen Sie mich Ihnen das an einem Beispiel demonstrieren. Vor längerer Zeit hielt ich für Kursleiter eines bekannten Bildungsträgers ein Seminar zum Thema „Selbstsicherheit". Einer der Kursleiter hatte Probleme mit seinen eigenen Aggressionen. In fast jedem Seminar, das der gute Mann hielt, wurde er gegenüber Kursteilnehmern ausfällig und unbeherrscht. Er konnte sich sein Verhalten selbst nicht erklären und haßte sich deswegen. Im Laufe des Seminars ergab sich nun eine leidenschaftliche Diskussion, und ich beschloß, ihn mit seiner Wut zu konfrontieren. Um einen Menschen dazu zu kriegen, daß er sich ärgert, brauchen Sie nur eines zu tun:

Verstoßen Sie gegen seine Regeln!

Ich fing also an, ihn in der Diskussion immer wieder zu unterbrechen; sobald er etwas sagen wollte, wußte ich etwas Wichtigeres. Nachdem ich ihn dreimal unterbrochen hatte, wurde sein Kopf langsam rot und seine Halsschlagader begann gefährlich zu pochen, er zeigte zunehmend Ähnlichkeit mit einem Dampfkochtopf kurz vor dem Platzen. Nachdem ich Ihn das siebtemal unterbrochen hatte, ging er tatsächlich hoch wie eine Rakete. Er sprang auf, geriet völlig außer sich und brüllte mich an: „Verdammt, du mußt nicht immer gleich eine Antwort wissen, wenn ich etwas sagen will; was fällt dir ein, mich dauernd zu unterbrechen!" Mir war in diesem Moment nicht mehr sonderlich wohl zumute, denn so wie er auf mich zukam, wußte ich nicht, wie weit er sich noch unter Kontrolle hatte. Die Ähnlichkeit mit einem angreifenden Neandertaler war wirklich beängstigend. Ich fragte ihn in aller Unschuld: „Darf ich dich nicht unterbrechen?", und er brüllte sofort: „Nein, das darfst du nicht!"

Stimmt das?

Stimmt das, daß ich ihn nicht unterbrechen darf, daß er irgendein Anrecht darauf hat, daß ich Rücksicht nehme und mich zurückhalte? Hat er bei seiner Geburt eine Urkunde überreicht bekommen, auf der in goldenen Lettern steht: *Man darf mich nicht unterbrechen! Man muß die Klappe halten, wenn ich das will!*

Hat er diese Garantie irgendwann im Laufe seines Lebens bekommen? Hat er irgendein Anrecht darauf, daß ich mich oder ein anderer Mensch sich so verhalten *muß*, wie er sich das vorstellt? Oder ist es nicht so, daß ich ihn unterbrechen kann, so oft ich will? Habe ich ihm nicht gerade bewiesen, daß ich das kann? Habe ich ihn etwa nicht siebenmal unterbrochen? Die einzige Möglichkeit, mich davon abzuhalten, ihn zu unterbrechen, wäre, daß er mich mit körperlicher Gewalt zum Schweigen bringt; und genau darauf bereitete sich sein Körper in diesem Moment vor. Sein altes Neandertal-Kampf-Programm war angesprungen, nicht etwa, weil er sich in Lebensgefahr befand oder damit ein Problem hätte lösen können, sondern einzig und allein deshalb, weil er mußturbierte, weil er eine Regel im Kopf hatte, die völliger Unsinn war, und weil er sich nie die Mühe gemacht hatte, diese Regel zu überprüfen und sie abzulegen. Diese und ähnliche, blödsinnige Regeln hatten ihn bis dahin sehr viele Sympathien gekostet; Freundschaften zerbrachen, seine Ehe stand auf der Kippe, seine Kinder haßten ihn und sein Magengeschwür und der Bluthochdruck, unter dem er litt, waren die unübersehbaren Folgen davon, daß er sein Gehirn unkontrolliert arbeiten ließ.

Wie würde er reagieren, wenn er die Regel „Man darf mich nicht unterbrechen!" durch eine realistischere ersetzen würde? Wenn er zum Beispiel davon ausgehen würde, daß ihn jeder unterbrechen kann, aber daß er auf solcher Grundlage nicht diskutiert. Dann wäre doch auf meine „Unterbrecher" kein Wutausbruch gekommen, sondern eine selbstbewußte Reaktion, wie zum Beispiel: „Wenn du mich nicht ausreden läßt, dann werde ich nicht weiter mit dir diskutieren!" Ohne Ärger, ohne Wut, ohne Verdruß.

Wann immer Sie sich über jemanden aufregen, sich über ihn ärgern, haben Sie eine Regel in Ihrem Gehirn einzementiert. In den meisten Fällen, stimmen diese Regeln nicht mit der Wirklichkeit überein. Den größten Teil Ihres Ärgers wären Sie also mit einem Schlag los, wenn Sie Ihre Regeln überprüfen und die unsinnigen über Bord werfen würden. Wissen Sie auch nur einen einzigen triftigen Grund, der dagegen sprechen würde, das zu tun? Oder anders gefragt: Können Sie mir auch nur ein stichhaltiges Argument nennen, welches rechtfertigen würde, sich weiterhin durch derart unsinnige Regeln das Leben schwerzumachen? Nein?

### Von den Verpflichtungen der Kinder

Betrachten wir eine unter Eltern weit verbreitete Regel genauer: *Kinder müssen lernen, ihren Verpflichtungen nachzukommen!*

Erinnern Sie sich? Das war das zweite Item, welches Sie zu Beginn dieses Kapitels auf einer Zahlenskala von „trifft völlig zu" bis „trifft gar nicht zu" bewerten sollten. Welcher Meinung waren Sie? Stimmt es, daß Kinder das lernen müssen? Gibt es für diese Behauptung irgendeinen Beweis? Nein, natürlich nicht! Was für ein Unsinn also, so etwas zu fordern! Wenn Sie eigene Kinder haben, dann wissen Sie, daß Ihnen gerade Kinder jeden Tag aufs Neue beweisen, daß sie das nicht müssen. Nehmen wir an, Sie verlangen von Ihrem Kind, daß es bis 18 Uhr sein Zimmer aufräumen soll. Um 18 Uhr kommen Sie von der Arbeit nach Hause, was ist nicht aufgeräumt? Richtig, das Zimmer. Jeder, der Kinder hat oder hatte, kennt ähnliche Situationen. Nehmen wir weiter an, Sie verspüren daraufhin beim Anblick dieses Chaos Wut; wo kommt Ihre Wut her? Beantworten Sie diese Frage zu Ihrer Selbstkontrolle, bevor Sie weiterlesen:

Ihre Wut wird nicht durch das unaufgeräumte Zimmer oder gar von Ihrem Kind verursacht. Ihre Wut kommt einzig und alleine von Ihrer *Forderung*, daß Ihr Kind das machen müsse, was Sie sich vorstellen. Wenn Sie diese Regel nicht in Ihrem Kopf hätten, würden Sie in dieser Situation nicht ärgerlich reagieren und statt dessen ruhig und überlegt nach einer Lösung des Problems Ausschau halten.

Zu Beginn dieses Kapitels hatte ich Sie gebeten, fünf Situationen aufzuschreiben, in denen Sie sich geärgert haben. Inzwischen wissen Sie, daß Ihr Ärger durch Ihre Regeln verursacht wird. Welche Regeln haben Sie in diesen Situationen aufgestellt? Wer oder was muß etwas oder darf etwas nicht? Machen Sie sich die Mühe, Ihre Regeln herauszufinden:

Situation 1 _____

Situation 2 _____

Situation 3 _____

Situation 4 _____

Situation 5 _____

Fragen Sie sich bei jeder dieser Regeln, ob Sie für deren Richtigkeit irgendeinen Beweis erbringen können, ob Sie zum Beispiel bei Ihrer Geburt eine Urkunde erhalten haben, aus der Sie Ihr Anrecht ableiten, daß sich Menschen oder gar die Welt so benehmen müßten, wie Sie sich das vorstellen? Falls Sie tatsächlich bei Ihrer Geburt diese Urkunde mitgeliefert bekamen, müßte sie ungefähr so aussehen, wie auf der nächsten Seite abgebildet.

Nur wenn sich eine derartiges Schreiben in Ihrem Besitz befindet, können Sie solche oder ähnliche Forderungen an sich, an andere oder gar an das Leben selbst stellen. Deshalb ist es spätestens jetzt an der Zeit, derartig unsinnige Regeln und Forderungen aus Ihrem Gehirn zu eliminieren. Sie wissen, daß Sie nichts *müssen*, und Sie wissen, daß andere Menschen genausowenig etwas *müssen*.

Wie ist es aber mit der Welt oder dem Schicksal? Vielleicht hatten auch Sie schon einmal Gedanken wie „Wieso muß das ausgerechnet mir passieren?", „Womit habe ich das verdient?" oder

# Urkunde

Hiermit wird beurkundet, daß

Herr/Frau

geboren am                     in

von nun an ein **Anrecht** darauf hat,

von allen Menschen, der ganzen Welt und dem Schicksal
fair und gerecht behandelt zu werden.

❖

Alle Menschen und das Schicksal **müssen** immer das tun,
was oben Genannte(r) will.

❖

Außerdem wird beschlossen, daß alle Menschen oben
Genannte(n) immer lieben **müssen** und nur Gutes
über ihn/sie verkünden dürfen.

❖

Alles, was oben Genannte(r) von nun an beginnt, **muß** gelingen
und dergleichen darf ihm/ihr von nun an keinerlei Leid,
Schwierigkeit oder gar Kummer widerfahren.

❖

Weiterhin wird garantiert, daß oben Genannte(r)
von nun an ein **Anrecht** darauf hat, perfekt zu sein und
keinerlei Fehler zu machen.

Max Verdruß
Bundesverband der Verärgerten,
Verbitterten und wenig Belastbaren

Diese Urkunde ist nicht auf Dritte übertragbar, sie gilt nur für dieses Leben. Für alle
vorangegangenen oder nachfolgenden Leben wird keinerlei Garantie übernommen

„Das ist ungerecht!". Im Grunde steckt hinter Gedanken wie diesen die Forderung, daß die Welt oder das Schicksal fair und gerecht zu Ihnen sein müßte. Stimmt es, daß wir irgendeinen Anspruch darauf haben, daß die Welt fair und gerecht sein muß? Stimmt es, daß Ihnen nichts Schlimmeres als allen anderen Menschen auch passieren darf? Wir alle streben nach Gerechtigkeit und Fairneß und benutzen das Fehlen von Gerechtigkeit als Rechtfertigung für unser Unglücklichsein.

> *„Wenn die Welt so eingerichtet wäre,*
> *daß alles immer gerecht zugehen müßte,*
> *dann könnte kein Lebewesen*
> *auch nur einen einzigen Tag überleben.*
> *Den Vögeln wäre es nicht mehr erlaubt, Würmer zu fressen,*
> *und jedermanns Eigeninteresse wäre Genüge zu tun."*
> *(Wayne Dyer)*

Fairneß oder Gerechtigkeit sind menschliche Idealvorstellungen, die in der Natur nicht existieren. In der Natur existieren Gesetze wie zum Beispiel „einer frißt den anderen", was sehr ungerecht gegenüber dem ist, der gefressen wird. Vögel fressen Würmer, das ist ungerecht gegenüber den Würmern, Katzen fressen Vögel, das ist ungerecht gegenüber den Vögeln, Hunde jagen Katzen, das ist reichlich unfair gegenüber den Katzen; es gibt Flutkatastrophen, Vulkanausbrüche, Dürren, Kriege, keifende Nachbarn, aggressive Menschen, Verkehrsunfälle …, alles reichlich unfair, aber Realität. Sie wissen, daß Sie sich eine Menge Verdruß bereiten, wenn Ihr Denken nicht der Realität entspricht. Hören Sie also auf zu fordern, daß Ihnen irgend etwas nicht hätte passieren dürfen, weil es ungerecht und unfair wäre. Es passiert, niemand hat Ihnen versprochen, daß es ausgerechnet Ihnen nicht passieren darf!

# Andere müssen nicht gut von Ihnen denken, Sie mögen oder achten!

Kennen Sie die Geschichte von dem Vater, seinem Sohn und dem Esel?

*Eines Tages wollten ein Vater und sein Sohn ihren Esel zum Markt bringen. Also ritt der Vater auf dem Esel, den der Sohn führte. Sie waren noch nicht weit gekommen, als ihnen ein Bauer begegnete und dem Vater zurief: „Der arme Junge, wie kannst du als Erwachsener dieses Kind mit seinen kurzen Beinchen so quälen! Schäm dich, du Egoist!" „Eigentlich hat er recht", dachte der Vater, stieg ab und ließ den Jungen aufsitzen. Nun schritt der Vater voran und führte den Esel. Nach kurzer Zeit trafen sie ein altes Mütterchen, das seine Stimme erhob: „ So eine Unverfrorenheit. Da sitzt der junge Bengel auf dem Esel und läßt seinen alten Vater nebenherrennen!". Der Junge nahm sich das zu Herzen und bat seinem Vater, mit auf den Esel zu steigen. So ritten sie eine Zeitlang gemeinsam auf dem Tier, bis ein Vorübergehender entsetzt schrie: „Was für eine Tierquälerei! Da reiten die beiden Nichtsnutze dem armen Tier den Rücken durch! Der Esel wird bald eingehen, wenn ihr ihn nicht schont!" Nun war guter Rat teuer! So beschlossen Vater und Sohn den Esel zu tragen, damit er sich nach der großen Anstrengung wieder erholen konnte. Nachdem sie ihn kilometerweit getragen hatten, kamen Sie endlich zum Markt. Dort brach lautes Gelächter aus. „So etwas Dummes haben wir noch nicht gesehen! Wozu tragt ihr den Esel spazieren, wenn er nichts leistet und keinen von euch trägt?" wollten die Leute wissen. „Führt den Esel doch am Halfter hinter euch!" rieten die einen, „Sie können doch auch beide darauf reiten!" riefen die anderen. „Nein, das hält der Esel nicht durch, aber den Vater alleine wird er wohl tragen." „Und das arme Kind soll sich wohl die Beine aus dem Leib reißen? Nein, das Kind muß reiten, der Vater ist doch viel kräftiger." Und so nahm die Diskussion kein Ende, jeder wußte es besser, was zu tun wäre. Der Vater blickte nachdenklich auf seinen Sohn und sprach: „Es ist offensichtlich egal, was wir machen, es wird immer jemanden geben, dem es nicht gefällt. Ich glaube, wir sollten das tun, was wir für richtig halten!"*

### Das ewige Streben nach Anerkennung

Tief im Inneren befindet sich bei jedem Menschen ein Streben nach Anerkennung, nach Zustimmung anderer, der Wunsch nach

Lob und Beifall. Wir möchten, daß andere unser Handeln und Tun als gut befinden, was auch ein durchaus legitimer Wunsch ist; problematisch wird das Ganze jedoch, wenn wir meinen, wir *müßten* diese Zustimmung, diese Achtung unbedingt haben. Von nicht wenigen Fachleuten wird behauptet, die Anerkennung durch die Umwelt wäre lebensnotwendig, ohne Anerkennung würde der Mensch seelisch verkrüppeln und unglücklich werden. Diese Behauptung stimmt sicherlich dann, wenn ein Mensch von dieser Anerkennung abhängig ist, wenn er sich zum Sklaven seines Anerkennungsbedürfnisses gemacht hat, wenn er Anerkennung um jeden Preis haben *muß*. Ein Großteil der Menschheit hat sich freiwillig in diese Sklaverei begeben, hat eine Abhängigkeit davon entwickelt, die ein wirklich erfülltes Leben nahezu unmöglich macht.

Wo aber kommt dieses Streben nach Anerkennung her? Nun, es beginnt, wie könnte es auch anders sein, schon in der Kindheit. Als Sie geboren wurden, gab es in Ihrem Leben eine Zeit, wo Sie tun und lassen konnten, was Sie wollten. Nach der Geburt können Sie ins Bettchen machen, Ihre Nahrungsmittel an die Wand werfen, Erwachsenen mit den Fingern in den Augen herumbohren, kurzum, Sie haben Narrenfreiheit, weil sich alle freuen, daß Sie gesund und munter sind. Aber dieser Zustand hält nicht ewig an. Eines Tages stellen Sie fest, daß Sie für bestimmte Dinge, die den Eltern mißfallen, bestraft werden, für andere Dinge, die den Eltern gefallen, aber belohnt werden. Und wie jedes Lebewesen auf diesem Planeten, möchten auch Sie Schmerzen und Unlust vermeiden und Lust und Freude erreichen. Sie werden deshalb vermehrt das tun, was die Eltern für gut halten. Sie sind als Kind von Ihren Eltern abhängig, denn diese sorgen für Sie, geben Ihnen Nahrung, Kleidung und Schutz. Wenn Ihre Eltern also zufrieden mit Ihnen sind, bedeutet das, daß dieser Schutz und die Sicherheit, die daraus erwächst, gewährleistet ist.

Wie ist es aber, wenn Sie ein gewisses Alter erreicht haben, Ihr eigenes Geld verdienen und erwachsen geworden sind? Jetzt brauchen Sie doch eigentlich das Lob und die Anerkennung Ihrer Eltern nicht mehr, jetzt wissen Sie doch selbst, was gut und falsch ist, sollte man meinen. Bei nicht wenigen Erwachsenen ist dem jedoch nicht so. Die Stelle, die in der Kindheit die Eltern innehatten, wird jetzt von der Gesellschaft oder der Religion übernommen. Aus „Tu das nicht, sonst wird Mama/Papa böse!" wird jetzt: „Tu das nicht, was sollen denn die Leute denken!" Ein derartig denkender Mensch ist nie erwachsen geworden, weil er immer noch andere braucht, die ihm erzählen, wie er zu leben hat, was gut und falsch ist usw. Weshalb ist die Meinung anderer Leute für manche Menschen so unheimlich wichtig? Weshalb machen sie sich zum Sklaven dieser Meinung?

Nun, einfach deshalb, weil sie sich einreden, die Leute *müßten* sie lieben, die Leute *müßten* sie mögen und schätzen und die Leute *müßten* das gut finden, was sie tun, denn nur auf diese Art könne man die lebensnotwendige Anerkennung der Leute bekommen. Diese Menschen haben sich nie die Frage gestellt, wie wichtig dieser Götze „Anerkennung" wirklich ist. Wenn auch Sie derartig abhängig von der Meinung anderer sind, sind Sie in der gleichen Situation wie ein Alkoholabhängiger, der sich einredet, ohne seine Droge nicht leben zu können.

> Persönliche Erfüllung und Lebensgenuß sind nicht von der
> Zustimmung anderer abhängig!

– Und Ihr Selbstwert schon gleich gar nicht. Selbstwert ist der Wert, den Sie sich geben, wäre er von anderen abhängig, dann würde er doch „Fremdwert" heißen; leuchtet ein, nicht wahr? Aber wie viele machen ihren Wert als Mensch von anderen abhängig? Wie viele Ihrer Zeitgenossen sind nur „etwas Wertvolles", weil andere sie gut finden? Und wie schnell wird deren Selbstbewußtsein sinken, wenn andere schlecht über sie denken?

> *„Nichts bringt uns mehr vom Weg zum Glück ab,*
> *als daß wir uns nach dem Gerede der Leute richten,*
> *statt nach unseren Überzeugungen." (Seneca)*

Der leichteste Weg, diesen ewigen Drang nach Bestätigung abzubauen, besteht darin, sich in Situationen zu begeben, wo andere wirklich schlecht über Sie denken und diese Situationen auszuhalten. Wenn Sie beispielsweise Angst davor haben, einen Korb vom anderen Geschlecht zu bekommen, weil Sie denken, der Mensch, den Sie ansprechen, müßte Sie auch gleich sympathisch finden, dann sprechen Sie den oder die erstbeste so dumm an, daß Sie wirklich einen Korb bekommen. Wenn Sie den Drang haben, in den Augen anderer gut dastehen zu müssen, benehmen Sie sich derart „daneben", daß es diesen Zeitgenossen sehr schwer fällt, Sie für Ihr Verhalten zu bewundern. Je öfter Sie derartiges tun, desto mehr werden Sie die Erfahrung machen, daß Sie von der Anerkennung anderer unabhängig sind, daß Sie überleben und auch glücklich sein können, selbst dann, wenn man Sie geringschätzt.

### Shame-attacking-exercises

Vielleicht denken Sie jetzt, daß das auf Sie nicht zutreffen würde, Sie gäben sowieso nichts auf das Gerede der Leute und Sie würden sich nicht die Bohne darum scheren, was andere Leute von Ihnen denken würden. Nun, dann dürften folgende Übungen für Sie kein Problem sein ...

- Binden Sie eine Banane an einen Bindfaden und ziehen Sie diese Banane hinter sich her, während Sie durch eine belebte Fußgängerzone marschieren. Reden Sie ausgiebig mit Ihrer Banane, nennen Sie sie „Fiffi".
- Oder fahren Sie in einem vollbesetzten Bus und fangen Sie plötzlich laut an zu rufen: „Gott sei Dank, meine Socken stinken heute nicht!"
- Oder gehen Sie mit hoch erhobenen Händen durch die Stadt, schauen Sie die entgegenkommenden Passanten freundlich an und rufen Sie alle fünf Sekunden laut „Juhu!"

Falls Sie jetzt denken, daß bei mir endgültig eine Sicherung durchgebrannt ist, kann ich Sie beruhigen; diese Übungen ergeben bei näherer Betrachtung durchaus einen Sinn. Man nennt sie in der modernen Psychotherapie „shame-attacking-exercises", also Übungen, die den Betreffenden mit seiner Angst vor der Meinung anderer konfrontieren. Es ist egal, was Sie tun, wichtig dabei ist nur, daß die Leute denken, Sie sind nicht mehr ganz richtig im

Kopf. Wenn Sie so etwas regelmäßig tun, garantiere ich Ihnen, daß Ihnen die Meinung der Leute nach gar nicht langer Zeit völlig egal ist.

Wenn ich in meinen Seminaren den Teilnehmern derartige Übungen vorschlage, stelle ich immer wieder einen erstaunlichen Effekt fest. Diejenigen, die vorher am lautesten getönt hatten, daß ihnen das Gerede oder die Meinung anderer Leute völlig egal sei, diejenigen suchen jetzt eifrig Ausreden, warum Sie ausgerechnet jetzt nicht mit der Banane durch die Stadt laufen können. Sehen Sie, und genau das ist der springende Punkt, auf den ich Sie schon am Anfang dieses Buches hingewiesen hatte. Es nützt nichts, wenn Sie sich ein Ziel setzen, ohne auch bereit zu sein, danach zu handeln. Sicher ist es einfach zu behaupten, man wäre nicht auf die Bestätigung anderer angewiesen. Wesentlich schwieriger ist es jedoch, sich dann auch bewußt in Situationen zu begeben, wo man sich absichtlich blamiert und diese „Blamage" auch aushält. Solange Sie theoretisch lesen, kommen Sie in der Praxis keinen Schritt weiter.

> *„Unser Problem ist nicht Unwissenheit, sondern Tatenlosigkeit!"*
> *(Dale Carnegie)*

Also, schnappen Sie sich eine Banane und Bindfaden …

Die Abhängigkeit von der Bestätigung anderer führt dazu, daß Sie Ihr Leben nicht nach Ihren Vorstellungen leben, sondern bestenfalls eine Art verdünnte Version davon. Was tun Sie zum Beispiel nicht, obwohl Sie es gerne tun würden, weil andere schlecht über Sie denken könnten, weil Sie sich blamieren könnten, weil Sie eventuell Mißachtung ernten würden? Es spielt keine Rolle, was es ist:

- Ob Sie als Frau nicht alleine in die Kneipe gehen, weil das eine alleinstehende Frau nicht tut.
- Ob Sie bestimmte Kleidungsstücke, Frisuren etc. nicht tragen, weil man das in Ihrem Alter nicht tut.
- Ob Sie sich nicht in einen Sexshop trauen, weil irgendwelche Menschen schlecht über Sie denken könnten.

- Ob Sie sich nicht trauen zu tanzen, weil Sie sich lächerlich machen könnten.
- Ob Sie keine öffentlichen Reden halten, aus Angst, sich zu blamieren.
- Ob Sei einen attraktiven Menschen nicht ansprechen, weil er Sie ablehnen könnte.
- Ob Sie eine berechtigte Kritik nicht anbringen, weil Sie der andere hinterher nicht mehr mögen könnte usw.

Egal, was es ist, Sie werden es ab jetzt tun, denn Sie haben nur dieses eine Leben und dieses Leben ist zu schade, um es durch einen derartigen Unsinn zu verschwenden!

*„Du wirst nie wissen, wozu du fähig bist,*
*wenn du die Meinung anderer zum Maßstab deines Lebens*
*machst!"*

## Sie müssen nicht perfekt sein

In unserer auf Wettbewerb ausgerichteten Gesellschaft scheint das Streben nach Perfektion inzwischen einen Grad erreicht zu haben, der nur noch zu Verdruß führen kann. „Ich muß perfekt sein!" ist eine der häufigsten Mußturbationen, mit denen sich hierzulande die Menschen das Leben schwer machen. Schuldgefühle, Mißerfolgs- und Versagensängste, Wut und Ärger gegen sich selbst sind die Folgen dieser unsinnigen Forderung.

- So ein Fehler darf nicht passieren.
- Ich muß mich selbstsicher benehmen können.
- Mensch bin ich blöd.
- Ich hätte die Kinder nicht anschreien dürfen.
- Ich hätte nicht so schnell einen Orgasmus haben dürfen.
- Ich hätte es wissen müssen.
- Ich hätte mich anders verhalten müssen.

Bedenken Sie, was Sie von sich selbst verlangen, wenn Sie perfekt sein wollen; Sie stellen an sich eine Forderung, die noch nie ein Wesen vor Ihnen erfüllen konnte und auch kein Wesen nach Ihnen jemals erfüllen können wird. Sie stellen eine Forderung, an der Sie nur zerbrechen können, weil es unmöglich ist, sie zu erfüllen. Genausogut könnten Sie von sich verlangen, innerhalb einer Minute um zwei Meter zu wachsen, drei Jahre ohne Essen und Trinken zu überleben oder den Eiffelturm zu verspeisen. Kein vernünftiger Mensch würde das von sich verlangen, weil ihm klar wäre, daß die Erfüllung derlei Forderungen unmöglich ist.

*„Vollkommenheit ist ein Konzept,*
*das auf menschliche Wesen nicht anwendbar ist" (Wayne Dyer)*

Obwohl jedem Menschen aufgrund seiner Intelligenz klar ist, daß er nicht perfekt sein kann, beharrt ein Großteil dieser Spezies darauf, diese unerreichbare Eigenschaft haben zu müssen. Wie sonst wäre es zu erklären, daß sich Menschen aufgrund von begangenen Fehlern verdammen, sich in Schuldgefühlen wälzen oder Ängste vor Mißerfolg entwickeln? Wie sonst wäre es zu erklären, daß sich Menschen über die Fehler anderer maßlos aufregen können, wenn dem nicht die Forderung zugrunde liegen würde, daß andere perfekt zu sein haben? Wie viele Menschen tun bestimmte Dinge, wie etwa Skifahren, Tanzen oder Autofahren nicht, weil Sie dabei eventuell Fehler machen könnten? Was tun Sie alles nicht, weil Sie es nicht „gut genug" können? Wer bestimmt, wann es „gut genug" ist? Wieso reicht es nicht aus, es so zu tun, wie Sie es eben im Augenblick können?

Wie viele Menschen lassen eine Chance nach der anderen vorbeiziehen, weil sie einfach noch nicht „perfekt genug" sind? Die unsinnige Forderung an sich oder andere, perfekt sein zu müssen, und die daraus resultierende Angst, Fehler zu begehen, ist einer der größten Hemmschuhe auf dem Weg zu Lebensgenuß und damit zu einem erfüllten Leben. Wenn Sie das nächstemal einen Fehler machen, hören Sie auf, sich dafür zu verdammen, hören Sie auf zu fordern, es hätte anders laufen müssen. Suchen Sie statt dessen nach Lösungen und nach Möglichkeiten Ihr Leben zu genießen.

*„Nichts ist erfolgloser als der Erfolg –*
*man lernt rein gar nichts daraus.*
*Das einzige, woraus man Lehren ziehen kann, ist der Mißerfolg!"*
*(Kenneth Boulding)*

# Mußturbieren – der Grund für Ihren Verdruß

Da Sie inzwischen Spezialist auf dem Gebiet „Mußturbieren"
sind, sehen wir uns doch einmal die zugrundeliegenden „Muß"-
und „Darf-nicht"-Forderungen an, die hinter etlichen quälenden
Emotionen stecken.

- **Versagen:** Ich muß gut sein. Ich muß das Ergebnis erzielen,
  das ich mir oder andere sich in den Kopf gesetzt haben.
- **Minderwertigkeit:** Ich muß so gut sein wie andere. Ich muß
  das erreichen, was andere auch erreicht haben.
- **Hilflosigkeit:** Ich muß eine Lösung finden. Jemand muß mir
  helfen.
- **Scham:** Ich darf mich nicht blamieren. Ich muß mich ethisch
  richtig verhalten. Ich darf keine Fehler machen.
- **Verzweiflung:** Es muß eine Lösung geben. So etwas darf nicht
  passieren.
- **Ärger, Wut:** Ich, andere oder die Welt müssen so sein, wie ich
  mir das vorstelle.
- **Frustration:** Es muß klappen. Es darf nicht schiefgehen.
- **Einsamkeit:** Ich muß jemanden haben.
- **Schuld:** Ich hätte einen Fehler nicht machen dürfen. Ich hätte
  mich anders verhalten müssen.
- **Verlangen:** Ich muß etwas unbedingt haben und kann nicht
  mehr ohne das leben.
- **Angst:** Ich muß ein bestimmtes Ziel erreichen (z.B. eine Prü-
  fung bestehen, Kreditraten abzahlen etc.).
- **Neid:** Was andere haben, muß ich auch haben.
- **Eifersucht:** Mein Partner muß sich so verhalten, wie ich das
  will. Andere dürfen meinen Partner nicht begehren.
- **Haß:** Jemand muß für das, was er getan hat, bestraft werden.
  Er muß dafür leiden, bezahlen oder was auch immer.

- **Scheu:** Ich muß absolut sicher sein. Ich darf nicht abgewiesen werden.

Sehen Sie sich diese ganzen *Muß* und *Darf nicht* an, und fragen Sie sich, ob auch nur eines davon stimmt. Ich bin mir sicher, daß, wenn Sie mit diesem Buch bisher wirklich gearbeitet haben, Sie inzwischen zu der Überzeugung gekommen sind, daß alle diese Forderungen keinerlei Grundlagen oder Garantien haben, aus denen sie sich ableiten ließen. Mit dieser Einsicht jedoch wäre es völlig blödsinnig, weiterhin an ihnen festzuhalten, es wäre derselbe Unsinn, wie weiterhin zu behaupten, daß die Erde eine Scheibe sei oder der Papst unfehlbar.

> *„Verdorbene Nahrung weisen wir zurück,*
> *aber leidbringenden Wertungen*
> *öffnen wir bedenkenlos unser Herz!"*
> *(Marc Aurel)*

Können Sie sich vorstellen, wieviel Verdruß Sie aus Ihrem Leben nähmen, wenn Sie nur damit aufhörten, von sich, von anderen oder gar von der Welt zu verlangen, etwas zu müssen oder nicht zu dürfen? Können Sie sich vorstellen, wieviel Leid aus unserer Welt verschwinden würde, wenn alle Menschen zu diesem Entschluß kämen?

Sie können nicht die Verantwortung für alle Menschen dieser Erde übernehmen, es gibt nur einen Menschen, den Sie mit Sicherheit ändern können – sich selbst. Und es ist jetzt an der Zeit, das zu tun! Hier der Grundsatz, der Ihnen dabei hilft:

> Sie müssen nichts, andere müssen nichts,
> die Welt muß nichts!

**Sie haben sich in diesem Kapitel über folgendes Klarheit verschafft ...**

Kein Mensch muß auf dieser Welt irgend etwas, außer eines Tages sterben. In dem Moment, wo Sie sich für oder gegen etwas entscheiden können, kann es sich nicht mehr um ein „Muß" handeln.

**Zwang:** Jeder Zwang, in dem Sie sich gefangen glauben, beruht auf einer unsinnigen Mußvorstellung in Ihrem Gehirn. „Sachzwänge", „gesellschaftliche Zwänge", „berufliche" oder ähnliche Zwänge erschaffen Sie in den meisten Fällen durch leidenschaftliches Mußturbieren; der Zwang dabei entsteht durch Ihr Denken, nicht durch reale Gegebenheiten. Sie müssen nicht das tun, was Ihr Chef will, Sie müssen nicht das tun, was Ihre Schwiegermutter von Ihnen verlangt, Sie müssen keine Kleiderordnung befolgen und Sie müssen keine Raten für was auch immer abbezahlen. Für alles das können Sie sich entscheiden und deshalb können Sie es entweder völlig ohne Zwang tun oder eben auch nicht tun!

**Ärger:** Jeder Ärger, den Sie sich aufhalsen, beruht auf Regeln, die Sie aufgestellt haben. Sie haben bei Ihrer Geburt keinerlei Anspruch darauf erworben, daß andere Menschen, die Welt oder gar Sie selbst sich so verhalten müssen, wie Sie sich das vorstellen, oder daß andere Menschen, die Welt oder Sie selbst bestimmte Dinge nicht tun dürfen, die ihnen widerstreben. Wenn die Regeln, die Sie in Ihrem Kopf gespeichert haben, nicht stimmen, wenn Sie also etwas verlangen, wofür es keinerlei Beweis gibt, dann ärgern Sie sich völlig umsonst.

**Sie werden einen Großteil Ihres Ärgers und des Drucks, unter dem Sie eventuell stehen, sofort los, wenn Sie Ihre Regeln der Realität anpassen.**

# Problemstifter Nr. 2:
# Die Katastrophen in Ihrem Kopf

*„Im Grunde gibt es für die Menschen nur ein Unglück,*
*nämlich daß sie Umstände und Ereignisse als Unglück ansehen."*

*Seneca*

Wie schlimm empfinden Sie die folgenden Situationen? „0"
heißt „läßt mich völlig kalt", „100" bedeutet „totale Katastrophe".
Setzen Sie Ihr Kreuz auf die jeweils darunter liegende Skala an die
Stelle, die Ihrer Einschätzung entspricht:

- Ihr noch nicht bezahltes Haus brennt ab, Sie sind nicht versichert. Nehmen Sie an, Sie hätten einen hohen Kredit aufgenommen, das Haus ist futsch, aber die Schulden dürfen Sie noch zurückzahlen.
  0...........................................................................100

- Sie halten eine Rede vor wichtigen Leuten und verlieren den Faden ... Eisiges Schweigen. Alle starren Sie an, und Sie wissen absolut nicht mehr, was Sie sagen wollten.
  0...........................................................................100

- Ihre gesamten Ersparnisse werden gestohlen. Alles, was Sie sich mühevoll erspart haben, ist plötzlich fort. Alle Pläne, die Sie mit diesem Kapital verbunden haben, lassen sich jetzt nicht verwirklichen.
  0...........................................................................100

- Sie verlieren Ihren Job, niemand will Ihnen neue Arbeit geben. Nachdem Sie längere Zeit arbeitslos sind, bekommen Sie nur noch einen Teil Ihres bisherigen Einkommens, d.h., Ihr Lebensstandard sinkt.
  0...........................................................................100

● Ihr Geschäft, seit 100 Jahren in Familienbesitz, geht durch eine riskante Transaktion Ihrerseits pleite. Daraufhin wird der Betrieb, Ihr Haus und alles, was sich in Ihrem Besitz befindet, zwangsversteigert.

0........................................................................................100

● Sie werden vor versammelter Mannschaft vom Chef „abgekanzelt".

0........................................................................................100

● Sie dürfen Ihre Kinder nach der Scheidung nur zweimal im Jahr sehen.

0........................................................................................100

Jeder Mensch gerät, genau wie Sie, im Laufe seines Lebens auch in unangenehme Situationen, der eine öfter, der andere weniger oft. Daß so etwas passiert, läßt sich nicht immer verhindern, wohl aber der Verdruß, der daraus entstehen kann. Was unterscheidet Menschen mit Erfolg, mit Lebensgenuß, mit Freude und Optimismus von denen, die in Depressionen abgleiten, keine Erfolge erzielen und das Leben als Verdruß ansehen? Sind es wirklich nur die Ereignisse, die ihnen im Leben zustoßen?

Sie stehen sicher nicht alleine da, wenn Sie einige der oben beschriebenen Ereignisse als schlimm betrachten. Es ist normal, Ereignisse wie ein abgebranntes Haus, eine verlorene Firma, Arbeitslosigkeit oder Vergewaltigung, als schlimm zu betrachten.

*Unterschiedliche Reaktionen*
Einer meiner Klienten war von Beruf Autohändler. Zusammen mit seinem Bruder besaß er eines der größten Autohäuser in der Gegend. Die Firma war ein Familienbetrieb, der Großvater hatte sie gegründet, der Vater hatte sie ausgebaut und seit geraumer Zeit wurde sie von den beiden Brüdern geführt. Um konkurrenzfähig zu bleiben, nahmen die Brüder einen Millionen-Kredit bei einer Bank auf, investierten in das Geschäft, bauten zusätzliche Hallen, stellten zusätzliches Personal ein usw. Wie gesagt, es war eines der größten Autohäuser hier in der Gegend ...

Bis zu dem Tag, als die Geschäfte nicht so liefen, wie sich das die beiden Brüder erhofft hatten. Die Firma geriet in die roten Zahlen, der Schuldenberg wuchs, und eines Tages wollte die Bank das geliehene Geld zurück. Der Bankrott stand vor der Türe. Für meinen Klienten war das das Schlimmste, was er sich vorstellen konnte, sein Körper reagierte dementsprechend; er bekam Panikanfälle aus heiterem Himmel, Magenschmerzen und Herzbeschwerden. Nach ein paar Wochen war er arbeitsunfähig. Er war nicht mehr in der Lage, seine Kraft dahingehend einzusetzen, die Firma einigermaßen zu halten. Es kam, wie es kommen mußte. Zuerst wurden die Arbeiter entlassen, dann wurden die Bestände verkauft und den Rest teilte sich die Bank mit anderen Gläubigern auf. Aus dem reichen Autohausbesitzer wurde der arbeitslose Herr XY mit einer Nummer beim Arbeitsamt. Aber nicht nur das, aus dem vormals energiegeladenen erfolgreichen Unternehmer wurde innerhalb kürzester Zeit ein kraftloser, depressiver und ängstlicher Mensch. Das ist die eine Geschichte, die ich Ihnen erzählen wollte. Es gibt aber noch eine zweite …

Ein Bauunternehmer, aus der gleichen Gegend wie der ehemalige Autohausbesitzer mit den gleichen Problemen. Auch er hatte ehrgeizige Projekte laufen, auch er verschuldete sich hoch bei Banken und anderen Geldgebern, auch er verkalkulierte sich und verlor alles. Aber seltsam, dieser Unternehmer glitt nicht in Angstzustände, Depressionen und psychosomatische Beschwerden ab, sondern stand nach der Pleite auf wie ein Stehaufmännchen. Nach kurzer Zeit fing er wieder an, Geldquellen aufzutun und wieder zu bauen. Wenn ich hier in der Gegend unterwegs bin, sehe ich an vielen Baustellen seinen Namen.

Beide, sowohl Autohausbesitzer als auch Bauunternehmer, haben Pleiten erlebt, dem einen hat es das Genick gebrochen, der andere scheint nicht sonderlich davon beeindruckt gewesen zu sein.

### Viel oder wenig – verglichen womit?

Wieso reagieren Menschen so völlig unterschiedlich auf Schicksalsschläge? Um diese Frage beantworten zu können, stelle ich Ihnen eine andere: *Sind fünf Haare viel oder wenig?*

Blöde Frage, werden Sie denken, so kann man das nicht beantworten, das kommt ganz auf den Vergleichsmaßstab an! Fünf Haare in der Suppe sind relativ viel, fünf Haare auf dem Kopf hinge-
gen sind relativ wenig. Ein paar Haare können also sowohl viel als
auch wenig sein, je nachdem, mit was man sie in Beziehung
bringt.

Vom griechischen Philosophen Sokrates ist überliefert, daß er
auf die Frage eines Freundes, wie es denn seiner Frau ginge, mit
der Gegenfrage „Verglichen womit?" antwortete. Und diese Frage
sollten Sie sich gut einprägen:

„Verglichen womit?"

Diese Frage entscheidet, ob Sie das Leben leicht nehmen oder
zum Pessimisten werden. Denn genau wie fünf Haare weder wenig
noch viel sind, solange kein Vergleich möglich ist, sind Situationen weder schlimm noch einfach, solange Ihnen die Vergleichsmöglichkeit fehlt.

*Wie schlimm ist es wirklich?*
Nehmen wir an, der Lack Ihres neuen Autos wird mutwillig zerkratzt. Da Sie nicht versichert sind und auch den Täter nicht er-
mitteln können, bleibt Ihnen nichts anderes übrig, als den Schaden selbst zu bezahlen. Wäre das schlimm oder nicht?

Nun, das können Sie erst sagen, wenn Sie Vergleiche heranzie-
hen. Ein Kratzer im Autolack ist verglichen mit einem Loch im
Schuh schlimm. Vergleichen Sie aber diesen Kratzer mit der eigenen Hinrichtung auf dem elektrischen Stuhl, dann wird aus diesem vorher „schlimmen" Lackschaden nur noch Pipifax!

Ist es nicht faszinierend, daß ein und dasselbe Ereignis je nach
Blickwinkel einmal schlimm und einmal harmlos sein kann?

*„Die Dinge sind weder schlecht noch gut.*
*Erst der Mensch macht sie dazu." (William Shakespeare)*

Wenn aber der Blickwinkel dafür verantwortlich ist, ob ein Ereignis schlimm ist oder nicht, wenn es auf die Vergleiche an-

kommt, die Sie treffen, dann haben Sie es doch in der Hand, wie schwer oder leicht Sie das Leben nehmen. Niemand zwingt Sie, Vergleiche herzunehmen, die automatisch dazu führen, daß Sie Trübsal blasen. Welche Leistung würde Ihr Wagen noch bringen, wenn Sie morgens, bevor Sie den Motor starten, den Müll auf der Straße zusammenkehren und diesen Dreck in den Tank schütten? Nicht nur, daß die Leistung Ihres Wagens mit derlei Futter gleich Null wäre, Sie würden den Motor auf diese Art und Weise in kürzester Zeit ruinieren, und Sie würden mit diesem Wagen kein Ziel erreichen können, weil er nicht fährt. Menschen, die die Dinge an sich und das Leben als solches unheimlich schwer nehmen, schütten jeden Tag aufs neue Dreck in Ihren Motor. Brocken, die ihnen das Schicksal in den Weg wirft, werden als schrecklich und schlimm eingestuft, ohne nachzuprüfen, ob sie es wirklich sind. Sie machen sich Sorgen, jammern über ihr Schicksal und quälen sich mit unnötigen Ängsten, weil sie sich nicht die Fragen stellen, welche diese ganzen Horrorvisionen mit einem Schlag zusammenbrechen lassen würden:

„Wie schlimm ist es wirklich?“
und
„Stimmt das?“

Das sind die Fragen, die einen Großteil Ihres Verdrusses zum Verschwinden bringen. Fragen Sie sich auch bei allem, was ich hier behaupte, immer wieder „Stimmt das?“. Glauben Sie mir nichts! Glauben Sie mir nicht, daß die Einschätzung einer Situation immer auf *Vergleichen* beruht, sondern prüfen Sie das nach! Lassen Sie sich dazu folgenden Satz durch den Kopf gehen:

„*Ich weinte, weil ich keine Schuhe hatte;*
*bis ich jemand traf, der keine Beine hatte.*“

Ist es nicht so, daß wir uns tagtäglich über relativ unwichtige Dinge aufregen, weil wir einfach keinen Vergleich mehr haben, weil wir einfach nicht mehr wissen, was wirklich schlimm ist? Wir leben in einer Wohlstandsgesellschaft, in einer Gesellschaftsform, wo der tägliche Kampf ums Überleben längst der Vergangenheit angehört. Die wirklich schlimmen Situationen stoßen uns höchst selten zu. Wir alle haben täglich genug zu essen, um nicht verhungern zu müssen. Es ist egal, ob Sie arbeitslos sind, ob Sie gebrechlich sind oder sonst irgendwie gehandikapt. Sie müssen in der heutigen Zeit in diesem Lande nicht verhungern. Aber das ist uns nicht mehr klar, wir wissen nicht mehr, was schlimm ist, uns fehlen die Vergleiche. Und weil uns die Vergleiche fehlen, regen wir uns über Dinge auf, die jeglicher Grundlage dafür entbehren.

Wenn heutzutage jemand arbeitslos wird, dann bricht für ihn die Welt zusammen, dann bekommt er sogenannte „Existenzängste". Existenzangst bedeutet aber wortwörtlich Angst, daß meine Existenz, also mein Leben aufhört! Ist es wirklich so, daß, wenn ich meinen Arbeitsplatz verliere, daß ich dann sterben muß? Sehen Sie sich alltägliche Ängste und Gefühlsausbrüche an, wie sie in unserer vom Wohlstand verwöhnten Gesellschaft an der Tagesordnung sind:

- *Ängste*, durch eine Prüfung zu fallen
- *Wut* über das schlampige Kind
- *Beleidigtsein* über eine unbedachte Äußerung des Partners
- *Sorge* um den Fortbestand der Firma
- *Sorge* wegen des überzogenen Kontos
- *Schlaflose Nächte* wegen eines Krachs mit der Verwandtschaft
- *Vorwürfe* wegen eines Fehlers
- *Ärger* über Unpünktlichkeit usw.

Es sind nicht die großen, wichtigen Dinge, mit denen man sich das Leben zur Hölle macht, sondern vielmehr eine Unzahl von kleinen unscheinbaren, die sich anhäufen. Dadurch, daß uns jegliche Vergleichsmöglichkeit fehlt, werden völlig harmlose Gegebenheiten zu Katastrophen hochstilisiert.

### Tragödien aus Kleinigkeiten

Wenn Sie sich Fernsehserien, sogenannte „Seifenopern", kritisch ansehen, werden Sie bemerken, daß die ganze Dramatik dieser Serien darauf aufgebaut ist, aus Kleinigkeiten Tragödien zu erschaffen. Vor nicht allzulanger Zeit kam ich in den Genuß, mir eine dieser Episoden im Fernsehen zu Gemüte zu führen. Die Geschichte handelte von einem Ehepaar, dem aufgrund der plötzlichen Arbeitslosigkeit des Mannes langsam das für den gewohnten Lebensstandard nötige Kleingeld ausging. Beide lebten in einer gut ausgestatteten Vier-Zimmer-Wohnung, hatten genug zu essen, zu trinken und litten auch sonst keinerlei Not; sie wußten lediglich nicht, wie sie das fehlende Geld für die Monatsmiete der Wohnung auftreiben sollten. Nachdem Sie eine Weile in ihrem Selbstmitleid geschwelgt hatten, fiel dem Mann plötzlich ein, daß man doch ein Zimmer untervermieten könnte und auf diese Weise das Loch im Geldbeutel ausgeglichen wäre. Gute Idee fand auch die Ehegattin, und so überlegen sie sich, welches Zimmer untervermietet werden könnte. Nach längerem Überlegen kamen sie zu dem Schluß, daß sich aus bautechnischen Gründen nur das Schlafzimmer vermieten ließe. Ihr geliebtes Schlafzimmer! Als sie darüber beratschlagten, flossen die Tränchen, die Depression war nicht mehr aufzuhalten und die Welt versank in Düsterheit.

Mit solchen oder ähnlichen Szenen werden Sie von den Medien fast jeden Tag bombardiert, und viele Menschen halten diese Reaktion für völlig normal, denn es ist doch auch wirklich schlimm, wenn man nicht genug Geld hat, die Miete zu bezahlen, und dann auch noch das eigene Schlafzimmer vermieten muß!

Auf dem gleichen Fernsehkanal wurde anschließend eine Dokumentation über die Slums von Rio de Janeiro gezeigt. Man sah, wie Menschen unter primitivsten Umständen leben; kein fließendes Wasser, keine Kanalisation, keinen Strom. Die „Häuser" bestanden aus ein paar Stecken, die gegen den Regen mit Plastiktüten bespannt wurden. Geschlafen wurde auf dem blanken Boden, löchrige Decken gegen die Kälte waren Luxusgegenstände. Trotzdem sah man in den Gesichtern der Slumbewohner nicht die Depression und den Weltschmerz wie bei dem Ehepaar, das ein Zimmer untervermieten sollte.

Ich frage mich, wie diese Slumbewohner reagieren würden, wenn man ihnen erzählt, daß es die Menschen in den reichen Industrieländern wirklich schwer haben, weil sie einige Prozent Arbeitslose haben, die sich vielleicht ihren bisherigen Lebensstandard nicht mehr leisten können, die statt in einer Vierzimmernun in einer Dreizimmerwohnung leben müssen und deshalb vom Schicksal arg gestraft sind. Oder wie würde wohl eine Frau in einem Krisengebiet, deren Mann gerade im Krieg erschossen wurde, deren Kinder bestialisch umgebracht wurden, die ihre Wohnung und ihre gesamten Rücklagen verloren hat, auf unsere alltäglichen „Katastrophen" reagieren? Erzählen Sie dieser Frau, über was wir uns täglich aufregen, was wir als schlimm empfinden und wieviel Zeit unseres kostbaren Lebens wir damit verschwenden. Ich kann mir nicht vorstellen, daß diese Slumbewohner oder diese Frau verstehen würden, worin eigentlich unser Problem besteht. Sie würden es deswegen nicht verstehen, weil sie wissen, was schlimm ist und was nicht.

Müssen wir immer erst tief in der Tinte sitzen, bis uns klar wird, was wichtig ist und was nicht?

## Der richtige Vergleich

Lassen Sie mich Ihnen zu diesem Thema eine Episode aus dem Leben einer Bekannten erzählen. Nachdem sie beschlossen hatte, im fortgeschrittenen Alter wieder berufstätig zu werden, wurde ihr vom Arbeitsamt der Vorschlag unterbreitet, an einem Lehrgang teilzunehmen, der ihre Aussichten auf dem Arbeitsmarkt verbessern sollte. Ihre Schulzeit lag Jahrzehnte zurück, so daß sie sich anfangs etwas schwer mit den Anforderungen tat. Ihre Noten sahen dementsprechend aus: für sie war eine „Eins" oder eine „Zwei" eine annehmbare Note. Jetzt aber schrieb sie plötzlich Noten zwischen „drei" und „vier". Das war für sie schon eine mittlere Katastrophe. Sie zog den Lehrgang unverdrossen durch, aber je näher die Abschlußprüfung rückte, desto unruhiger wurde sie. Sie hatte schlaflose Nächte, weil sie sich ausmalte, wie schlimm es sein würde, wenn Sie die Prüfungen *nur* mit einer mittelmäßigen Note bestehen oder gar durchfallen würde. Es war aussichtslos, zu versuchen ihr klarzumachen, daß selbst eine mißlungene Abschlußprüfung keine Katastrophe sei. Sie bestand darauf, daß es furchtbar wäre, und ängstigte sich bei dem Gedanken noch mehr. Dieser Zirkus ging tagelang so weiter, bis zu dem Tag, als der Arzt ihr eröffnete, daß ihr Mann eine todbringende Krankheit und nur noch wenige Zeit zu leben hätte ...

Ab diesem Zeitpunkt war die Frau wie umgewandelt. Keinerlei Prüfungsangst, kein Gedanke mehr an Durchfallen oder mittelmäßige Noten. Was war geschehen? Woher diese plötzliche Sinneswandlung? Wieso bewertete sie die Prüfung plötzlich nicht mehr als schlimm? Wieso?!!

Sie hatte einen Vergleich! Ihr war durch die Hiobsbotschaft klar geworden, was schlimm ist und was nicht. Was war eine vermasselte Prüfung gegen den bevorstehenden Tod eines geliebten Menschen? Nichts! Absolut nichts! Alle Sorgen, alle Ängste bezüglich dieser Prüfung waren wie weggeblasen. Bleibt noch zu sagen, daß sie den Abschluß des Lehrgangs als eine der Besten schaffte, weil sie völlig ruhig in die Prüfung ging ...

Wieso war sie nicht fähig, ihre Ängste vorher in den Griff zu bekommen, wieso dieses Maximum an Verdruß vorher? *Weil sie ihr Gehirn nicht dazu benutzte, Vergleiche anzustellen, weil sie sich weigerte, dieses Organ zum Denken zu benutzen, sonst wäre ihr vorher klar gewesen, daß sie sich über nichts aufregt.*

*„Mehr leidet, als nötig ist,*
*wer eher leidet, als nötig ist." (Seneca)*

Wann immer Sie etwas, was Ihnen in Ihrem Leben widerfährt, als schlimm einstufen, stellen Sie sich nur diese eine Frage:

Verglichen womit?

Von Ihren Vergleichen, vor allem von realistischen Vergleichen, hängt ab, welchen Stellenwert Sie Situationen beimessen. Die Ereignisse selbst sind weder schlimm noch harmlos, sie haben keinerlei Stellenwert, erst Ihre Vergleiche machen sie zu schlimmen oder harmlosen Sachen.

### Das Beispiel mit dem Teppich
Als ich vor kurzem in einem Teppichgeschäft einen Bodenbelag kaufen wollte, stand neben mir eine Kundin, um die der Verkäu-

fer ganz aufgelöst herumtänzelte. An seinem Gesicht war zu erkennen, daß etwas „Schreckliches" passiert sein mußte. Es stellte sich heraus, daß diese Kundin ihre Wohnung ausgeräumt hatte, damit sie komplett mit neuem Teppichboden ausgestattet werden konnte. Daraufhin war sie ein paar Tage verreist. Die Arbeit sollte während ihrer Abwesenheit ausgeführt werden, so daß sie bei ihrer Rückkehr wieder hätte einziehen können. Ihre Möbel hatte sie unterdessen bei einer Freundin untergestellt. Als sie von ihrem Urlaub zurückkam, stellte sie fest, daß der falsche Teppichboden geliefert und verklebt worden war; ein Teppichboden, der weder ihrem Geschmack entsprach, noch zur Raumausstattung und ihren Möbeln paßte. Genau das war der Grund, weshalb der Verkäufer so aufgeregt war; wahrscheinlich erwartete er eine Szene. Aber alles, was die Frau auf die Entschuldigungen des Verkäufers antwortete, war: „Ach wissen Sie, das ist doch besser als ein Loch im Kopf!" Ich werde nie diesen ungläubigen Blick des Verkäufers vergessen. Wenn er mit allem gerechnet hatte, aber damit nicht.

- *Normal* wäre gewesen, daß sich die Kundin in so einem Fall fürchterlich aufregt.
- *Normal* wäre gewesen, daß die Kundin kein gutes Haar an dem Teppichhaus läßt.
- *Normal* wäre gewesen, dieses Ereignis als Katastrophe zu betrachten.
- *Normal* wäre gewesen, daß der Tag für diese Kundin gelaufen wäre.

Und alles was sie sagte war: „... ist doch besser als ein Loch im Kopf!"; keine Aufregung, kein Ärger, keine Szene, kein Maximum an Verdruß! Diese Frau tat genau das, was ich Ihnen mit diesem Kapitel ans Herz lege:

Hören Sie auf, sich über Kleinigkeiten aufzuregen!

## Die Episode an der Tankstelle

Vor etlichen Jahren, als ziemlich junger „Hupfer" mit frisch bestandenem Führerschein, tankte ich meinen ersten Wagen auf. Als ich den Tank gefüllt hatte, nahm ich die Zapfpistole aus dem Tankstutzen meines Wagens, allerdings ohne den Zapfmechanismus loszulassen. Das Ergebnis war, daß ich einen gut gekleideten älteren Herren neben mir über und über mit Benzin begoß; der Anzug dieses Herren war ruiniert, sein Haare trieften von Benzin, er stank bestialisch nach Treibstoff. Aber anstatt sich aufzuregen, blieb der Begossene völlig ruhig und gleichmütig. Er war zwar nicht sonderlich erfreut über meine Ungeschicklichkeit, aber er wurde weder ausfällig, noch fing er an zu toben. Eine für mich damals unverständliche Reaktion. Als ich ihn fragte, wieso er in dieser Situation so ruhig bliebe, bekam ich zur Antwort: „Weißt du, mein Junge, ich habe in Rußland gekämpft. Eines Tages wurden meine Kameraden und ich vom Feind überrollt. Es gab sehr viele Tote, und ich dachte, daß ich dort nicht mehr lebend herauskommen würde. Als ich in meinem Graben lag und all dieses Leid sah und vor Todesangst fast verrückt wurde, habe ich mir geschworen, ich werde mich nie mehr über Kleinigkeiten aufregen."

Offensichtlich hatte dieser bewundernswerte alte Herr damals im Krieg eine Lektion gelernt, die sich auf seine Sicht der Dinge und damit auf sein Leben auswirkte. Was ist schon ein ruinierter Anzug? Man kann ihn ersetzen oder darauf verzichten. Was ist aber ein ruiniertes Leben? Sie werden nicht die Chance haben, dieses Leben noch einmal leben zu dürfen! Ihr Leben besteht aus Zeiteinheiten, was ist mit einem Tag, den Sie nicht genossen haben? Dieser Tag Ihres Lebens ist unwiederbringlich vorbei, er ist unersetzlich! Kein Geld der Welt kann Ihnen auch nur eine Stunde Ihres Lebens zurückbringen, darüber sollten Sie sich im klaren sein, bevor Sie sich das nächstemal über irgend jemanden oder irgend etwas aufregen.

> *„Bedenket, daß dieser Tag niemals wieder heraufdämmern wird!"*
> *(Dante)*

*Im Rhetorikseminar*

Angst und Aufregung entsteht durch Vergleiche, unsinnige Angst und Aufregung entsteht durch unsinnige Vergleiche. Wie entsteht beispielsweise die Angst vor öffentlichem Reden, die Angst davor, sich vor eine Gruppe hinzustellen und seine Meinung zu vertreten?

Eine Frage, die ich Teilnehmern mit intensivem Lampenfieber in meinen Rhetoriktrainings stelle, ist, welche Redesituationen für sie schlimm wären. Meist kommen dann Antworten wie die folgenden:

- den Faden zu verlieren
- auf eine Frage keine Antwort zu wissen
- Stimme versagt
- rot zu werden
- falsches Manuskript
- scharfe Kritik
- Publikum steht auf und verläßt den Saal
- keine Schlagfertigkeit zu haben
- ausgepfiffen zu werden usw.

Ich bitte dann die Betreffenden, den „Furchtbarkeitsgrad" jeder dieser gefürchteten Situationen auf einer Skala von 0 bis 100 einzuschätzen (wie bei der Aufgabe, die Sie am Anfang dieses Kapitels bearbeitet haben). In einem dieser Seminare haben sich dazu folgende Schätzungen ergeben:

Den Faden verlieren
0............................................X...........100

Ausgepfiffen werden
0..................................................X..100

Auf eine Frage keine Antwort zu wissen
0............................................X.........100

Stimme versagt
0.............................X.................100

Scharfe Kritik
0...........................................X.....100

Anscheinend bewerten Menschen, die zu Lampenfieber neigen, diese und ähnliche Situationen als sehr schlimm, furchtbar und schrecklich.

Sie wissen inzwischen, daß nicht die Situation zu Angst oder Lampenfieber führt, sondern Ihre Bewertung einer Situation, und Sie wissen, daß eine Bewertung, die mit der Realität nicht übereinstimmt, auch zu völlig unsinnigen Gefühlen führt. Genausowenig wie Sie mir glauben können, können Sie Ihren eigenen Bewertungen glauben, solange Sie diese nicht überprüft haben.

## Was wirklich schlimm ist

Also fangen wir an, die ganze Sache zu überprüfen. Ich hatte Ihnen gesagt, ob etwas schlimm ist oder nicht, hängt von den Vergleichen ab, die Sie treffen. Je realistischer Ihre Vergleiche sind, desto mehr sind Sie in der Lage, Situationen wirklichkeitsgetreu einzuschätzen. Schaffen wir uns also als erstes einen realistischen Vergleichsmaßstab!

Aufgabe: Finden Sie die acht *schlimmsten* Situationen, die Ihrer Meinung nach einem Menschen zustoßen können:

1) _____

2) _____

3) _____

4) _____

5) _____

6) _____

7) _____

8) _____

Wichtig dabei ist, daß Sie wirklich schlimme Situationen finden. Möglicherweise mag Ihnen eine derartige Beschäftigung lästig erscheinen und sich Ihr „innerer Schweinehund" wieder einmal mit dem Anspruch melden, doch lieber gleich weiterzulesen, anstatt sich hier das Hirn zu zermartern. Machen Sie die Übung trotzdem, denn ein Vergleichsmaßstab, den ein anderer für Sie erarbeitet oder den Sie nur kurz überfliegen, wird sich in Ihren Gehirnwindungen nicht festsetzen, und alles, was sich nicht festsetzt, wird keinerlei Wirkung entfalten. Also schicken Sie ihren inneren Schweinehund zum Teufel …

Im folgenden sehen Sie eine Liste, wie sie in einem meiner Seminare zu diesem Thema erarbeitet wurde; sicher werden Sie Parallelen zu der von Ihnen ausgearbeiteten feststellen.

Die schlimmsten Situationen: *An Krebs erkranken, an Aids erkranken, Querschnittslähmung, Krieg, zu Tode gefoltert werden, verhungern, verdursten, Augen ausgestochen zu bekommen, hingerichtet zu werden, Atomkrieg, eigenes Kind wird bestialisch umgebracht, brutale Vergewaltigung usw.*

Ihrer Phantasie sind bei dieser Aufgabe keine Grenzen gesetzt; denken Sie sich das Grausamste und Furchtbarste aus, das Ihnen zustoßen könnte.

Warum fordere ich Sie auf, solche abstoßende Listen zu verfassen? Nun, in der Regel macht man sich solche Gedanken nicht, ich erlebe in Seminaren immer wieder, daß sich Leute sogar weigern, sich darüber Gedanken zu machen. Zu bedrohlich, zu pervers, zu grausam erscheint das, was einem wirklich passieren könnte. Und genau deshalb ist es wichtig, sich diese Gedanken zu machen! Uns geht es relativ gut, wirkliche Probleme, wirkliche Lebensbedrohung erfahren wir nur höchst selten, und eben das ist der Grund, weshalb wir uns über Kleinigkeiten so aufregen, anstatt sie mit heiterer Gelassenheit hinzunehmen. Wir wissen nicht mehr, was wirklich schlimm ist!

### *Zum Vergleich: mittelalterliche Foltermethoden*

Wenn Sie Mühe dabei hatten, acht wirklich schlimme Situationen zu finden, dann besorgen Sie sich doch einmal ein Buch über mittelalterliche Foltermethoden. Im Mittelalter gab es den netten Brauch, Leute wegen Geringfügigkeiten hinzurichten, beispielsweise genügte der Diebstahl eines Laib Brotes bereits, um dafür mit dem Tode bestraft zu werden. Diese Hinrichtungen waren mit den meisten heutigen Hinrichtungspraktiken jedoch in überhaupt keiner Weise zu vergleichen. Es herrschte damals die Philosophie, daß der Mensch zumindest einen Teil seiner Sünden noch auf Erden abbüßen sollte. Büßen kann man am besten, indem man Qualen erleidet. Folglich waren die Wege, wie man Delinquenten vom Leben zum Tode beförderte, an Grausamkeit und Qual für den Betreffenden nicht mehr zu überbieten.

Im Mittelalter zersägte man die Bedauernswerten bei lebendigem Leib. Man hängte das Opfer zwischen zwei Pfählen mit dem Kopf nach unten und gespreizten Beinen auf und sägte den Betreffenden bei vollem Bewußtsein in der Mitte durch. Die mittelalterlichen Sägen wiesen natürlich nicht die Schärfe und Geschwindigkeit einer heutigen Motorsäge auf, so daß das Sterben, wie beabsichtigt, sehr qualvoll und langsam vor sich ging. Wenn man einen Menschen auf diese Weise zweiteilen wollte, mußte man zuerst den Schambeinknorpel durchsägen, dann das Steiß- und Kreuzbein, dabei wurden etliche innere Organe zerfetzt und wenn dann endlich die Bauchschlagader soweit zerrissen war, daß der Blutverlust hoch genug war, erst dann trat für das Opfer die erlösende Ohnmacht ein. Können Sie sich diese Qualen vorstellen? Können Sie sich vorstellen, wie es ist, bei lebendigem Leib in zwei Stücke zersägt zu werden?

Oder denken Sie an das damals ebenfalls sehr beliebte „Pfählen". Dem Delinquenten wurde bei dieser Methode ein spitzer Pfahl in den Leib getrieben, dann wurde der Bedauernswerte mitsamt dem Pfahl aufgestellt, so daß er aufgespießt war wie ein Schaschlik. Meist waren die Betreffenden zu diesem Zeitpunkt noch gar nicht tot, sondern starben langsam durch ihr eigenes Körpergewicht. Durch das Gewicht bohrte sich der Pfahl langsam immer tiefer in den Körper, zerfetzte ein Organ nach dem anderen; ein Tod, der Stunden, ja Tage dauern kann …

Ich denke es reicht, um Ihnen ein Bild von wirklich furchtbaren Situationen zu vermitteln. Stellen Sie sich vor, Sie wären in einer solchen Situation. Können Sie sich vorstellen, daß Sie, wenn Sie gerade zersägt oder gepfählt werden, mit einem Lächeln auf den Lippen flöten: *„Was soll's, es gibt Schlimmeres"*?

Wahrscheinlich nicht. Wahrscheinlich hätten Sie gewaltige Schwierigkeiten, sich in einer derartigen Situation etwas noch Schlimmeres vorzustellen. Wenn Sie sich aber nichts Schlimmeres vorstellen können, dann haben wir jetzt auf unserer Skala von 0 bis 100 den *Punktwert 100* erreicht. 100 ist der Punktwert für die schlimmste Situation, die Ihnen in Ihrem Leben begegnen könnte.

### Ein realistischer Maßstab

Erstellen wir uns nun, ausgehend vom Punkt 100, eine Skala, die Ihnen in Zukunft als Maßstab dienen soll, die Ihnen ein wertvolles Instrument sein wird, um aktuelle Situationen einzuschätzen. Solange Sie keinen derartigen Maßstab besitzen, können Sie Ereignisse, die Ihnen widerfahren, weder als „schlimm" noch als „nicht schlimm" einstufen, genausowenig, wie Sie Ihr Gewicht ohne Waage feststellen können. Denn die Ereignisse, die Sie vielleicht jetzt noch als schlimm betrachten, müssen, realistisch betrachtet, nicht unbedingt schlimm sein, auch wenn es Ihnen auf den ersten Blick so erscheinen mag. Der Maßstab in Ihrem Kopf entscheidet darüber, ob Sie unter bestimmten Gegebenheit leiden oder nicht, und je realistischer Ihr Maßstab ist, desto weniger Verdruß werden Sie erfahren.

Basteln wir also weiter an unserem Maßstab. Punkt 100 war „lebendig zersägt werden", „gepfählt werden", „gehäutet werden bei lebendigem Leib" u.ä. Wenn Sie sich diese mehr als nur unangenehmen Situationen durch den Kopf gehen lassen, was wäre Ihrer Meinung nach halb so schlimm? Welche Situation würde zum Punktwert 50 passen? Sagen Sie jetzt nicht „halb zersägt werden",

„zur Hälfte gepfählt werden" oder „nur die Haut einer Körperhälfte abgezogen bekommen", sondern überlegen Sie sich wirklich Situationen, die etwa halb so schlimm wären; Situationen also, die, wenn Sie sie zweimal erleben würden, genauso schlimm wie die „Durchsägeaktion" wären.

Punktwert 50

...................................................................................................................

...................................................................................................................

...................................................................................................................

...................................................................................................................

...................................................................................................................

...................................................................................................................

...................................................................................................................

In einem meiner Seminare ergaben sich folgende Situationen für den Wert 50:

„An Krebs erkranken", „Querschnittslähmung von der Hüfte abwärts", „Krieg", „lebenslange Gefängnisstrafe", „ein Kind durch Unfalltod verlieren", „Verdursten", „Verhungern" etc.

Wenn man das Spielchen jetzt weitertreibt und sich für alle Werte entsprechende Situationen sucht, dann erhält man Katastrophenlisten wie die folgende:

**Katastrophenliste**

**100**
lebendig zersägt werden
gepfählt werden
gehäutet werden

**90**
Kind wird bestialisch umgebracht
Querschnittslähmung bis zum Hals
eigene Hinrichtung auf dem elektrischen Stuhl

**80**
Atomkrieg
Partner stirbt
Strahlenkrankheit

**70**
An Aids dahinsiechen

**50**
An Krebs erkranken
Querschnittslähmung Unterleib
Blind werden

**30**
Beinamputation
Schneller unerwarteter Tod
Brustamputation nach Krebs

**20**
Beinbruch mit bleibender Funktionsbeeinträchtigung
Zwangsversteigerung des eigenen Hauses
Vergewaltigung
ein Auge verlieren

**10**
Arbeitslosigkeit
Verlust des Großteils der Ersparnisse

Natürlich kann eine derartige Skaleneinteilung nur Anhaltspunkte liefern, Vergleichsmöglichkeiten schaffen und zum Nachdenken anregen. Eine exakte Festlegung von Zahlenwerten ist nicht möglich, sie differieren von Individuum zu Individuum. Was sich jedoch einigermaßen festlegen läßt, ist die Rangfolge dieser Ereignisse.

Immer wieder fällt mir auf, daß manche Leute behaupten, Sie könnten solche Listen nicht aufstellen, weil alle diese Situationen schlimm wären. Sie könnten nicht vergleichen, weil sie keine dieser Situationen erleben möchten, es wäre unsinnig, derlei Vergleiche anzustellen, weil man nicht Äpfel mit Birnen vergleichen könne usw. Vielleicht gehören Sie auch zu diesen Menschen? Dann fragen Sie sich doch einmal folgendes:

- Wenn Sie die Wahl hätten zwischen Arbeitslosigkeit und der Ermordung Ihres Kindes ... was würden Sie wählen?
- Wenn Sie die Wahl hätten zwischen einer Stunde vergewaltigt zu werden und lebenslanger Querschnittlähmung ab Hals ... was würden Sie wählen?
- Wenn Sie die Wahl hätten zwischen der Lähmung eines Beines und der Lähmung des kompletten Unterkörpers ... was würden Sie wählen?
- Wenn Sie die Wahl hätten zwischen dem Verlust eines Auges und einer mißlungenen Prüfung ... was würden Sie wählen?

### Wie schlimm ist es wirklich?

Und wenn Sie jetzt weiterhin behaupten, diese Situationen wären alle gleich schlimm, dann benutzen Sie Ihr Gehirn nicht dazu, wozu es ursprünglich gedacht war: *Zum Denken.*

Glauben Sie nichts, überprüfen Sie es, *denken Sie.* Streß, Probleme, negative Gefühle aller Art entstehen deshalb, weil der Betreffende nicht bewußt denkt, weil er keine Maßstäbe entwickelt, sondern sich in den ganzen Schlamassel hineinfallen läßt; weil er instinktiv annimmt, daß das, was ihm gerade passiert, furchtbar und schlimm wäre.

99% aller Probleme, die Ihnen im Laufe Ihres Lebens begegnen, werden durch die einfache Frage

„Wie schlimm ist es wirklich?"

zu Kleinigkeiten, zu „Pipifax". Betrachten Sie ein Ereignis erst einmal nicht als schlimm, sondern stellen sie Vergleiche an. Nehmen Sie die schlimmsten Vergleiche, die Sie finden können (Übung sollten Sie inzwischen darin haben) und fragen Sie sich, wie schlimm die Situation verglichen damit wirklich ist. Sie werden feststellen, daß das, was man „normalerweise" als schlimm bezeichnet, durch völlig ruhiges und logisches Nachdenken einen Großteil seines Schreckens verliert. Wie schlimm wäre es beispielsweise, wenn

- eine Spinne über Ihre Hand krabbelt,
- Sie im Aufzug stecken bleiben,
- Sie plötzlich arbeitslos werden,
- Sie den Kredit für Ihr Haus nicht abbezahlen könnten,
- man Sie telefonisch belästigt,
- man Ihnen einen Kratzer in Ihr Auto macht,
- Ihre Arbeitskollegen unfair zu Ihnen sind,
- Ihnen unvorhergesehene Behinderungen auf dem Weg zu einem Ziel begegnen?

Wie schlimm wäre das? Würden Sie dafür, daß Ihnen so etwas nicht passiert, wirklich ein Auge hergeben? Würden Sie sich ein Bein abhacken lassen oder sich gar eine Querschnittslähmung des Unterkörpers verpassen lassen? Würden Sie Ihr Kind dafür opfern oder lieber verhungern?

Nein, natürlich nicht! Sie würden dafür nicht einmal ein Auge opfern, nicht einmal eines! Das wäre die Sache nicht wert, nicht wahr? *Nun, sind derlei Sachen dann wert, daß Sie Ihren Lebensgenuß dafür opfern?* Reicht ein Kratzer im Lack Ihres Wagens bereits aus, um dafür Stunden mit Verdruß zu verbringen? Ist ein Spinne auf Ihrer Hand wirklich „schrecklich"?

Nichts ist schlimm oder schrecklich, erst durch Ihr Denken, durch Ihre Vergleiche oder auch durch Ihre Weigerung, zu denken, wird es dazu!

### Die Sache mit den Fliesen

Vor kurzem kam ein Klientin mit massiven psychosomatischen Störungen in meine Praxis. Sie klagte über Schlaflosigkeit, hohen Blutdruck und Magenschmerzen. Diese Symptome begannen, kurz nachdem sie ihre Küche neu hatte fliesen lassen. Stellen Sie sich folgende Situation vor: Sie suchen sich in einem Fliesengeschäft sündhaft teure Fliesen aus, der Verkäufer bestätigt Ihnen auf Ihre Nachfrage hin, daß diese Fliesen abwaschbar wären und deshalb bestens für Küchen geeignet. Sie verlassen sich auf diese Aussage und lassen Ihre Küche damit neu kacheln. Das Ganze verschlingt einen nicht gerade kleinen Geldbetrag, aber was soll der Geiz, schließlich will man es ja schön und gemütlich haben. Als nun Ihre Küche fix und fertig ist und Sie den ersten Großputz starten, stellen Sie fest, daß diese Kacheln eben nicht abwaschbar sind, sondern Schmutz und Wasser geradezu in sich aufsaugen. Empört gehen Sie in das Fliesengeschäft und reklamieren. Der Verkäufer streitet alles ab und läßt Sie mit Ihren Fliesen im Regen stehen. Da diese Fliesen ein kleines Vermögen gekostet haben und nun in Ihrer Küche verklebt sind, regen Sie sich maßlos über die Kacheln und das unfaire Verhalten des Verkäufers auf. Aber nicht nur das: Jeden Morgen, wenn Sie sich einen Kaffee kochen, zur Mittagszeit, wenn Sie Ihr Süppchen anrühren, abends, wenn Sie sich ein Brot schmieren, was sehen Sie da ? *Die Fliesen*!

Und schwupp ist der Ärger da, der Blutdruck in astronomischer Höhe und der Magen beginnt zu drücken. Diese Fliesen hängen wie ein Damoklesschwert über Ihrem Alltag, jeder Blick darauf wird mit Ungerechtigkeit, grausam lächelnden Verkäufern, Schmach und Niederlage in Verbindung gebracht, das Gefühl ohnmächtiger Wut steigt in Ihnen auf und in den tiefsten Abgründen Ihrer Seele brauen Sie die furchtbarsten Folterungen zusammen, mit denen man derartige Verkäufer in muffigen und dunklen Burgverliesen bis aufs Blut quälen könnte …

Vielleicht finden Sie diese Beschreibung etwas übertrieben, aber so ähnlich sehen sie doch aus, die Probleme des Alltages, mit denen man sich mit Vorliebe das Leben versaut. Mit denen man sich deshalb das Leben versaut, weil man sich eine einfache Frage nicht stellt:

„Wie schlimm ist es wirklich?"

*Denken Sie nach!*
Sehen Sie sich doch einmal die Lebenshilfe-Rubriken in bestimmten Zeitschriften an. Sind das wirklich weltbewegende Dinge, wegen derer die Menschen leiden? Sind das wirklich Dinge, über die man in hundert Jahren noch spricht? Sind das Dinge, deretwegen man auch nur ein Auge opfern würde?

Es kommt nicht darauf an, was Ihnen in Ihrem Leben widerfährt. Solange es etwas Schlimmeres gibt, ist es nicht nötig, sich zu Tode zu ängstigen, in tiefster Depression zu versinken oder sich maßlos darüber aufzuregen.

Der einzige Unterschied zwischen einem Menschen,
der an einem Schicksalsschlag zerbricht, und einem Menschen,
der danach wieder auf die Beine kommt,
ist die Bewertung dieses Ereignisses!

Denken Sie immer daran! Es ist weder Ihre Umwelt noch andere Menschen oder irgendwelche Situationen, die dafür verantwortlich sind, daß es Ihnen schlecht geht; es ist Ihr Denken, Ihr unlogisches Denken, das für Ihren Verdruß verantwortlich ist!

Genauso, wie unkontrolliertes Denken dazu führen kann, daß Sie sich immense Probleme basteln, kann ein Denken, das unter Ihrer Kontrolle steht, dazu führen, daß Sie eine Gelassenheit, eine innere Ruhe und ein Selbstbewußtsein entwickeln, das von anderen als nicht „normal" angesehen wird. Denn es ist nicht „normal" sich nicht über Alltagsdinge aufzuregen, es ist nicht „normal", sich nicht vor Prüfungen zu ängstigen, es ist nicht „normal", in der größten Hektik ruhig zu bleiben, es ist nicht „normal", Beleidigungen und ungerechtfertigte Kritik einfach wegzustecken …

„Normal" ist das alles nicht, aber es erspart Ihnen eine Menge an Verdruß in Ihrem Leben; und genau das war es doch, was Sie wollten:

Ein Maximum an Genuß
und
ein Minimum an Verdruß

Oder war es etwa nicht so? Ein Maximum an Genuß erreichen Sie durch Ihre Intelligenz, durch Ihr Denken. Denn das können Sie, im Gegensatz zu den Ereignissen, die Ihnen das Schicksal ab und zu in den Weg wirft, steuern und ändern. Wann immer Sie sich über etwas aufregen, ängstigen oder depressiv werden, stellen Sie sich diese drei Fragen:

„Was kann schlimmstenfalls passieren?"
„Wie schlimm ist das wirklich?"
„Wie wahrscheinlich ist es?"

Ich garantiere Ihnen, daß Sie damit einen Großteil Ihres Verdrusses in nichts auflösen. Diese Technik kann jedoch nur dann funktionieren, wenn Sie diese Fragen ernsthaft beantworten und wenn Sie einen Maßstab entwickelt haben, anhand dessen Sie Ereignisse beurteilen können.

Nehmen wir an, Sie hätten Angst vor einer Spinne im Zimmer: *Was kann schlimmstenfalls passieren?* Sie könnte über Ihren Körper krabbeln. *Wie schlimm wäre das?* Sagen Sie jetzt nicht, das wäre furchtbar, sondern schalten Sie Ihr Denken ein. Würden Sie sich dafür die Augen ausstoßen lassen, würden Sie eine Querschnittslähmung dagegen eintauschen? Einen Herzinfarkt vielleicht? Oder lebenslange Gefängnisstrafe? Ich denke, ich brauche das hier nicht weiter auszuführen.

Nehmen wir an, Sie würden sich über das unaufgeräumte Zimmer Ihres Sohnes aufregen

*Was kann schlimmstenfalls passieren?* Nun, irgendwann werden Sie ein Buschmesser benötigen, um bis zu seinem Bett vorzustoßen, möglicherweise könnte Ungeziefer sich dort ungehindert vermehren usw. *Wie schlimm wäre das?* Es lohnt sich nicht einmal mehr, darüber eine Liste zu erstellen, weil Ihnen inzwischen klar sein dürfte, daß so etwas auf der Katastrophenskala eine glatte Null erhält.

---

### Arbeitslosigkeit I

Betrachten Sie das folgende Gesprächsprotokoll aus einer psychotherapeutischen Sitzung in meiner Praxis. Der Klient hatte Angst, seinen Job zu verlieren, er quälte sich deshalb schon länger mit Schlaflosigkeit und depressiver Verstimmung herum. Der Einfachheit halber wird der Klient als KL bezeichnet, meine Wenigkeit mit TH (wie Therapeut):

TH: „Okay, worin besteht Ihr Problem?"

KL: „Ich habe Angst, meinen Job zu verlieren."

TH: „Nun, nehmen wir einmal an, Sie würden tatsächlich Ihren Job verlieren, was wäre daran so schlimm?"

KL (verdutzt): „Na, hören Sie mal, meinen Sie, das macht mir Spaß?"

TH: „Nein, es gibt sicher einiges, was mehr Spaß macht, aber Sie haben ja Angst davor, also was wäre daran so schlimm?"

KL: „Ich hätte weniger Geld als bisher."

TH: „Gut, Sie hätten weniger Geld; was könnte dann schlimmstenfalls geschehen?"

KL: „Ich könnte möglicherweise die Miete nicht bezahlen und landete auf der Straße."

TH: „Wie wahrscheinlich ist es, daß dieser Fall eintritt?"

KL: „Nun, nicht sehr wahrscheinlich, notfalls könnte ich ja Wohngeld beantragen."

TH: „Welche Möglichkeiten hätten Sie noch?"

KL: „Ich könnte in eine kleinere Wohnung ziehen."

TH: „Ich sehe, Sie haben Alternativen!"

KL: „Ja schon …"

TH: „Nehmen wir an, Sie würden Wohngeld beantragen, Sie würden in eine kleinere Wohnung umziehen; es gibt zwar Lustigeres, aber was wäre für Sie daran schlimm?"

KL: „Ich müßte zum Sozialamt gehen, ich wäre der Abschaum der Gesellschaft!"

TH: „Jeder, der zum Sozialamt geht, ist Abschaum?"

KL: „Es sind halt Leute, die nichts leisten oder nichts leisten können."

TH: „Was heißt das?"

KL: „Wenn man in unserer Gesellschaft anerkannt werden will, dann muß man Leistung bringen …"

TH: „Und wenn man keine Leistung bringt, wird man nicht anerkannt; was wäre denn daran so schlimm, nicht anerkannt zu sein?"

KL: „Die Leute reden hinter meinem Rücken über mich."

TH: „Wenn die das täten, was könnte dann schlimmstenfalls passieren?"

KL: „Eigentlich nichts Weltbewegendes …"

TH: „Eigentlich …?"

KL: „Es kann eigentlich … ich meine, es passiert nichts."

TH: „Wovor haben Sie dann Angst?"

> KL: „Hmm, so habe ich das überhaupt noch nicht betrachtet."
>
> TH: „Wenn ich das bisher richtig verstehe, passiert nicht sonderlich viel, wenn Sie diesen Job verlieren. Sie haben weiterhin Ihr tägliches Essen, Sie haben weiterhin ein Dach über dem Kopf, Sie sind weiterhin krankenversichert; Sie haben lediglich ein paar Mark weniger pro Monat. Und das auch nur so lange, bis Sie einen neuen Job gefunden haben. Womit wir schon beim Thema wären. Lassen Sie uns doch einmal darüber nachdenken, welche Möglichkeiten es gibt, einen neuen Job zu finden …"

Was können Sie an diesem kurzen Gesprächsausschnitt erkennen? Statt sich weiterhin in seiner Angst zu wälzen, wird dieser Klient durch beständiges Fragen nach den Konsequenzen dazu veranlaßt, seine Angst zu hinterfragen, sein Gehirn zum Denken zu benutzen, anstatt seine Phantasien blindlings stehen zu lassen und im Glauben an eine bevorstehende Katastrophe (die nur in seinem Kopf existiert) weiter zu verweilen. Und indem er darüber bewußt nachdenkt, fällt es ihm schwer, weiterhin daran zu glauben, daß die Welt aufgrund seiner Arbeitslosigkeit zusammenbricht. Immer wieder höre ich von Leuten, die sich aufgrund drohender Arbeitslosigkeit, Firmenpleiten oder was auch immer in Depressionen stürzen oder sich gar das Leben nehmen. Sie sehen keine Auswege mehr, haben „Existenzängste" und sind „fertig" mit sich und der Welt. Und warum das alles? Weil sie ihr Gehirn unkontrolliert vor sich hinwursteln lassen, weil sie das, was ihr Gehirn produziert, für bare Münze halten, weil sie nicht mehr hinterfragen!

Fragen können Sie sich aber jederzeit selbst stellen! Sie benötigen dazu keinen Therapeuten. Fragen, und vor allem deren Beantwortung, sind ein ausgezeichnetes Mittel, um das Gehirn kontrolliert zu benutzen, um damit ein Maximum an Lebensgenuß zu erreichen. Rufen Sie sich immer wieder die Quintessenz dieses Buches in Ihr Gedächtnis:

Glauben Sie nichts, überprüfen Sie es, fragen Sie nach!

Beginnen Sie endlich damit, auf diese Weise Kontrolle über Ihr Leben zu übernehmen, anstatt von Dingen, Menschen oder Situationen kontrolliert und gesteuert zu werden. Ihr Leben ist zu kurz und zu wertvoll, um es nicht zu genießen. Hören Sie auf, anderen oder Ihrer Umwelt eine derartige Macht über sich zu geben! Stellen Sie sich Fragen!

> *„Jedes Schreckbild verschwindet,*
> *wenn man es fest ins Auge faßt." (Johann Gottlieb Fichte)*

---

### Arbeitslosigkeit II

Sehen wir uns einen weiteren Klienten mit Angst vor Arbeitslosigkeit an. Alles, was Sie im folgenden Gesprächsprotokoll lesen, können Sie jederzeit selbst tun. Es handelt sich dabei nicht um hochkompliziertes therapeutisches Wissen, sondern lediglich um die Anwendung des „gesunden Menschenverstandes" durch Fragen.

Der Klient behauptete, der Verlust seines Arbeitsplatzes sei schrecklich und furchtbar …

TH: „Sie glauben also, daß das ganz schrecklich ist."
KL: „Ja, warum passiert das ausgerechnet mir, womit habe ich das verdient?"
TH: „Bevor wir uns damit beschäftigen, ‚warum ausgerechnet Sie', möchte ich Sie bitten, mir folgende Frage zu beantworten: ‚Gibt es noch etwas Schlimmeres, als den Arbeitsplatz zu verlieren?'"
KL: „Nee, das ist wirklich schlimm!" (Sie sehen hier, was passiert, wenn man das Denken nicht einschaltet.)
TH: „Das heißt, wenn Ihre Frau stirbt, wenn Ihr Kind umgebracht wird, wenn Sie vom Kopf ab querschnittgelähmt wären, das wäre nicht schlimmer."
KL: „Quatsch, das wäre natürlich schlimmer."
TH: „Okay, was wäre für Sie das Schlimmste?"
KL: „Ein Atomkrieg."
TH: „Schauen Sie, ob Sie noch etwas Schlimmeres finden."

---

KL: „Ein Atomkrieg, wo ich zusehen muß, wie meine Frau und mein Kind qualvoll sterben und ich danach langsam an der Strahlenkrankheit zugrunde gehe."

TH: „Hmm, jetzt wird es langsam schlimm. Was wäre denn halb so schlimm wie dieses Ereignis?"

KL: „Weiß ich nicht." (Sehr beliebte Antwort, auf diese Weise hat man die Mühe mit dem Denken nicht!)

TH: „Nun, strengen Sie Ihre kleinen grauen Zellen an."

KL: „Halb so schlimm … eine Krebserkrankung vielleicht?"

TH: „Welche Art von Krebs?"

KL: „Sie stellen Fragen … vielleicht Darmkrebs."

TH: „Was wäre halb so schlimm wie ein Darmkrebs?"

KL: „Ein leichter Herzinfarkt?"

TH: „Wenn Sie meinen. – Und was wäre halb so schlimm wie ein leichter Herzinfarkt?"

KL: „Ein Beinbruch."

TH: „Gut, ich male Ihnen das einmal auf: Bei hundert Prozent hatten wir den Atomkrieg mit allem drum und dran, bei 50% den Darmkrebs, bei 25% den Herzinfarkt und bei 12,5% den Beinbruch. Und jetzt die entscheidende Frage: Wo würden Sie auf dieser Skala Ihre Arbeitslosigkeit einordnen? Würden Sie einen Atomkrieg dagegen eintauschen, bei dem Sie zusehen müßten, wie Ihre Frau und Ihr Kind qualvoll sterben, bei dem Sie anschließend selbst unter großen Schmerzen und lange sterben werden?"

KL: „Nein!"

TH: „Oder vielleicht einen Darmkrebs? Was ist schon ein Darmkrebs, Hauptsache, Sie haben Arbeit!"

KL (lächelt): „Nein!"

TH: „Na, aber einen Herzinfarkt!"

KL: „Nein!"

TH (verzweifelt): „Aber einen Beinbruch, einen klitzekleinen Beinbruch! Vergessen Sie einfach das Embolierisiko oder das Risiko bleibender Schäden, lieber rumhumpeln wie Quasimodo, aber um Gottes willen nicht den Arbeitsplatz verlieren!"

KL: „Nein, ich glaube nicht, daß es mir diesen Preis wert wäre."

TH: „Nun, wenn Sie nichts dagegen eintauschen möchten, dann scheint das mit dem Arbeitsplatzverlust keinen so hohen Stellenwert zu haben. Ein Auge würden Sie sich auch nicht dafür ausstechen lassen? Sie haben doch zwei! Bedenken Sie: Ein kleiner Stich und dafür kriegen Sie Ihren Arbeitsplatz wieder. Wer legt schon Wert auf räumliches Sehen? Ein Maulwurf ist auch blind und kommt ganz gut durchs Leben!" (Therapeut nimmt Brieföffner in die Hand.)

KL: „Hören Sie schon auf, Sie haben ja recht. Wenn man es genau betrachtet, stürzt die Welt wirklich nicht ein …"

---

Stellen Sie Fragen! Fragen Sie sich, was Sie für die Situation eintauschen würden! Wenn Sie bereit sind, Ihre Gesundheit, Ihren Lebensgenuß dafür herzugeben, dann scheint es wirklich wichtig zu sein. Aber fragen Sie sich auch, ob Sie das wirklich ernst meinen, oder ob zwischen Theorie und Praxis nicht eventuell ein himmelhoher Unterschied besteht. Viele Leute benutzen den bekannten Ausspruch: „Ein Königreich für …!", sind aber, wenn es wirklich soweit ist, nicht einmal bereit, Ihre ganzen Ersparnisse dafür zu opfern, geschweige denn ein Königreich.

*Der Weg vom armen Schwein zum reichen Menschen*

Ich werde Ihnen noch eine Methode verraten, die bei ehrlicher und konsequenter Anwendung dazu führt, daß Ihre Sorgen, Ihr Ärger und Ihr Verdruß auf ein Minimum reduziert werden. Ich nenne sie „Den Weg vom armen Schwein zum reichen Menschen". Diese Methode funktioniert nach einem Prinzip, das jeder Optimist unbewußt anwendet, ein Prinzip, welches sehr viel Freude in Ihr Leben bringen wird.

*„Wenn du in die Sonne schaust,*
*kannst du den Schatten nicht sehen!"*

Die Welt besteht aus negativen und positiven Aspekten, jeder Mensch erlebt diese beiden Seiten des Lebens täglich. Sobald einem Menschen jedoch ein „Unglück" widerfährt, neigt er dazu, sich nur noch auf dieses Ereignis zu konzentrieren, was zwangsläufig dazu führen muß, daß die Welt nur noch dunkel und grau zu sein scheint; er züchtet dadurch „geistige Ungeheuer".

Wann immer es Ihnen schlecht geht, wann immer Ihnen etwas Unvorhergesehenes zustößt, wann immer Sie sich über etwas ärgern, machen Sie doch einmal die folgende Übung:

**Schritt 1:** Erstellen Sie sich eine Liste aller guten Dinge, die Sie haben, all der Dinge, die Sie als selbstverständlich ansehen, die Ihnen jedoch jeden Tag genommen werden können. Nicht wenige Menschen müssen darüber lange nachdenken, weil ihnen nicht mehr bewußt ist, was sie alles haben. Zum Beispiel könnten Sie in diese Liste schreiben: Ich kann sehen, mein Herz funktioniert, ich kann mir jeden Tag mein Essen kaufen, ich habe eine Familie, ich muß im Winter nicht frieren, ich kann laufen, ich habe ein Dach über dem Kopf, ich lebe, ich kann sprechen, ich kann schmecken …

Wenn Sie denken, daß es da nicht sehr viel gäbe, dann besuchen Sie doch einmal Intensivstationen, in denen Menschen täglich um ihr Leben kämpfen, schauen Sie sich Fernsehsendungen über Kriege an, schauen Sie sich die Menschen und deren Lebensbedingungen in Slums an, und vergleichen Sie solche Lebensbedingungen mit den Ihren. Es ist egal, was in Ihrer Liste steht, aber machen Sie sich die Mühe, alles das, was Sie haben, zu Papier zu bringen. Sie werden merken, daß Sie sehr viel haben.

**Meine Liste der guten Dinge:**

_____

_____

_____

---

---

---

---

**Schritt 2:** Nachdem Sie das jetzt alles aufgeschrieben haben, stellen Sie sich vor, wie Ihnen alles, was Sie haben, alles, was Sie als selbstverständlich ansehen, nacheinander genommen wird. Stellen Sie sich beispielsweise vor, wie es wäre, wenn Sie ab jetzt Ihr Augenlicht verlieren würden, wie es wäre, wenn Sie ab jetzt mit einem Herzen ausgestattet wären, das von Tag zu Tag schwächer wird, wie es wäre, wenn Ihre Nieren nicht mehr funktionieren würden, wie es wäre, wenn Sie sich Ihr Essen nicht mehr kaufen könnten, wenn Sie hungern müßten, wie es wäre, wenn Ihre Familie ausgelöscht würde, wie es wäre, wenn Sie im Winter kein Dach über dem Kopf und keine Heizung hätten, wie es wäre, wenn …

**Schritt 3:** Wenn Sie schließlich die völlige Leere erreicht haben, wenn Sie wirklich am Ende sind, dann geben Sie sich in Ihrer Vorstellung alle diese Dinge, eines nach dem anderen, zurück. Stellen Sie sich vor, Sie könnten nach jahrzehntelanger Blindheit wieder sehen, Sie hätten nach Jahren an der Dialyse plötzlich wieder gesunde Nieren, Ihr Herz würde wieder völlig normal schlagen, Sie würden jeden Tag satt werden, Sie könnten sich im Winter wieder an der Heizung erwärmen usw. Geben Sie sich alles zurück, schwelgen Sie in diesem Überfluß, freuen Sie sich an diesen herrlichen Geschenken …

Und machen Sie sich bewußt, daß Sie all dieses im Moment haben! Sie haben es jetzt! Sie sind ein reicher Mensch! Und dann fragen Sie sich ernsthaft, über was Sie sich eigentlich aufregen und was Ihnen das bringt. Ein Maximum an Lebensgenuß? Bestimmt nicht! Und deswegen werden Sie ab jetzt anders damit umgehen.

*„Wenn du einmal nicht das bekommen hast, was du wolltest,*
*dann denke an all die Dinge,*
*die du nicht wolltest und auch nicht bekommen hast!"*
*(Verfasser unbekannt)*

oder wie es einst Schopenhauer ausdrückte:

*„Wir denken viel zu selten an das, was wir haben,*
*aber immer zu oft an das, was uns fehlt."*

Wir wissen nicht mehr, was wir eigentlich haben. Oder würden Sie Ihr Augenlicht für eine sechsstellige Summe verkaufen, könnte man Ihnen Ihre Fähigkeit, laufen zu können, für irgendeine Summe der Welt abkaufen? Was würden Sie für Ihre Kinder verlangen, für Ihre Gesundheit? Machen Sie sich klar, wie reich Sie sind, wie glücklich Sie dran sind, bevor Sie sich über Kleinigkeiten aufregen. Ich erlebe in der Praxis immer wieder Leute, die sich darüber aufregen, daß sie arbeitslos sind, daß sie nicht mehr den Lebensstandard haben, den sie früher hatten, daß ihr Bankkonto im Minus ist, daß die Arbeitskollegen so ungerecht sind ...

Sie sind reich, und sie wissen es nicht!

Sie sind reich und haben eine Menge an Verdruß. Für diesen Verdruß sind aber nur Sie selbst verantwortlich. Sie sind deshalb dafür verantwortlich, weil Sie Ihr Gehirn nicht zum Denken benutzen, sondern nur mehr oder weniger instinkthaft reagieren. Instinktmäßig reagieren heißt aber, das Hirn mit einer Art „Autopilot" zu benutzen, mit etwas, was Ihrer Kontrolle entzogen ist, etwas, was Sie an Ziele bringt, die Sie eventuell gar nicht wollen. Das Dumme an der ganzen Sache ist, daß die Konsequenzen aus einer derartigen Hirnbenutzung sich im Laufe der Zeit summieren. Es bleibt eben nicht nur dabei, daß Sie sich auf diese Weise ein paarmal in Ihrem Leben Verdruß bereiten, sondern diese kleinen Verdrußeinheiten summieren sich.

Verdruß machen Sie sich durch Ihre Gedanken.
Ihre Gedanken führen
zu Emotionen und Verhaltensweisen.
Diese Emotionen und Verhaltensweisen
werden zu Gewohnheiten.
Gewohnheiten sind das,
was Ihren sogenannten „Charakter" ausmacht.
Und von Ihrem Charakter wiederum
wird Ihr Lebensweg massiv beeinflußt.

Sie sehen daran, daß es nicht nur um den kurzfristigen Verdruß geht; durch Ihre Weltsicht bestimmen sie im Endeffekt den Verlauf Ihres Lebens! Ein Mensch, der damit anfängt, Kleinigkeiten als furchtbar und schlimm zu betrachten, wird das allmählich zur Gewohnheit werden lassen, diese Gewohnheiten werden dazu führen, daß „Pessimismus" zu einem typischen Charaktermerkmal von ihm wird. Im Fall von schweren Schicksalsschlägen kann er aufgrund dieses Charaktermerkmales in eine Depression versinken, und diese Depression wiederum kann dazu führen, daß er im Extremfall den Rest seines Lebens in einer Nervenklinik verbringt oder seinem Leben ein Ende setzt. Ihre negativen Gedanken richten weit mehr an, als Sie sich denken!

*„Wenn man dauernd sagt,*
*die Dinge würden einen schlechten Verlauf nehmen,*
*dann hat man gute Chancen, zum Propheten zu werden."*
*(Isaac Singer)*

*„Wer glücklicher werden will,*
*mache sich eine optimistische Lebenshaltung zur Gewohnheit.*
*Er gewöhne sich die Nichtbeachtung des Leidigen an*
*und eine stetige Aufgeschlossenheit für alles Erfreuliche!"*
*(Marc Aurel)*

**Sie haben sich in diesem Kapitel über folgendes Klarheit verschafft ...**

Um eine Aussage darüber treffen zu können, ob etwas schlimm oder weniger schlimm ist, bedarf es Vergleichen. Da wir alle in einer Zivilisationsgesellschaft leben, wo der tägliche Kampf ums Überleben längst der Vergangenheit angehört, sind uns die wirklichen Vergleichsmöglichkeiten abhanden gekommen. Das führt dazu, daß wir uns über Kleinigkeiten aufregen, aus harmlosen Sachverhalten Katastrophen basteln und Situationen schwer nehmen, die es nicht einmal wert sind, beachtet zu werden.

*„Ich weinte, weil ich keine Schuhe hatte;*
*bis ich jemand traf, der keine Beine hatte.“*

Erst dann, wenn Vergleichsmöglichkeiten da sind, wird vielen Menschen bewußt, wieviel ihrer kostbaren Zeit sie mit Nichtigkeiten verschwenden. Deshalb werden Sie sich in Zukunft, bevor Sie sich über irgend etwas oder irgend jemanden aufregen, die drei entscheidenden Fragen stellen, welche Ihr Gehirn zum Denken anregen:

**„Was kann schlimmstenfalls passieren?“**
**„Wie schlimm wäre das genau?“**
**bzw.**
**„Wie wahrscheinlich wäre das?“**

Beantworten Sie sich diese Fragen gewissenhaft, und Sie werden merken, daß ein Großteil, worüber Sie sich tagtäglich aufregen, Nichtigkeiten sind; Nichtigkeiten, die Ihnen viel Zeit und Genuß rauben, Zeit, die Sie nie wieder zurückbekommen. Wenn Sie nicht bereit sind, ein Auge dafür herzugeben, daß das, worüber Sie sich aufregen, nicht hätte passieren dürfen, kann es sich dabei nur um Pipifax handeln! *Machen Sie sich diesen Maßstab zunutze!*

# Problemstifter Nr.3:
# Die „Ich-kann-nicht-Lähmung" –
# und wie Sie so etwas loswerden

*„Der Begriff ‚unmöglich' ist nur im Wörterbuch von Narren zu finden!"*
*(Napoleon Bonaparte)*

Stellen Sie sich vor, Sie wären im Besitz eines geheimnisvollen Zaubermittels, welches alle Ihre Vorstellungen Wirklichkeit werden läßt. Was immer Sie sich auch vorstellen, was immer Sie sich erträumen, wird nach einer gewissen Zeit Realität.

Wäre phantastisch, nicht wahr? In manchen Büchern zum Thema „positives Denken" wird behauptet, daß jeder Gedanke, den Sie denken, die Tendenz habe, sich zu verwirklichen. Es wird behauptet, das sei ein unumstößliches geistiges Gesetz. Es wird von Ihnen verlangt, daß Sie daran glauben sollten, ohne daß Ihnen irgendein Beweis für die Richtigkeit dieser Behauptung geliefert wird. Ich hatte Ihnen in diesem Buch schon mehrmals eingehämmert: *Glauben Sie nichts!*, überprüfen Sie das Ganze. Denn nur, wenn Sie etwas wissen, wenn Sie felsenfest davon überzeugt sind, dann werden Sie auch in der Lage sein, Ihrem Leben die entscheidende Wende zu geben. Solange Sie nur glauben, bleibt immer ein Rest von Zweifel. Solange Sie glauben, Sie müßten nichts, solange Sie glauben, 99% aller Ereignisse, die Ihnen widerfahren, wären Pipifax, solange Sie glauben, Sie könnten etwas nicht tun oder aushalten, solange werden Sie auch zweifeln.

Und solange Sie lediglich glauben, daß sich Gedanken verwirklichen können, werden Sie die Kraft, die dahintersteckt, nicht einmal erahnen. Deshalb werde ich Ihnen den Beweis erbringen, ich werde Ihnen vor Augen führen, wie es funktioniert; und dann werden Sie es nicht mehr glauben, sondern Sie werden es *wissen!*

# Die „sich selbst erfüllende Prophezeiung"

Sehen wir uns zunächst eine ganz normale Alltagssituation an, wie sie in Partnerschaften ab und zu vorkommt:

---

### Eine ganz normale Alltagssituation

A: „Was ist denn heute los mit dir, du bist so aggressiv!"

B: „Wie kommst du darauf, ich bin in überhaupt keiner Weise aggressiv!"

A: „Doch, du motzt dauernd an allem herum, du benimmst dich so seltsam, hast du irgend etwas?"

B: „Was soll ich denn haben?"

A: „Das weiß ich doch nicht, hör auf, mich so anzuschreien!"

B: „Ich hab dich doch gar nicht angeschrien!"

A: „Hast du sehr wohl, wenn dir irgend etwas nicht paßt, dann laß deine Launen an jemand anderem aus!"

B: „Du spinnst doch!"

A: „Sei nicht so aggressiv!!!"

B: „Ich bin nicht aggressiv, zum Donnerwetter!"

A: „Doch, du bist aggressiv!"

B: „Ich könnte platzen, was bringt dich dazu, mich als aggressiv zu bezeichnen!?"

A: „Weil du schreist!"

B: „ICH SCHREIE NICHT!!!!"

A: „Doch, du schreist!"

B: „Wenn du jetzt nicht gleich deine Klappe hältst, dann flipp ich aus!!!"

A: „Siehst du jetzt, wie aggressiv du bist?"

B: „Raaagrrrr …!!!!"

---

Kennen Sie derartige oder ähnliche Situationen aus dem Alltag? Die Welt ist voll davon. Die Psychologie hat für dieses Phänomen sogar einen Namen, man bezeichnet es als eine

sich selbst erfüllende Prophezeiung

Dieses Phänomen ist inzwischen recht gut erforscht und es hat sich gezeigt, daß fast jeder Bereich menschlichen Verhaltens davon betroffen ist. Man hat eine Einstellung, eine Meinung zu Dingen oder Menschen, und ehe man sich versieht, trifft diese Einstellung in der Realität zu. Das Ganze hat nichts mit Esoterik, Hokuspokus, Hexerei oder gar übersinnlichen Kräften zu tun, sondern beruht auf einem simplen System von drei logisch aufeinander folgenden Phasen.

---

**Die selbsterfüllende Prophezeiung**
- **Phase 1:** Sie haben eine bestimmte Einstellung, eine bestimmte *Meinung*.
- **Phase 2:** Aufgrund dieser Einstellung wird sich Ihr *Verhalten verändern*.
- **Phase 3:** Weil sich Ihr Verhalten verändert, werden Sie damit bestimmte *Ergebnisse* erzielen, die Ihnen die Richtigkeit Ihrer Einstellung bestätigen, Ihre „Prophezeiung" hat sich also erfüllt.

---

Eine sich selbst erfüllende Prophezeiung besteht also immer aus drei Komponenten: *Meinung – Verhaltensänderung – Ergebnis*. Sehen wir uns die Sache an einem Beispiel an:

**Phase 1:** *Ihre Einstellung*

Sie haben die Einstellung, daß alle Kollegen an Ihrem Arbeitsplatz heimlich hinter Ihrem Rücken über Sie tuscheln. Nehmen wir an, diese Einstellung ist völlig aus der Luft gegriffen, niemand redet heimlich über Sie. Aber wie gesagt, Sie sind aus irgendwelchen Gründen der festen Überzeugung, daß dem so wäre …

**Phase 2:** *Ihre Verhaltensänderung*

Weil Sie dieser Meinung sind, wird sich Ihr Verhalten nach und nach ändern. Sie werden einen mißtrauischen Gesichtsausdruck bekommen, Sie werden überaufmerksam durch die Räume schleichen, Sie werden anfangen, sich an Kollegen heranzupirschen, um eventuellen Tratsch über Sie mitzubekommen, Sie werden eventuell niedergeschlagen aussehen, weil es Ihnen zu schaffen macht, daß alle über Sie tuscheln usw. *Wohlgemerkt, bis jetzt tuschelt noch niemand über Sie!!!* Doch dann folgt ...

**Phase 3:** *Das Ergebnis*

Weil Sie sich so seltsam benehmen, wird es nicht lange dauern, bis sich Ihre Kollegen darüber unterhalten, was mit Ihnen los sein könnte. *„Hast du ihn/sie in letzter Zeit gesehen, er/sie benimmt sich so komisch!" „Weißt du, was er/sie hat, er/sie hat so einen seltsamen Gesichtsausdruck!?" „Neulich habe ich ihn/sie dir hinterherschleichen sehen, ich glaube, er/sie hat nicht mehr alle Tassen im Schrank"* usw.

Jetzt genügt es, wenn Sie in einem solchen Moment zufällig an einem Zimmer vorbeikommen, in denen sich Kollegen gerade über Ihr merkwürdiges Benehmen unterhalten. Was werden Sie wohl in diesem Augenblick denken? Sie werden denken: *„Ha, jetzt habe ich sie endlich erwischt, ich habe ja von Anfang an gewußt, daß sie heimlich über mich tuscheln!"* und damit hat sich Ihre Einstellung bestätigt. Die Prophezeiung *„Alle reden über mich"* hat sich also erfüllt. Das, was anfangs nur in Ihrer Vorstellung ohne reale Grundlage existierte, ist zur Wirklichkeit geworden. Ihre Gedanken haben sich also verwirklicht!

*Der Rosenthal-Effekt*

Die fatale Wirkungsweise derartiger selbsterfüllender Prophezeiungen sind ausgiebig untersucht worden. Höchst eindrucksvoll wurde dies an einer Untersuchung von Professor Robert Rosenthal an der Universität von Harvard demonstriert. Aufgrund dieses Experiments nennt man die selbsterfüllende Prophezeiung auch den *„Rosenthal-Effekt"*. Schüler einer Grundschule wurden von Prof. Rosenthal auf ihre Intelligenz hin untersucht. Anhand der Tests, so wurde den Lehrern mitgeteilt, könne man Schüler herausfinden, die im nächsten Jahr einen gewaltigen Lernfortschritt machen würden. Den Lehrern wurden auch die Namen der betreffenden Schüler genannt; der einzige Haken bei der Geschichte war, daß diese Schüler nicht intelligenter als die anderen waren, sondern nur per Zufall ausgewählt wurden. Aber das wußten die Lehrer zu diesem Zeitpunkt nicht, sie glaubten aufgrund der Untersuchungsergebnisse fest daran, daß sie es bei den betreffenden Schülern mit „Intelligenzbestien" zu tun hätten. Acht Monate später wurde der Intelligenztest wiederholt, wobei die Kinder, die vorher per Zufall ausgesucht worden waren, einen durchschnittlich um vier Punkte höheren Intelligenz-Quotienten aufwiesen, als die anderen Schüler. Die von den Lehrern als vielversprechend eingestuften Kinder hatten deutlich bessere Fortschritte gemacht, als die anderen. Wie kann man dieses „Wunder" erklären? Sehen wir uns das Ganze an dem Ihnen inzwischen bekannten 3-Phasen-Schema an:

**Phase 1:** *Die Einstellung*
Der Lehrer hat die Einstellung, ein bestimmter Schüler wird sich in seinen schulischen Leistungen deutlich verbessern.

**Phase 2:** *Die Verhaltensänderung*
Aufgrund dieser Einstellung wird er diesen Schüler mit besonderer Aufmerksamkeit beobachten, er wird ihn öfter loben, er wird auf jede noch so kleine Veränderung achten, er wird ihn mehr fördern, damit das „Genie" durchbrechen kann. Der betreffende Schüler genießt also eine Art von Vorzugsbehandlung, die ihm der Lehrer zum Teil unbewußt gewährt.

**Phase 3:** *Das Ergebnis*
Durch diese Aufmerksamkeit und Freundlichkeit, die dem betreffenden Schüler zuteil wird, fühlt sich der Schüler anerkannt, er ist hoch motiviert und arbeitet konzentrierter mit, er verbessert dadurch seine Leistungen, und das wiederum bestätigt dem Lehrer, daß er mit seiner Meinung richtig lag.

Diese Ergebnisse sind keine Einzelfälle, man kennt sie von Schwimmlehrern, denen eingeredet wurde, ihre Klasse bestünde aus zukünftigen Schwimm-Assen, und deren Klasse nach ein paar Wochen Schwimmunterricht tatsächlich weit bessere Ergebnisse erzielte als eine „normale" Vergleichsklasse, man kennt sie aber genausogut aus Tierexperimenten, bei denen dem Versuchsleiter eingeredet wurde, er würde mit sehr intelligenten Ratten arbeiten und – oh „Wunder"– schnitten die Ratten bei bestimmten Aufgaben tatsächlich besser ab als vergleichbare Tiere, deren Versuchsleiter dachte, er hätte dumme Ratten. Selbsterfüllende Prophezeiungen gehören zum Menschen wie der Schwanz zum Hund. Fast

jede Situation läßt sich mit diesem phantastischen Instrument realisieren. Denken Sie nur an das klassische Dilemma der Eifersucht.
Wenn Sie grundlos auf Ihren Partner eifersüchtig sind, ihn oder
sie verdächtigen einen „anderen" zu haben, dann kann es durchaus passieren, daß diese Meinung nach einer gewissen Zeit Wirklichkeit wird.

**Phase 1:** *Ihre Einstellung*

Sie reden sich ein, Ihr Partner interessiere sich auffällig für das
andere Geschlecht, insgeheim haben Sie die Vermutung, daß er
Sie betrügt.

**Phase 2:** *Ihre Verhaltensänderung*

Sie fangen an, Ihren Partner zu kontrollieren. „Wo warst du?",
„Was hast du gemacht?" sind noch die harmloseren Fragen, Sie beschimpfen und beschuldigen ihn, Sie jammern, daß er Sie nicht
verlassen solle, kurzum, Sie werden zu einem armen, unattrakti-
ven klammernden und kontrollierenden armen Würstchen.

**Phase 3:** *Das Ergebnis*

Ihr Partner hat von Ihnen aufgrund Ihres Verhaltens wirklich
die Schnauze voll, wendet sich dem anderen Geschlecht zu, findet jemand, der eine positive Ausstrahlung und Selbstvertrauen
hat und betrügt sie mit diesem Jemand bzw. gibt Ihnen den Lauf-
paß. Und was wird dann passieren? Na? Genau das, was bei jeder
selbsterfüllenden Prophezeiung passiert: Sie werden der festen
Überzeugung sein, daß Sie mit Ihrer Einstellung richtig lagen!

Sie sehen anhand dieser wenigen Beispiele, welche Macht unsere Einstellungen über unser Leben und dessen Verlauf haben.
Wir haben Tausende, ja Millionen von Einstellungen in unserem
Kopf und jede dieser Einstellungen unterliegt den Gesetzen der
selbsterfüllenden Prophezeiung. Wenn Sie zum Beispiel die Einstellung pflegen, die Leute würden Sie so komisch beäugen, dann
dürfen Sie sich nicht wundern, wenn genau das passiert. Wenn
Sie der Meinung sind, Sie wären unattraktiv und häßlich, dann
werden Sie sich genau das bestätigen, und wenn Sie davon überzeugt sind, alle Männer wollen nur das eine, dann werden Sie
diese Erfahrung immer wieder machen.

### Ein „drängendes" Beispiel

Das Spielchen mit der selbsterfüllenden Prophezeiung klappt nicht nur im Umgang mit anderen Menschen, sondern es funktioniert geradezu hervorragend auch im Umgang mit sich selbst. Ein Klient von mir hatte zum Beispiel ein hochbrisantes Problem; er war beruflich viel unterwegs, hatte aufgrund seines Handwerks viel in Neubauten zu tun, hauptsächlich mit Sanitärinstallationen. Und genau das wurde für ihn zum „drückenden" Problem. Da an den Orten, an denen er arbeitete, noch keine Toiletten installiert waren (es war ja seine Aufgabe, diese erst zu installieren), hatte er nicht selten das Problem: Wohin, wenn er selbst aufs Örtchen mußte? Es gibt zwar auf Baustellen in der Regel ein Toilettenhäuschen oder zumindest Nachbarn, die eine Toilette besitzen, aber es dauert eine gewisse Zeit, bis man diese gefunden hat. Jeder, der schon einmal den Drang verspürte, weiß, wie „drückend" eine solche Situation werden kann. Da sich der gute Mann jedoch auch noch zusätzlich einredete, er könne sein Bedürfnis nicht lange aufschieben, entstand daraus eine geradezu panische Angst, im Falle des Falles nicht rechtzeitig zur Toilette zu kommen.

Dies führte zu folgender verzwickter Situation: Sobald er mit seinem Wagen zu einer Baustelle unterwegs war, beschäftigte er sich geistig mit der Frage, wo wohl das Toilettenhäuschen sein könnte, was nicht selten dazu führte, daß er schon im Auto einen gewissen Drang verspürte. Wenn er dann an der Baustelle angelangt war, hoffte er inständig, nicht zu „müssen". Sie ahnen sicher, was dem guten Mann immer wieder passierte: Aufgrund seiner ständigen Gedanken an die Situation X, aufgrund der Vorstellung „Was ist, wenn ich aufs Klo muß und es gibt weit und breit keines?" verspürte er bereits bei der Anfahrt einen starken Drang, sich zu entleeren, wodurch er sich natürlich noch mehr Panik machte. (Daß Angst über das vegetative Nervensystem bei manchen Menschen die Ausscheidungsfunktion anregt, ist allgemein bekannt; Sie kennen sicher den Satz „Vor Angst in die Hose machen".) Durch seine Angst regte er sozusagen seinen Darm erst richtig zu Höchstleistungen an, eine Art Teufelskreis also.

Das Ganze blieb nicht nur auf den geschäftlichen Bereich beschränkt, sondern wirkte sich auch auf sein Privatleben aus. Als er beispielsweise mit seiner Frau im Urlaub ans Meer fuhr, hatte Gott sei Dank das Hotelzimmer ein eigenes Bad mit Toilette. Alles war wunderbar, der Urlaub konnte beginnen. Doch sobald er mit seiner Frau an den Strand ging, der sich in einer gewissen Entfernung vom Hotel befand, holte ihn sein drückendes Problem wieder ein. Ein wunderbarer Strand, sauberes Meer, strahlende Sonne … aber weit und breit keine Toiletten! Was tun, wenn das Bedürfnis drückt? Der Weg zurück zum Hotel war zu weit! Und schon ging es wieder los. Er hielt es genau einen Tag am Strand aus, an diesem Tag beschäftigte er sich damit, was passieren würde, wenn er jetzt müßte, und aufgrund dieser Gedanken verspürte er schon ein gewisses Zwicken am Schließmuskel und geriet in Panik. Den Rest des Urlaubs mied er den Strand und brachte es fertig, seine freien Tage am Hotelpool bzw. in Restaurants mit Toiletten zu verbringen. Seine Frau ist inzwischen der festen Überzeugung, daß ihr Göttergatte nicht mehr alle Tassen im Schrank hat …

Wenn Sie diese Geschichte lesen, werden Sie möglicherweise amüsiert still vor sich hinlächeln. Aber ist es nicht so, daß ein Großteil der Probleme, mit denen wir uns täglich herumschlagen, durchaus damit vergleichbar sind? Das Interessante an dieser Geschichte ist doch, daß dieses ganze Problem damit anfängt, daß der Mann darüber nachdenkt, was passieren würde, wenn er müßte und weit und breit keine Toiletten zu finden wären. Dieses Nachdenken setzt bestimmte körperliche Veränderungen in Gang, die genau das hervorrufen, wovor er sich fürchtet. Was Sie hier vor sich haben, ist nichts anderes als eine selbsterfüllende Prophezeiung; eine selbsterfüllende Prophezeiung, die der Betreffende bei sich selbst in Gang bringt. Sehen wir uns wieder die Phasen an:

**Phase 1:** *Die Einstellung*
Er müsse bestimmt dann aufs Klo, wenn weit und breit keine Toiletten aufzutreiben sind.

**Phase 2:** *Die Veränderung*
Aufgrund dieser Einstellung bekommt er Angst (hier steckt das Ihnen inzwischen wohlvertraute Katastrophisieren dahinter, er

sieht es als furchtbar an, wenn er in die Hose machen würde oder wenn er sich hinter einen Busch setzen würde und jemand käme zufällig vorbei. Fragen Sie sich, wie schlimm das wirklich wäre! Würden Sie sich lieber die Augen ausstoßen lassen, den Fuß abhacken oder sich auf dem elektrischen Stuhl lebendig rösten lassen? Nicht? Nun, dann kann es nicht weiter schlimm sein.). Aufgrund seiner Angst kommt es zu physiologischen Veränderungen, Magen- und Darmtätigkeit verändert sich; Blähungen, Durchfall, flaues Gefühl im Magen sind die Folgen.

**Phase 3:** *Das Ergebnis*
Er verspürt den Druck und damit bestätigt sich seine Prophezeiung; er muß jetzt tatsächlich aufs Klo, und wie es der Zufall so will, es ist tatsächlich weit und breit keines aufzutreiben.

*Die Geschichte vom alten Mann und dem Tod*
*„Wovor du Angst hast, daran wirst du sterben!"* Dieses alte spanische Sprichwort beschreibt die Wirkungsweise der selbsterfüllenden Prophezeiung zwar etwas drastisch, aber bei näherer Betrachtung ist die Sache gar nicht so abwegig.

Ein alter Mann saß eines Tages an einer Straßengabelung, als der Tod des Weges kam. „Wohin gehst du, Gevatter Tod?" fragte der alte Mann. „In die Stadt, ich werde dort tausend Menschen an der Pest sterben lassen" antwortete der Tod und ging seines Weges. Einige Tage später kam der Tod wieder an der Weggabelung vorbei und traf wieder den alten Mann. „Du sagtest, du wolltest tausend Menschen töten, ich hörte aber, daß Zehntausende umgekommen sind!" beschwerte sich der Alte. „Nur tausend sind an der Pest gestorben, die anderen hat ihre eigene Angst umgebracht", erwiderte der Tod und ging weiter.

Derart alte Geschichten sind etwas Herrliches, sie klingen so schön schaurig und keiner nimmt sie ernst. Ich kann Ihnen jedoch an einem Beispiel aus der Praxis zeigen, wie schnell dieses „Märchen" Wirklichkeit werden kann. Auch hier ist es wieder die selbsterfüllende Prophezeiung, die bewirkt, daß genau das eintritt, was vorher in den Gehirnen der Betreffenden herumspukte.

*Angst vor Krebs*

Eine meiner Klientinnen kam aus einer Familie, in der eine bestimmte Art von Krebs sehr häufig auftrat. Ihre Mutter starb an
dieser Art von Krebs im Alter von etwa vierzig Jahren, Ihre Schwester starb genau an der gleichen Krebsart mit neununddreißig Jahren, eine Tante und weitere Verwandte waren diesem Krebs erle-
gen, und zwar alle vor dem vierzigsten Lebensjahr. Alle die gleiche
Krankheit und alle so um das vierzigste Lebensjahr! Als die Frau zu
mir in die Praxis kam, war sie achtunddreißig Jahre alt. Können
Sie sich vorstellen, daß Sie sich in einer derartigen Situation auch
gewisse Gedanken machen würden? Was würden Sie in einer solchen Situation tun?

Nun, Sie rannte jedenfalls von einem Arzt zum anderen, von
einer Vorsorgeuntersuchung zur nächsten, ihr gesamtes Denken
kreiste nur darum, ob Sie den Krebs vielleicht schon hatte oder
nicht. Sie litt unter Schlafstörungen. Wenn Sie dann doch nach
langem Wachliegen einschlief, träumte Sie davon, Krebs zu haben;
ihr Blutdruck war deutlich erhöht und sie hatte massive Probleme
mit ihrem Magen und Darm. Jedes Symptom, das sich aufgrund ihrer Sorgen und Ängste entwickelte, nahm sie gleich als Hinweis-
zeichen, daß es jetzt soweit sei, daß der Krebs schließlich und endlich da wäre. Sie machte sich auf diese Art und Weise das Leben
zur Hölle, verlor durch die Symptome ihren Job und schlitterte
daraufhin auch noch in eine handfeste Depression.

Was, glauben Sie, kann passieren, wenn sie mit diesem Blödsinn nicht schnellstens aufhört? Ich brauche Ihnen, denke ich, gar
nicht mehr zu sagen, daß es sich hierbei um eine klassische selbsterfüllende Prophezeiung handelt, Sie können das inzwischen
selbst erkennen.

**Phase 1:** *Die Einstellung*
   Ich werde bestimmt auch an dieser Art von Krebs erkranken.

**Phase 2:** *Die Veränderung*
   Aufgrund dieser Einstellung macht sie sich angst. Angst ist verbunden mit einer Streßreaktion. Und die Streßreaktion wiederum
beeinflußt fast sämtliche körperlichen Vorgänge. Hormone werden ausgeschüttet, und im Langzeitstreß sinkt daraufhin deutlich

die Immunabwehr. Bei der Krebsabwehr spielen jedoch immuno-
logische Vorgänge eine wichtige Rolle. Jeder gesunde Mensch hat
Krebszellen in seinem Körper. Es kommt täglich vor, daß Zellen
entarten, jedoch ist es für unseren Körper kein großes Problem,
diese entarteten Zellen zu beseitigen. Offensichtlich war das auch
für die Immunabwehr dieser Klientin bisher kein Problem, denn
sie ist ja bisher gesund gewesen. Was passiert aber, wenn sie
durch ihre permanente Angst dauernd Hormone und biochemi-
sche Veränderungen produziert und damit die wichtige Immunabwehr schwächt? Dann könnte durchaus Phase 3 eintreten …

**Phase 3:** *Das Ergebnis*
Durch das gestörte Gleichgewicht können sich die sowieso vor-
handenen entarteten Zellen vermehren, es entsteht ein Krebs, der
sich ausdehnt, weil er auf keine nennenswerte Immunabwehr
mehr stößt, und dann könnte genau das eintreten, wovor sie die
ganze Zeit so schreckliche Angst hatte; sie könnte tatsächlich an
dieser von ihr so gefürchteten Krankheit leiden.

Anhand dieser wenigen Beispiele können Sie sehr gut sehen,
daß durchaus etwas dran ist an dem Satz: *„Ein Gedanke hat die Tendenz, sich zu verwirklichen"*.

Es handelt sich hierbei nicht um Hokuspokus, geheime Kräfte
oder mentale Beeinflussung von Dingen, sondern um eine logische Kette, die eben mit Gedanken, Einstellungen und Meinungen
beginnt.

Einstellung – Verhalten – Ergebnis

sind die drei Bestandteile, die eine selbsterfüllende Prophezeiung in Gang bringen. Ihr gesamter Lebensweg besteht aus einer An-
einanderreihung von selbsterfüllenden Prophezeiungen. Während
diese selbsterfüllenden Prophezeiungen in Ihrer Kindheit hauptsächlich durch Ihre Eltern und später durch Ihre Lehrer in Gang
gesetzt wurden, sind es jetzt, wo Sie erwachsen sind, Sie, der diese
Dynamik entfacht. Ihre Einstellungen zu sich selbst, zu anderen
und zu der Welt sind es, die Ihren Lebensweg entscheidend beeinflussen. Man könnte das Ganze mit der Herstellung eines Pro-

duktes vergleichen. Die Qualität des Produktes (Ihr Leben) hängt entscheidend von der Qualität der Rohmaterialien (Ihren Gedanken) ab. Diese banale Weisheit kennt jeder Geschäftsmann, sie ist die Grundvoraussetzung für den Erfolg einer Ware auf dem Markt.

Wenn Sie also ein erstklassiges Leben führen wollen,
brauchen Sie dazu erstklassige Rohmaterialien, sprich
Einstellungen!

### Der Placebo-Effekt

Falls Sie immer noch Zweifel daran haben, welche Kraft Ihre Gedanken, Meinungen und Lebenseinstellungen haben, dann beschäftigen Sie sich doch einmal mit dem sogenannten *Placebo-Effekt*. Unter einem *Placebo* versteht man ein Medikament, das aussieht wie ein Medikament, schmeckt wie ein Medikament, sich anfühlt wie ein Medikament, aber eben kein Medikament ist. Die betreffenden Pillen oder Flüssigkeiten haben absolut keine medizinische Wirkung, meist handelt es sich dabei um harmlose Zuckerpillen, gefärbtes Wasser oder ähnliche, völlig harmlose und wirkungslose Stoffe. Verabreicht man Patienten solche Placebos als Schmerzmittel, lassen plötzlich die Schmerzen nach, verabreicht man sie ihnen als Beruhigungsmittel, werden sie plötzlich ganz ruhig, verabreicht man sie als Aufputschmittel, berichten die Betreffenden über die grandiose Energie, die ihnen dieses Wundermittel verleiht, verabreicht man sie als Abführmittel, lassen sich damit auch hartnäckigste Verstopfungen kurieren. Klingt wie ein Wunder, nicht wahr? Wie ist so etwas möglich?

Das Entscheidende dabei ist, daß derjenige, der das „Medikament" nimmt, nichts von der Wirkungslosigkeit ahnt und deshalb der felsenfesten Überzeugung ist, er nähme ein hochwirksames Arzneimittel zu sich. Wenn er fest daran glaubt, ein hochwirksames Präparat einzunehmen, setzt er damit eine selbsterfüllende Prophezeiung in Gang, die über die Selbstheilungskräfte des Körpers dazu führt, daß ein Heilungserfolg eintritt.

Zur Wirkung von Placebos existieren unzählige Untersuchungen, in denen diese verblüffende Wirkung, die lediglich durch den Irrglauben entsteht, immer wieder bestätigt wurde. Nehmen wir uns doch einmal eine Studie des Coronary-Drug-Projekt der Universität von Maryland/Baltimore von 1981 „zur Brust", die drastisch zeigte, was Einstellungen auszurichten vermögen.

An der Untersuchung nahmen über 8000 Männer teil. Diese Männer wiesen alle einen höchstens drei Monate zurückliegenden Herzinfarkt auf. 5500 von ihnen wurden mit modernsten Mitteln behandelt, 2789 erhielten lediglich ein Placebo, also dieses Medikament ohne jeglichen Wirkstoff. Nach 5 Jahren zeigte sich folgendes Ergebnis:

Von den mit echten Herzmedikamenten behandelten Patienten waren 20% verstorben, von den mit Placebos behandelten Kranken 20,9%. Offensichtlich hatte das Placebo also annähernd die gleiche Wirkung wie das echte Medikament, was die Überlebenschancen betrifft! Diese Studie ist deswegen so interessant, weil gleichzeitig noch untersucht wurde, inwieweit die Betreffenden an die Wirkung von Medikamenten glaubten und regelmäßig ihre Pillen nahmen, oder ob Sie von der Wirkung eines Medikaments nicht überzeugt waren und auch nicht regelmäßig Ihre Medizin einnahmen. Die Ergebnisse dieser spezielleren Untersuchung zeigt die folgende Tabelle:

| | Todesfälle echte Medikamente | Todesfälle Placebos |
|---|---|---|
| **Therapiegläubige** Regelmäßige Medikamenteneinnahme | 15,0% | 15,1% |
| **Therapieungläubige** Unregelmäßige Medikamenteneinnahme | 26,6% | 28,2% |
| Gesamt | 20,0% | 20,9% |

Betrachten Sie die fett gedruckten Zahlen! Fällt Ihnen etwas auf? Ist es nicht faszinierend, daß von den Patienten, die lediglich ein Placebo bekamen, aber fest daran glaubten, daß es wirkt, daß von denen weniger starben (15,1%) als von denjenigen Patienten, die ein hochwirksames Medikament erhielten, die aber nicht daran glaubten, daß ihnen das weiterhilft (26,6% Todesfälle)! Den immens wichtigen Faktor „Einstellung" erkannte schon der gute alte Paracelsus. Von ihm ist der Satz überliefert:

*„Der Glaube ist es, der die wahren Wunder wirkt!"*

Ein Kranker, der sich aufgibt, der fest davon überzeugt ist, daß ihm nichts mehr helfen kann, bringt die Heilkräfte seines Körpers sehr schnell an einen Punkt, wo seine Meinung wahr werden kann. Der Placebo-Effekt beruht im Endeffekt auf nichts anderem als der guten alten selbsterfüllenden Prophezeiung, und daß der Placebo-Effekt sogar die Wirkung eines Medikamentes umkehren kann, bewies Dr. Henry Beecher an der Universität von Harvard in einem interessanten Experiment. Einer Gruppe von Studenten wurden verschiedene Pillen gegeben. Ihnen wurde mitgeteilt, daß die roten Pillen ein hochwirksames Aufputschmittel enthielten, die blauen Pillen dagegen ein ebenso hochwirksames Beruhigungsmittel. Ohne Wissen der Studenten verhielt sich die Sache genau umgekehrt. Die roten Pillen waren das Beruhigungsmittel, die blauen das Aufputschmittel. Auch in diesem Experiment zeigte sich, daß nahezu die Hälfte der Studenten so reagierten, wie es ihrer Einstellung entsprach. Diejenigen, die das Beruhigungsmittel genommen hatten und glaubten, sie hätten soeben ein starkes Aufputschmittel konsumiert, zeigten körperliche Reaktionen, die denen eines tatsächlichen Aufputschmittels entsprachen, wurden immer aufgedrehter und waren voll von Energie, während diejenigen, die tatsächlich ein Aufputschmittel zu sich genommen hatten, immer müder und abgeschlaffter wurden. Bei dieser Untersuchung zeigte sich, daß der Glaube sogar in der Lage ist, die Wirkung eines Medikamentes umzukehren, eine faszinierende Sache, nicht wahr?

In einer anderen Untersuchung wurde einer Gruppe von Patienten mit offenen Magengeschwüren suggeriert, sie bekämen ein hochwirksames Medikament gegen ihr Leiden, während einer anderen Gruppe mit genau dem gleichen Krankheitsbild vorgegaukelt wurde, das Medikament befände sich noch in der Erprobungsphase und über die Wirkung wüßte man noch nichts Genaues. Beide Gruppen erhielten daraufhin das gleiche Präparat; während in der ersten Gruppe bei fast 70% der Fälle eine deutliche Besserung eintrat, zeigte sich in der zweiten Gruppe nur bei etwa einem Viertel der Teilnehmer eine Verbesserung der Krankheit.

*Der Nocebo-Effekt*
Inzwischen weiß man auch, daß es einen umgekehrten Placebo-Effekt gibt, er ist unter dem Namen *Nocebo-Effekt* (von lat. nocere: schaden) geläufig. Während also Leute, die den Placebo-Effekt auslösen, glauben, daß ihnen irgend etwas hilft (sei es ein wirkungsloses Medikament, das Horoskop, eine Hasenpfote in der Hosentasche oder Weihwasser), lösen die Pechvögel des Lebens nicht selten den Nocebo-Effekt aus, indem sie felsenfest davon überzeugt sind, daß ihnen irgend etwas schadet. So zeigte sich beispielsweise massiver Haarausfall bei Krebspatienten, die man einer „Chemotherapie" unterzogen hatte; allerdings bestand diese „Chemotherapie" aus harmlosen Injektionen mit Kochsalzlösungen. Das jedoch wußten diese Patienten nicht, sie glaubten fest daran, eine Chemotherapie mit allen bekannten Nebenwirkungen (z.B. Haarausfall) zu erhalten. Offensichtlich ist das menschliche Gehirn also nicht nur in der Lage, die unterschiedlichsten Vorstellungen zu produzieren, sondern es ist auch fähig, unbewußt einiges in Gang zu bringen, um diese Vorstellungen zur Realität werden zu lassen.

Selbsterfüllende Prophezeiung, Placebo- und Nocebo-Effekt sind Begriffe, die mir durch mein Studium lange bekannt waren, und die ich auch in der täglichen Arbeit mit Klienten zur Genüge beobachten konnte. Was mich aber vollends von der durchschlagenden Wirkung menschlicher Gedanken, Meinungen und Einstellungen überzeugte, war eine Erfahrung, die ich Ihnen hier nicht vorenthalten möchte:

*Die Hypnose*

Er glaubte, er wäre ein Vogel, und bewegte seine Arme rhythmisch auf und ab; er glaubte, die Zwiebel wäre ein Apfel, und aß sie mit Wonne samt Schale auf; er glaubte, er könnte seine Beine nicht mehr bewegen, und wuchs am Boden fest; er glaubte, seinen Freund nicht zu kennen, und blickte plötzlich in das Gesicht eines fremden Menschen; er glaubte, todmüde zu sein, und schlief im Stehen ein; er glaubte, sein Arm wäre aus Eisen, und er konnte ihn nicht mehr bewegen; ...

Vielleicht sind Sie jetzt der Meinung, dieser „Er" wäre etwas übergeschnappt. Dieser „Er" war ich selbst bei einer Hypnose, der ich mich aus Jux unterzog. Sicher haben Sie schon derartige Hypnoseshows im Fernsehen oder auf Veranstaltungen gesehen. Hypnotisierte Menschen tun die verrücktesten Dinge, Dinge, die sich ein neutraler Beobachter nur schwer vorstellen kann, und sicher haben auch Sie sich schon gefragt, ob das dabei mit rechten Dingen zugeht oder ob das alles nur Show und abgesprochen ist. Sehen Sie, und genau das war für mich der Grund, das Ganze einmal am eigenen Leib zu erfahren, nach dem Ihnen inzwischen vertrauten Motto:

„Nichts glauben, überprüfen!"

Also verabredete ich mich mit einem befreundeten Hypnotiseur und ließ mich von ihm hypnotisieren. Ich kannte bis dahin die Hypnose nur aus Büchern bzw. aus der klinischen Anwendung. Was mich jedoch faszinierte, war die showmäßige Anwendung der Hypnose, bei der Menschen so herrlich verrückte Dinge tun.

Hypnose ist kein Hokuspokus, sondern besteht im Grunde nur daraus, daß Ihnen ein anderer Mensch etwas einredet und Sie fest daran glauben. Nachdem ich mich entspannt hatte, begann der gute Mann mir mit monotoner Stimme immer wieder einzureden: „Du hörst nur noch meine Stimme, du hörst nur noch meine Stimme, alles, was ich dir sage, wird Wirklichkeit ..." Ich hatte den Eindruck, er tat das unendlich lange, in Wirklichkeit waren es aber nicht mehr als zehn Minuten – und dann begann der Tanz!

Er redete mir ein, ich hielte einen süßen Apfel in der Hand und würde ihn mit großem Genuß aufessen. Und genau das tat ich dann, er schmeckte hervorragend! Nur, es war kein Apfel, sondern eine Zwiebel! Versuchen Sie einmal eine Zwiebel wie einen Apfel mitsamt der Schale zu essen! Wahrscheinlich würden Sie keinen Bissen hinunterbekommen, aber für mich war das überhaupt kein Problem, denn ich war ja zu diesem Zeitpunkt der festen Überzeugung, ich hätte es mit einem Apfel zu tun. Er sagte zu mir, ich wäre ein Vogel, und tatsächlich hatte ich binnen kürzester Zeit den Eindruck, zu fliegen. Er veränderte meine Wahrnehmungsfähigkeit derart, daß ich einen guten Freund, der sich amüsiert das ganze Schauspiel ansah, nicht mehr erkannte. Stellen Sie sich das vor! Sie halten einen Freund für eine fremde Person, sehen ihm ins Gesicht und erkennen ihn nicht, nur aufgrund dessen, weil Ihnen jemand einredet, diese Person wäre Ihnen unbekannt. Verrückt, nicht wahr? Er suggerierte mir, meine Beine wären am Boden festgewachsen und so sehr ich mich auch mühte, ich brachte sie einfach nicht mehr vom Boden weg, sie waren wie festgeklebt! Er sagte, ich wäre todmüde und ich schlief augenblicklich ein, obwohl es erst 20 Uhr war …

Und an diesem Punkt begann mein persönliches „Aha"-Erlebnis. Während der ganzen Hypnose-Sitzung befand ich mich in einem seltsamen Zustand. Ich tat das, was er mir einredete, konnte aber gleichzeitig noch klar denken und ihm sogar sagen, was er mir einreden sollte. Ein Zustand, als ob sich mein Wille von meinem Körper getrennt hätte und nun als eine Art wohlwollender Beobachter dem ganzen Treiben zusah. Ich bat ihn also, mir doch einmal einzureden, ich sei hellwach. Er flötete mir nur ins Ohr: „Du bist hellwach, du bist voll von Energie, du fühlst dich gut und stark …" und kaum hatte er diesen Satz zu Ende gesprochen, wurde aus dem Zustand der bleiernen Müdigkeit plötzlich dieser Zustand des Gutdraufseins, ich war in Sekundenschnelle bombenfit.

An diesem Punkt beendeten wir die Sitzung, unterhielten uns noch etwas und verabschiedeten uns dann. Wie gesagt, es war früher Abend und ich stellte an mir etwas Seltsames fest. Der energiegeladene Zustand, den er mir eingeredet hatte, hielt an! Ich wurde einfach nicht müde! Stunden später war ich immer noch energiegeladen und hellwach. Und das gab mir zu denken. Alles, was er getan hatte, war, daß er mir etwas eingeredet hatte, an das ich geglaubt habe. Und diese Vorstellungen, die daraufhin in meinem Kopf herumspukten, hatten einen derartigen Effekt auf meinen Körper, daß man ihn durchaus mit der Wirkung von Rauschgift, zum Beispiel von Kokain, vergleichen könnte. Stellen Sie sich vor, jemand redet Ihnen etwas ein, Sie glauben daran und daraufhin trifft genau das ein, was Ihnen vorher suggeriert wurde!

Inzwischen nutzt man die Hypnose wieder im medizinischen Bereich zur Schmerzbekämpfung; dabei redet man dem Patienten im Prinzip nur ein, er fühle keinen Schmerz, und tatsächlich ist der Betreffende aufgrund dieser simplen Technik schmerzfrei. Im einfachsten Fall nimmt man diese Techniken dazu her, eine schmerzlose Zahnbehandlung durchzuführen, es sind jedoch schon Anwendungen derartig erfolgt, daß man eine Kaiserschnittoperation unter Hypnose durchführte. Stellen Sie sich das einmal vor, man kann einem Menschen, der bei vollem Bewußtsein ist, den Bauch mit einem scharfen Messer aufschneiden, ohne das der Betreffende Schmerzen verspürt! Unglaublich, nicht wahr?

*Der Einfluß Ihrer Gedanken auf Ihren Körper*
Sie werden, wenn Sie sich eingehender mit Hypnose beschäftigen, sehr schnell erkennen, welchen Einfluß Ihre Gedanken auf Ihren Körper und damit auf Ihr Wohlbefinden haben. Es macht dabei keinen Unterschied, ob Ihnen ein Hypnotiseur etwas einredet, oder ob Sie das selbst tun; denn die Wirkung einer Hypnose hängt nicht vom Hypnotiseur ab, sondern davon, ob Sie das, was er Ihnen sagt, glauben. Und wenn Sie sich selbst bestimmte Dinge einreden und fest daran glauben, dann haben Sie die gleiche Wirkung wie in einer Hypnose.

Derartige Phänomene sind zum Beispiel aus dem religiösen Bereich hinreichend bekannt. Immer wieder werden Fälle von „Stigmatisierungen" als Wunder betrachtet und die betreffenden Personen als Heilige verehrt. Unter Stigmatisierung versteht man das Phänomen, daß es Menschen gibt, die jedes Jahr zu bestimmten

Tagen die Wundmale Christi aufweisen. Den Betreffenden platzt meist um die Osterzeit die Haut an Händen und Füßen auf, und sie bluten, als ob man ihnen an diesen Stellen Nägel durch den Körper getrieben hätte. Das Interessante an der ganzen Sache besteht darin, daß sich dieses „Wunder" nur bei sehr gläubigen Menschen findet. Man findet es nicht bei vom Christentum unberührten Naturvölkern und ebensowenig bei Atheisten oder Anhängern anderer Religionen. Anscheinend handelt es sich dabei also weniger um ein Wunder als um eine körperliche Veränderung, die durch die Psyche in Gang gesetzt wird. Wie sehr der Glaube bei diesem Phänomen beteiligt ist, zeigt sich auch an der Lokalisation der Wunden. In der Regel bluten bei den Betreffenden die Handteller, weil sie glauben, daß Christus an diesen Stellen von den Nägeln durchbohrt wurde. Inzwischen weiß man längst, daß die Nägel bei Kreuzigungen nicht durch den Handteller, sondern durch das Handgelenk bzw. den Unterarm getrieben wurden; denn der Handteller würde das Körpergewicht beim Aufstellen des Kreuzes nicht halten können, er würde wahrscheinlich aufschlitzen. Da diese Fakten aber den wenigsten Gläubigen bekannt sind, entstehen ihre Stigmatisierungen aufgrund ihres Glaubens an den verkehrten Stellen!

Unter Hypnose lassen sich derartige „Wunder" jederzeit erzeugen. So besteht zum Beispiel ein klassisches Hypnoseexperiment darin, der Versuchsperson eine völlig normale, zimmertemperierte Münze auf die Haut zu legen und ihr einzureden, die Münze wäre glühend heiß und, oh Wunder, an dieser Stelle der Haut bildet sich eine Brandblase!

Wenn Sie sich einreden, Sie müßten etwas, und fest daran glauben, dann dürfen Sie sich nicht wundern, wenn Ihr Körper Streß-Symptome und die dazu passenden Gefühle produziert. Wenn Sie sich einreden, daß alltägliche Ereignisse furchtbar und schrecklich wären, dann ist Angst, Verzweiflung und Depression die natürlichste Folge dieser Gedanken. Und wenn Sie sich angesichts einer Situation hilflos fühlen, dann fragen Sie sich ernsthaft, was Sie sich jetzt wieder eingeredet haben, um überhaupt in diesem Zustand zu kommen.

### Angst vor dem Aufzug

In einem meiner Seminare befand sich eine Frau, die nach dem Seminar auf mich zukam und mir ihr Problem schilderte: Sie hatte Angst davor, mit Aufzügen zu fahren, und wollte wissen, was sie dagegen tun könnte. Zufällig fand dieses Seminar im fünften Stockwerk eines Verwaltungsgebäudes statt, und wir standen gerade vor dem Aufzug. Also schlug ich ihr vor, alleine mit dem Aufzug ins Erdgeschoß hinunter zu fahren. Ich wollte die Treppe benutzen und mich mit ihr dann unten weiter unterhalten. Was glauben Sie, antwortete die Frau auf diesen Vorschlag? Mit einem Ausdruck völliger Hilflosigkeit im Gesicht brachte Sie ein: *„Das kann ich nicht!"* hervor. Nun, wenn Sie sich etwas einreden, was nicht stimmt, haben Sie logischerweise dadurch auch Gefühle und Verhaltensweisen, die, gelinde gesagt, idiotisch anmuten. Und wenn ein erwachsener Mensch vor einem Aufzug Gefühle entwickelt, die eigentlich von der Natur für lebensgefährliche Situationen entwickelt wurden, dann kann bei der ganzen Sache irgend etwas nicht mit rechten Dingen zugehen, nicht wahr?

Wie lautet die Gretchenfrage bei sämtlichen unangenehmen Gefühlen, unter denen Sie leiden?

...................................................................................................................

Halt! Nicht einfach weiterlesen. Wenn Sie mit diesem Buch gearbeitet haben, dann wissen Sie die Antwort, wenn Sie dieses Buch nur so nebenbei lesen, dann sind Sie jetzt versucht, einfach weiterzulesen. Aber machen Sie sich klar, daß Ihnen dieses Buch nicht das bringt, was Sie sich erhoffen, wenn Sie nicht bereit sind, damit zu arbeiten. Niemand bekommt Muskeln, wenn er nicht bereit ist, Gewichte zu stemmen. Es gibt wenige, die einen athletischen Körper haben und viele, die sie deswegen beneiden. Und es gibt wenige, die ihr Leben jede Minute genießen und viele, die sie darum beneiden. Zu welcher der beiden Gruppen möchten Sie von jetzt ab gehören, zu den „Neidern" oder zu den „Machern"?

Entscheiden Sie sich jetzt! Lebensgenuß ist nicht etwas, was Ihnen zufliegt, sondern Lebensgenuß hat nur derjenige, der ihn sich erarbeitet. Und wenn Sie die Frage, die ich Ihnen gestellt habe, nicht beantworten können, dann haben Sie sich bis zu dieser Seite nichts erarbeitet, d.h., Sie haben zwar einen guten Vorsatz, aber sind nicht bereit, Ihr Handeln danach auszurichten. Eine Verhaltensweise, die Sie übrigens bei allen Verlierern auf dieser Erde finden: Nichts tun und die Gewinner beneiden. Falls Sie das ändern wollen, lesen Sie doch noch einmal das Kapitel über Ziele aufmerksam durch, fragen Sie sich, was Sie wirklich wollen, und dann tun Sie das, was Sie wollen!

Die Gretchenfrage, die Sie sich von jetzt an stellen werden, wann immer Sie in einem Gefühlszustand sind, der mit einem Maximum an Lebensgenuß nicht das geringste zu tun hat, ist:

„Stimmt das, was ich über die Sache denke?"

Nehmen wir als Beispiel nur einmal diese Frau, die behauptet, sie könne nicht mit dem Aufzug ins Erdgeschoß fahren:

- Stimmt es, daß sie nicht zum Aufzug gehen kann? Natürlich kann sie!
- Stimmt es, daß sie nicht auf den Knopf „Erdgeschoß" drücken kann? Natürlich kann sie!
- Stimmt es, daß sie die Angst nicht aushalten kann? Natürlich kann sie!

Also, was um alles in der Welt redet sich diese Frau ein? Nichts als blanken Unsinn! Und sich selbst eingeredeter Unsinn wirkt wie klassische Hypnose: Die Betreffende redet sich ein, sie könne nicht Aufzug fahren, glaubt fest an diesen Unsinn und zaubert so eine Hilflosigkeit, ja sogar Todesangst herbei. Und das alles durch die drei unscheinbaren Worte: *Ich kann nicht.*

### *Ich kann nicht?*

Drei Worte, die wir nur allzuschnell in dem Mund nehmen, ohne uns Gedanken darüber zu machen, was sie anrichten. Worte wirken wie Hypnose!

- Ich kann dir nicht in die Augen sehen.
- Ich kann es nicht aushalten, daß er so gemein zu mir ist.

- Eine Frau kann nicht die Dinge machen, die sich ein Mann erlauben kann.
- Ich könnte es nicht aushalten, wenn er mich verläßt.
- Ich kann doch nicht einfach einen wildfremden Menschen ansprechen.
- Ich kann doch nicht mit 55 Jahren einen neuen Beruf erlernen.
- Ich kann nicht mit dem Aufzug fahren.
- Ich kann es nicht ertragen, wenn eine Spinne über meinen Körper läuft.
- Ich kann meine aggressiven Arbeitskollegen nicht ertragen.
- Ich kann nicht ertragen, daß sie einen anderen hat.
- Ich kann mich nicht beherrschen.
- Man kann sich nicht einfach über bestehende Normen hinwegsetzen.
- Ich kann nicht einfach diesen Termin über den Haufen werfen.
- Ich kann die Blicke und das Getuschel der Leute nicht aushalten.
- Ich kann meine Frau/meinen Mann nicht verlassen.
- Ich kann da nicht hingehen.
- Ich kann die Angst nicht aushalten.
- Ich kann Enttäuschungen nicht ertragen.
- *Ich kann nicht …, ich kann nicht …, ich kann nicht …*

Was war doch gleich die Gretchenfrage? Na? Richtig: *„Stimmt das, was ich denke?"* Überprüfen Sie diese „Ich-kann-Nicht" daraufhin. Stimmt es, daß ich jemanden nicht in die Augen sehen kann? Natürlich nicht! Dieser Satz würde nur dann der Wahrheit entsprechen, wenn entweder dieser Jemand keine Augen hat, oder mein Sehvermögen auf irgendeine Art beeinträchtigt ist. „Ich kann es nicht aushalten, daß er so gemein zu mir ist." Stimmt das wenigstens? Wie Sie richtig erkannt haben, ist auch dieser Satz Unsinn.

Wenn Sie irgend etwas nicht aushalten können, dann ließe sich das nur dadurch beweisen, daß Sie in dem Moment, wo das Ereignis stattfindet, dahinscheiden würden. Zum Beispiel ließe sich der Satz: „Ich kann es nicht aushalten, wenn man ein Auto auf meinen Kopf parkt" oder „Ich kann es nicht aushalten, wenn man mir 20

Kilogramm Dynamit am Körper zündet" dadurch beweisen, daß Sie hinterher tot sind; Sie haben es wirklich nicht ausgehalten, das, was Sie gedacht haben, hat der Realität entsprochen.

Wie ist es aber mit solchen Sätzen wie: „Ich kann es nicht aushalten, wenn er/sie mich verläßt!", „Ich kann diese Angst nicht aushalten", „Ich kann Enttäuschungen nicht ertragen" usw. Zerfallen Sie in solchen Situationen zu Staub? Hört Ihre irdische Existenz dadurch schlagartig auf? Oder reden Sie sich damit einen riesigen Blödsinn ein und machen sich auf diese Weise Ihr Leben zur Hölle?

Überprüfen Sie diese „Ich-kann-nicht"-Sätze und Sie werden feststellen, daß keiner auch nur das geringste mit der Realität zu tun hat.

> Sie können alles aushalten bis auf Ihren letzten Herzschlag!
> (Den halten Sie in der Regel nicht aus, und den Beweis haben
> Sie ein paar Augenblicke danach!)

### Die „Ich-kann-nicht-Krankheit"

Im Fachjargon wird sie als *„Niedrige Frustrationstoleranz"* bezeichnet, d.h., jemand traut sich nichts zu, fühlt sich hilflos und als armes kleines Würstchen. Den Betreffenden ist meist nicht klar, daß sie für diesen Zustand selbst verantwortlich sind, weil sie ihn durch ihre Weltsicht und ihren Lieblingssatz *„Ich kann nicht"* erst hervorrufen. „Ich will gerne weniger auf das Gerede der Leute achten, aber ich kann doch nicht einfach eine Banane spazierenführen und mit ihr reden!" Vielleicht hatten Sie diesen Gedanken im Kapitel über Mußturbieren, als ich Ihnen diese Übung ans Herz legte. Überprüfen Sie, ob das stimmt, ob Sie wirklich keine Banane spazierenführen *können*. (Alles was Sie dazu benötigen ist eine Banane, einen Bindfaden, einen Arm, der in der Lage ist, den Bindfaden samt Banane zu halten, und Beine, die laufen können. Wenn Sie das alles haben, dann *können* Sie diese Banane spazierenführen.) Können Sie die Blicke der Passanten und das Getuschel aushalten? Na?

Ich denke, ich brauche darauf weiter gar nicht mehr einzugehen, denn Sie wissen inzwischen, daß es fast nichts gibt, was Sie nicht aushalten können. Die „Ich-kann-nicht-Krankheit" finden Sie oft bei Leuten, die Drogen gleich welcher Art benötigen, um ihrer irdischen Existenz wenigstens einen Hauch von Genuß abzugewinnen. Sie benötigen Alkohol, Koks, Heroin und ähnliches, weil sie sich einreden, sie könnten etwas nicht aushalten, sie könnten nicht aushalten, daß eine Beziehung in die Brüche gegangen ist, sie könnten ihre Arbeitslosigkeit nicht aushalten, sie könnten ihre Erfolglosigkeit nicht aushalten usw. Deswegen knallen sie sich die Birne so zu, daß sie dieses ganze Elend nicht mehr wahrnehmen, denn sie können es ja „nicht aushalten". Jeder Mensch, der sich einredet, er könne etwas nicht tun oder aushalten, bringt sich in eine ausweglose Lage, die Folge davon sind Gefühle wie Hilflosigkeit, Minderwertigkeit und Depression.

Nicht selten führt „Ich kann nicht" dazu, daß man sich einredet, man bräuchte andere dazu, um aus dem ganzen Schlamassel herauszukommen. Die leidenschaftlichen „Ich-kann-nicht-Fans" werden auf diese Weise abhängig von der Hilfe anderer. Sie brauchen Gurus, Therapeuten, Ersatzeltern und andere Autoritäten, an die sie sich ihr Leben lang klammern können, die all das für sie erledigen, was sie „nicht können".

*„Wenn du eine hilfreiche Hand brauchst –*
*blicke auf deine eigene!" (chinesisches Sprichwort)*

### Die „Ich-kann-nicht-Prägung"

Wissen Sie, wie man Flöhe, die in freier Natur bis zu drei Meter hoch springen können, im Flohzirkus dazu bringt, nicht höher als zwanzig Zentimeter zu hüpfen? Man gibt sie in ein Gefäß und legt eine Glasplatte darauf, so daß der Abstand von Floh zu Platte etwa zwanzig Zentimeter beträgt. Sobald der Floh wie gewohnt hochspringen will, knallt er unweigerlich an die Glasplatte und fällt benommen zu Boden. Nach ein paar hundert Versuchen gibt er schließlich auf und gewöhnt sich an, nicht mehr höher als zwanzig Zentimeter zu springen, denn wer will schon bei jedem Sprung eine Gehirnerschütterung riskieren. Das Faszinierende dabei ist jedoch, daß man nach dieser Dressur die Glasplatte wegnehmen kann und der Floh trotzdem nicht höher als 20 Zentimeter springt; er setzt sich durch seine Erfahrungen Grenzen, die in der Realität überhaupt nicht mehr existieren, und das womöglich für den Rest seines Lebens!

Sie werden sich jetzt möglicherweise fragen, was das Dressieren von Flöhen mit Ihnen zu tun hat. Die Reaktionsweise des Flohs läßt sich durchaus auf menschliches Verhalten übertragen. Als kleines Kind haben Sie bei weitem nicht die Fähigkeiten, über die ein Erwachsener verfügt, Ihr Leben beginnt mit totaler Hilflosigkeit, Sie sind auf Ihre Eltern angewiesen. Selbst einige Jahre nach Ihrer Geburt sind Sie noch nicht in der Lage, alles das zu tun, was ein Erwachsener tun kann. Sie können beispielsweise nicht so schnell laufen, Sie haben nicht die Körperkräfte und die motorische Geschicklichkeit eines Erwachsenen, Sie verfügen nicht über das Wissen und die Intelligenz usw.

Für ein Kind ist das normalerweise weiter kein größeres Problem, es probiert einfach aus, wo seine Grenzen liegen. Jeder, der Kinder hat oder mit Kindern zu tun hat, kennt diese Situationen. Da rutscht der Zweijährige mal kurzerhand kopfüber am Tischbein herunter, knapp am Schädelbruch vorbei, da klettert der Fünfjährige mal eben das Obstspalier bis fast zum Dachfirst des Hauses empor, da zieht ein anderer dem Schäferhund die Lefzen lang, ohne zu bemerken, daß der Hund drauf und dran ist, zum Angriff überzugehen, da fährt der Sechsjährige mal eben mit dem Fahrrad auf der Autobahn ...

Sicher haben auch Sie in Ihrer Kindheit einige dieser verrückten Sachen gemacht, sicher haben auch Sie sich des öfteren in Gefahr gebracht, weil Sie Situationen und deren Folgen noch nicht einschätzen konnten, und sicher haben auch Sie als Kind schon einmal Sätze wie die folgenden gehört:

- „Das kannst du nicht!"
- „Da bist du noch zu klein!"
- „Das macht man nicht!"
- „Igitt, laß das!"

Oder womöglich hatten Sie Eltern, die den Satz *„Das kann ich nicht!"* zu ihrem Lieblingssatz erkoren hatten. Derartige Sätze prägen sich bei Kindern sehr schnell ein, und irgendwann werden Sie fester Bestandteil der Weltanschauung. Auf diese Weise lernen Sie Bewertungen der Realität, die vielleicht in Ihrer Kindheit richtig waren, aber inzwischen schon längst überholt sind. Viele dieser Bewertungen waren aber nicht einmal in Ihrer Kindheit realitätsangemessen, Sie haben sie einfach von Ihren Eltern und Lehrern übernommen, und diese haben Sie wiederum von ihren Eltern und Lehrern usw. Keiner in dieser Kette hat sich jedoch die Mühe gemacht, sie zu überprüfen, sondern gibt sie einfach immer wieder an die nächste Generation weiter.

### Angst vor Spinnen

Nehmen wir doch nur einmal, als Beispiel für viele unsinnige Ängste, die Angst vor Spinnen. Gehören Sie auch zu der überwiegenden Mehrheit der Bevölkerung, die sich mit dieser Angst herumquält? Können Sie sich noch daran erinnern, wie diese Angst bei Ihnen anfing? In der Regel nicht; die Betreffenden haben den Eindruck, Sie hätten diese Angst von Geburt an.

Sehen Sie, und das stimmt nicht. Eine derartige Angst haben Sie irgendwann einmal gelernt. Aber wie haben Sie sie gelernt? Es gibt mehrere Möglichkeiten. Angst vor etwas empfinden wir normalerweise dann, wenn wir irgendwann einmal damit eine bedrohliche Erfahrung gemacht haben. Die wenigsten Menschen hatten jedoch irgendwann eine wirklich gefährliche Begegnung mit einer Spinne. In den meisten Fällen ist es deshalb so, daß sie diese Angst von den Eltern oder Bekannten übernommen haben.

Kleine Kinder betrachten Spinnen normalerweise als so etwas wie Spielzeug. Wenn dieses kleine schwarze Etwas mit den langen Beinen mit großer Geschwindigkeit über den Teppich rast, dann ist das erst einmal unheimlich interessant. Aber nehmen wir an, Ihre Mutter oder Ihr Vater hatten Angst davor, dann kann es eben passieren, daß einer Ihrer Eltern laut schreit, eventuell einen Panikanfall beim Anblick dieses Tieres inszeniert und die unsinnigsten Verhaltensweisen, wie zum Beispiel Fortlaufen, auf den Tisch steigen etc. an den Tag legt.

Als Kind haben Sie in diesen Momenten gelernt, daß eine Spinne also etwas unwahrscheinlich Gefährliches sein muß, wenn sich große und starke Erwachsene angesichts dieses Tieres so seltsam benehmen. Und wenn etwas gefährlich ist, dann hält man lieber Abstand und ergreift die Flucht, bevor etwas Schreckliches passiert. Und genau das haben Sie getan, Sie haben nie überprüft, was denn eigentlich so Furchtbares passiert, wenn Sie beispielsweise diese Spinne in die Hand nehmen oder wenn sie Ihnen über den Körper krabbelt. Könnten Sie also eine Spinne über Ihre Hand krabbeln lassen?

Wenn Sie jetzt sofort mit „Nein!" antworten, dann haben Sie noch nicht verstanden, um was es in diesem Buch geht. Wie war doch gleich die Gretchenfrage?

Stimmt das, was ich denke?

Stimmt das, daß Sie eine Spinne nicht über Ihre Hand krabbeln lassen können? Zerfallen Sie dabei in tausend kleine Stücke? Ist ihr Leben dann zu Ende? Vorausgesetzt Sie haben eine Hand, dann können Sie auch eine Spinne darüber krabbeln lassen, Sie werden das aushalten! Jetzt können Sie Ihrer Phantasie freien Lauf lassen und weiter *spinnen* nach dem Motto „Und was ist, wenn sie mir ins Hemd krabbelt? O Gott, das würde ich nicht aushalten! Schreeeecklich!" Stimmt das jetzt wenigstens? Können Sie nicht aushalten, wenn eine Spinne in Ihr Hemd kriecht? Naaaa?

Natürlich können Sie das aushalten und zwar mit Leichtigkeit. Alles was Sie spüren würden ist, daß sich ein federleichtes Tier auf Ihrer Haut bewegt, ähnlich wie eine Fliege, die sich kurzfristig auf Ihrem Körper niedergelassen hat und sich dort etwas die Füße vertritt. Schreeeecklich! Wirklich? Was genau passiert denn dann? Eine Spinne krabbelt unter Ihrem Hemd, und dann? Was genau passiert dann?

*Nichts!* Überhaupt nichts! Wie schlimm ist es, wenn eine Spinne auf Ihrer Haut krabbelt? Denken Sie an die Ihnen inzwischen bekannte Skala aus dem Kapitel über das Katastrophisieren. Würden Sie sich die Augen ausstechen lassen dafür? Eine klitzekleine Querschnittslähmung vielleicht? Einen komplizierten Splitterbruch? Nein? Nun, dann kann es sich bei diesem Ereignis nur noch um Pipifax handeln. Und können Sie etwa Pipifax nicht aushalten?

### Wie real ist Ihre Angst?

Sie können ihn dann nicht aushalten, wenn Sie sich weigern, zu überprüfen, ob Ihre Gedanken der Wirklichkeit entsprechen. Und das ist bei allen Ihren Ängsten der Fall. Wenn Sie sich angesichts einer Angst auch noch einreden, Sie könnten diese Angst nicht aushalten oder Sie könnten das, wovor Sie Angst haben, nicht tun, dann sind Sie ein Sklave Ihrer Angst; nicht Sie haben die Angst, sondern die Angst hat Sie! Die Angst bestimmt über Ihr Leben und nicht Sie selbst. Machen Sie sich das klar! Sie leben auf diese Weise ein Leben, in dem nicht Sie bestimmen!

Es gibt Leute, die *können nicht* Aufzug fahren, die *können nicht* Auto fahren, die *können nicht* auf andere zugehen, die *können nicht* den ungeliebten Arbeitsplatz aufgeben, die *können nicht* „Nein" sagen, die *können nicht* Risiken eingehen, die *können nicht* ihre Sicherheit aufgeben, die *können nicht* auf die Zustimmung ihrer Mitmenschen verzichten, die *können nicht* ihre Angst aushalten …

Wie steht es mit Ihnen? Was können Sie angeblich nicht? Wovor schrecken Sie zurück? Wie schränken Sie Ihr Leben mit der *„Ich-kann-nicht-Krankheit"* ein? Fragen Sie sich ernsthaft, ob Sie das alles wirklich nicht können, oder ob Sie sich das nur einreden. Überprüfen Sie Ihre „Ich-kann-nicht-Krankheit" auf ihren Realitätsgehalt, anstatt sie weiterhin blindlings über Ihr Leben bestimmen zu lassen!

> *„Du wirst nie wissen, wozu du fähig bist,*
> *solange du auf deine Angst hörst!" (Lebensweisheit)*

Wie aber überprüft man ein *Ich-kann-Nicht* auf seinen Realitätsgehalt? Ganz einfach indem Sie sich ernsthaft fragen, ob es irgendeinen Preis gäbe, für den Sie es könnten! Nehmen wir an, jemand behauptet, er könne nicht mit dem Rauchen aufhören. Und nehmen wir weiter an, ich mache dem Betreffenden folgenden Vorschlag:

Ich gebe ihm, wenn er von jetzt an keine Zigarette mehr raucht, zehn Millionen DM bar auf die Hand. Das würde für ihn bedeuten, daß er ab jetzt nicht mehr zu arbeiten braucht, daß er von den Zinsen in Saus und Braus leben könnte, daß seine Zukunft dadurch gesichert wäre und daß er sich mehr oder weniger fast alle Wünsche erfüllen kann, daß er sozusagen schlagartig im Schlaraffenland lebt.

Fragen Sie sich doch einmal, ob Sie für diesen Preis nicht auch bereit wären, sofort mit dem Rauchen aufzuhören. Wenn der Betreffende für diesen Preis sofort mit dem Rauchen aufhören kann, sich überwinden kann, keine Zigarette mehr anzufassen, die paar Tage Entzugserscheinungen aushalten kann, dann hat er sich doch vorher Unsinn eingeredet. Er kann sehr wohl mit dem Rauchen aufhören, nur der Preis war für ihn noch nicht hoch genug. Wie viele Raucher behaupten aber, sie könnten nicht aufhören?

> Wann immer Sie sich einreden,
> etwas nicht tun oder aushalten zu können,
> fragen Sie sich,
> ob Sie es für zehn Millionen DM könnten!

Etwas, was Sie wirklich nicht können (z.B. ohne Hilfsmittel sieben Meter hoch springen) können Sie nämlich auch für diesen Preis nicht. Manche Menschen reden sich jedoch auch noch ein, daß sie bestimmte Sachen nicht tun könnten, selbst wenn man ihnen dafür viel Geld geben würde. In diesem Fall erhöhen Sie einfach den Preis.

### Auch „Unmögliches" wird möglich

Wenn Ihnen Geld nichts bedeutet, dann nehmen Sie einfach Ihr Leben oder beispielsweise das Ihrer Kinder als Preis. Nehmen wir an, jemand setzt Ihnen oder Ihren Kindern eine geladene Pistole an den Kopf und macht Ihnen unmißverständlich klar, daß er Sie und Ihre Kinder nach einem halben Jahr kaltblütig erschießen wird, wenn Sie bis dorthin nicht fließend Italienisch sprechen. Was würden Sie in diesem Fall tun?

Würden Sie sich wirklich hinsetzen und sich Tag um Tag einreden, das könnten Sie in der kurzen Zeit nie schaffen? Würden Sie es einfach hinnehmen, daß Ihr Leben und das Ihrer Kinder beendet wird, weil Sie untätig herumsaßen und nichts getan haben? Oder würden Sie nicht auch sofort mit dem Italienischlernen beginnen, sich Bücher, Kassetten besorgen, sämtliche Italienisch-Kurse, die angeboten werden, belegen, sich eventuell zusätzlich Privatunterricht geben lassen und in der kurzen Zeit nichts anderes tun, als Italienisch zu lernen? Hätten Sie irgendwelche Motivationsprobleme, sich jeden Tag zehn oder zwölf Stunden mit italienischen Vokabeln zu beschäftigen, wenn Sie wüßten, daß Ihr Leben davon abhängt? Mit Sicherheit nicht! Sie würden sich einen Plan erstellen, wieviel Worte Sie pro Tag zu lernen haben, Sie würden anfangen, italienische Lieder im Radio zu hören, Sie würden den ganzen Tag nur Italienisch sprechen, Italienisch würde in dieser Zeit für Sie zum Lebensinhalt, Sie wären geradezu „besessen" von Italienisch und … – Sie wären nach nur sechs Monaten in der Lage, sich in Italienisch auszudrücken!

Obwohl Ihnen vielleicht vorher alle Institute gesagt haben, daß Sie in so kurzer Zeit nie Italienisch lernen könnten, obwohl es aller Erfahrung widerspricht und obwohl Sie vorher der festen Überzeugung waren, Sie könnten das nicht!

### Nie den Mut verlieren

Wissen Sie, weshalb ein Mensch, der nach einem Schiffbruch im Wasser treibt, nach einer gewissen Zeit ertrinkt? Vor nicht allzulanger Zeit nahm man an, daß die Betreffenden an Unterkühlung sterben oder einfach wegen des Nachlassens der körperlichen Kräfte untergehen. Erst in jüngster Zeit beschäftigt man sich damit, ob nicht eventuell auch andere Faktoren einen gewichtigen Einfluß haben. Der Ausgangspunkt für diese Frage war die Tatsache, daß es nach Schiffsunglücken Passagiere gibt, die ins Wasser fallen, kurze Zeit schwimmen und dann untergehen und wiederum andere, die wesentlich länger schwimmen und gerettet werden. Nicht selten unterscheiden sich die Betreffenden beider Gruppen nicht sonderlich in der körperlichen Konstitution. Weshalb aber überleben die einen und die anderen nicht? Zu diesem Thema gibt es unzählige Untersuchungen, die beweisen, daß viele, die um ihr Leben kämpften, nicht alleine aufgrund körperlicher Erschöpfung starben, sondern aufgrund der Ausweglosigkeit der Situation, d.h., sie hatten ein *„Ich-kann-nicht-Mehr"* im Kopf, ein „Es hat doch keinen Sinn …".

Um dieses Phänomen genauer zu untersuchen, warf man Ratten in einen Behälter, der mit Wasser gefüllt war. Der Wasserstand war so hoch, daß die Ratten schwimmen mußten, um zu überleben, und die Wände des Behälters waren so glatt, daß sie keine Möglichkeit hatten, daran hochzuklettern. Eine ausweglose Situation, sie waren also gezwungen, ständig zu schwimmen, um am Leben zu bleiben. Doch alle ihre Bemühungen waren umsonst, niemand half ihnen aus dieser ausweglosen Situation heraus und nach relativ kurzer Zeit ertranken sie. Die Wissenschaftler, die dieses grausame Experiment veranstalteten, notierten die Zeit, die zwischen dem Ins-Wasser-Fallen und dem Tod der Tiere verging. Nachdem man wußte, wie lange eine durchschnittliche Ratte schwimmt, bis sie ertrinkt, wandelte man das Experiment ab. Man warf wieder Ratten in die Behälter, aber nach einer gewissen Zeit hielt man einen Stock ins Wasser, an dem die Ratten herausklettern konnten. Diese Tiere hatten also im Gegensatz zur vorherigen Gruppe die Erfahrung gemacht, daß sie einer anfangs ausweglosen Situation entfliehen konnten, daß nach einiger Zeit Rettung kam. Die Ratten mit dieser Erfahrung warf man nun erneut in den Behälter, ohne sie zu retten. Das verblüffende Ergebnis war dabei, daß diese Ratten wesentlich länger als die Ratten der ersten Gruppe schwammen, bevor sie ertranken.

Einmal abgesehen von der ethischen und moralischen Bewertung solcher Experimente wurde hierdurch nachgewiesen, daß die erste Gruppe nicht aufgrund körperlicher Erschöpfung ertrank, sondern weil sich die Tiere aufgegeben hatten. Emotionale Verzweiflung, Hoffnungslosigkeit und Hilflosigkeit waren die Gründe für ihren vorzeitigen Tod. Untersuchungen an Menschen, die nach einem Schiffbruch tagelang auf dem Meer trieben und dies überlebt hatten, zeigten, daß es sich dabei vorwiegend um Leute handelt, die trotz der anscheinend hoffnungslosen Situation nie den Mut verloren haben, die fest daran glaubten, daß irgendwann Ret-

tung kommt, die jedes „*Ich-kann-Nicht*" aus ihren Gedanken ver-
bannten.

### Was ist schwer?

Körper und Psyche sind keine getrennten Bereiche des menschlichen Seins, sondern eine Einheit. Alles, was Sie glauben, wirkt
sich nicht nur auf Ihre Psyche, sondern auch auf Ihren Körper aus.
Sie brauchen sich beispielsweise angesichts einer zu lösenden Aufgabe nur fest genug einzureden, daß diese Aufgabe schwer sei,
und Sie werden sofort eine Energielosigkeit spüren, Ihre Motivation wird sinken und Ihr „Innerer Schweinehund" (mit dem wir uns
im nächsten Kapitel ausführlich beschäftigen werden) wird sie be-
drängen, das Ganze gar nicht erst zu versuchen, d.h. Ihnen einzureden, „Sie könnten das nicht". „*Das ist aber schwer*" ist oft der erste
Schritt in Richtung „*Ich kann nicht*".

Sie erinnern sich noch an das Kapitel über Ziele. Sie hatten sich
entschieden, in Ihrem Leben ein *Maximum an Genuß und ein Minimum an Verdruß* anzustreben. Sie waren sich klar darüber, daß Sie
ein derartiges Ziel nur erreichen können, wenn Sie all Ihr Denken,
Handeln und Tun daraufhin ausrichten. Ausrichten bedeutet, daß
Sie Dinge tun, die Sie Ihrem Ziel näherbringen und auf der anderen Seite Dinge lassen, die Sie von Ihrem Ziel abbringen.

Sehen wir uns in diesem Zusammenhang doch nur einmal die
drei unscheinbaren Wörtchen „*Das ist schwer*" an. Brauchen Sie diese Worte, um ein Maximum an Lebensgenuß zu haben? Bringen
Sie diese Worte weiter? Nein, mit Sicherheit nicht! Niemand
zwingt Sie, sich angesichts einer Situation einzureden, daß sie
schwer wäre. Weshalb tun Sie es dann? Was ist überhaupt
„schwer"? Wenn wir zum Thema „Katastrophisieren" zurückgehen, dann wissen Sie inzwischen, daß „schlimm" ein Wort ist, das
nicht ohne Vergleich auskommt. Ob etwas schlimm ist, hängt immer davon ab, mit was ich es vergleiche. Mit dem Wort „schwer"
verhält es sich nicht anders. Ob ich etwas als schwer betrachte,
hängt davon ab, mit was ich es vergleiche.

Ist es beispielsweise schwer, ein Haus zu bauen? Möglicherweise werden Sie jetzt spontan „Natürlich!" antworten. Und da haben
Sie dann recht, wenn Sie es zum Beispiel mit dem Bau einer Sand-

burg vergleichen. Verglichen mit dem Bau einer einen Meter hohen Sandburg, ist der Bau eines Zweifamilienhauses schwer. Was aber passiert, wenn Sie es mit etwas anderem vergleichen? Verglichen mit dem Bau des Empire-State-Buildings ist der Bau eines Zweifamilienhauses Pipifax. Und schon haben wir die Parallelen zum Katastrophiseren.

> „Schwer" existiert in der Realität nicht,
> es hängt lediglich von den Vergleichen ab,
> die in Ihrem Gehirn herumspuken.

Machen Sie sich doch einmal spaßeshalber eine Liste über Schwierigkeitsgrade von 0 bis 100. „0" heißt „Mach ich mit links", „100" heißt „Es gibt nichts Schwierigeres, das kann ich nicht". Eine derartige Liste könnte beispielsweise so aussehen:

---

### Eine Liste der Schwierigkeiten

**100**
Ohne Fallschirm aus dem Flugzeug springen und unten lebendig ankommen.
Einen wilden Tiger nur mit den Händen einfangen.
Tausend Frauen in einer Nacht beglücken.
Ohne Gehirn leben.

**90**
Als vom Hals abwärts Gelähmter einmal als Anhalter die Erde umrunden.
Ein Zwölf-Tonnen-Auto nur mit Muskelkraft 100 Kilometer schieben.

**80**
Zwei Monate im Dschungel ohne Ausrüstung und Wissen überleben.
Ohne Wasser die Wüste durchqueren.

---

**70**

Innerhalb eines Jahres aus dem Nichts Millionär werden.

**60**

Eine Weltraumrakete selbst konstruieren und bauen, ohne Vorwissen.

**50**

Nach einem Schiffbruch von einer einsamen Insel wieder wegkommen.

**40**

Einen maroden Weltkonzern wieder in die schwarzen Zahlen führen.

**30**

Ein 300-Seiten-Buch in zwei Wochen schreiben.

**20**

Ein Haus mit eigenen Händen ohne Vorwissen bauen.

**10**

Mit dem Auto an der Rallye Paris-Dakar teilnehmen und ankommen.

Sicher würde Ihre Liste etwas anders aussehen, darauf kommt es auch gar nicht an, vielmehr können Sie anhand solcher Listen erkennen, daß es Abstufungen zwischen Ereignissen gibt, die man allgemein als „schwer" einstuft. „Schwer" und „schwer" ist also nicht das gleiche, die Abstufungen reichen von „unmöglich" bis „Kinderspiel". Was wird passieren, wenn Sie sich nicht die Mühe machen zu überprüfen, wie schwer etwas wirklich ist? Wie wird Ihr Leben verlaufen, wenn Sie keinen Maßstab haben, um Schwierigkeitsgrade zu beurteilen?

Nun, Sie werden vieles, was eigentlich ein Kinderspiel ist, als schwer betrachten, Sie werden vieles, was machbar ist, als unmöglich ansehen, Sie werden viele Chancen, die Ihnen das Leben bietet, ungenutzt verstreichen lassen, Sie werden unter manchen Gegebenheiten leiden, anstatt sie zu beseitigen, und Sie werden sich mit dieser beginnenden „Ich-kann-nicht-Krankheit" eine Menge Verdruß und Hilflosigkeit bereiten. Wie schwierig sind Sachen wie:

- trotz panischer Angst in den Aufzug einsteigen
- Italienisch lernen
- das Abitur machen
- einen Parkplatz in der Stadt finden
- eine Spinne anfassen
- einen Tag ohne Essen auskommen
- mit dem Rauchen aufhören
- eine Frau/einen Mann ansprechen
- sich in einem fremdem Land ohne Sprachkenntnisse zurechtfinden
- das, was Sie in diesem Buch lernen, in die Wirklichkeit umzusetzen …

Na, wie schwierig? Wie Sie richtig bemerkt haben, befinden wir uns auch hierbei wieder in der Ihnen inzwischen wohlbekannten Rubrik „Pipifax"! Das, was wir im Alltagsleben als schwierig ansehen, ist im Endeffekt kein großes Problem. Vielleicht ist dafür Zeit, körperliche oder geistige Anstrengung nötig, aber schwierig ist es deswegen noch lange nicht. „Das ist aber schwer" ist ein Satz, den Sie zukünftig aus Ihrem Wortschatz streichen werden, er hilft Ihnen bei der Bewältigung von Aufgaben in keinster Weise weiter. Fragen Sie sich ab jetzt *„Will ich etwas oder will ich es nicht?"* und nicht „Ist es schwer oder leicht?". Wenn Sie etwas wollen, dann interessiert nicht, ob es schwer ist, sondern vielmehr, was zu tun ist, um es zu bekommen. Das ist die Denkweise, die Handeln in Gang setzt!

*Eigene Erfahrungen*
Es gibt auf dem Gebiet der Psychologie viele Trainer, die anderen Menschen Wege aufzeigen, wie sie ihr Leben besser genießen können. Einige dieser Trainer führen ein Leben, das genau dem entspricht, was sie vermitteln, bei anderen ist alles nur Blabla.

Früher bewunderte ich diese Trainerexemplare, die ein halbes Jahr im sonnigen Süden verbrachten und den Rest des Jahres ihre Seminare hielten. „Das möchte ich auch!" waren die Gedanken, die mir bei neidvollen Blicken auf diese Lebenskünstler durch den Kopf schossen. Weshalb machte ich damals eigentlich nicht das gleiche? *Das geht nicht so einfach. Das ist schwierig. Das kann ich nicht.*

Genau dies waren die Sätze, die mich davon abhielten. Nun, im Laufe der Zeit, durch die Arbeit an mir selbst und die Erfahrungen mit Klienten, verschwanden diese Sätze aus meinem Gehirn. Als ich mehr aus Zufall eine Woche in Sizilien verbrachte, reifte in mir bereits in den ersten beiden Tagen der Entschluß, hier ein Haus zu besitzen. Ich hatte auch schon Vorstellungen davon im Kopf. Es sollte ein Häuschen in der Natur sein, mit relativ viel Grund und Meeresblick. „*Sooo einfach ist das nicht!*" hörte ich von allen Seiten, „Du kannst doch nicht innerhalb einer Woche ein Haus finden und kaufen, wie stellst du dir das denn vor?" Ich rief also alle Immobilienmakler an, deren ich habhaft werden konnte, und fragte nach dementsprechenden Angeboten. Nun, Häuser mit Grund und Meeresblick hatten sie schon, aber als ich den höchsten Preis nannte, den ich zu bezahlen bereit war, erntete ich nur Mitleid oder Spott. „*Unmöglich*" war der einstimmige Tenor, als ich verlauten ließ, daß ich nicht mehr als 20 000 DM dafür bezahlen wollte.

Wie gesagt, ich war zwei Tage in Sizilien, und meine Idee war angeblich „unmöglich" zu realisieren. Was mich aber nicht davon abhielt weiterzusuchen. Am vierten Tag hatte ich eine Zeitung erworben, in der ein Obstgarten für 20 000 DM angeboten wurde. Ich traf mich mit dem betreffenden Makler, um mir das Grundstück anzusehen. Dieser Makler kannte wiederum einen anderen Makler, der ganz in der Nähe ein Grundstück zum Verkauf anbot – mit Haus! Und als ich mir dieses Grundstück ansah, hatte ich gefunden, wonach ich suchte. Ein kleines Haus, 10 000 m² Grund mit Oliven-, Mandel- und Zitronenbäumen, mit wunderbarem Blick auf das smaragdgrüne Meer. Und nach einigem Handeln bekam ich das Ganze für genau 20 000 DM! Alle „Experten" hatten vorher behauptet, das wäre unmöglich. Keiner hätte geglaubt, daß das innerhalb einer Woche zu schaffen sei und alle hatten sich geirrt.

Grenzen, die Sie sich setzen,

existieren nur in Ihrem Kopf,

denken Sie immer daran!

*Lebensläufe*

Wenn Sie Lebensläufe erfolgreicher Menschen studieren, werden Sie unter anderem immer wieder auf die Tatsache stoßen, daß erfolgreiche Menschen sich von dem Satz *„Ich kann nicht"* nicht sonderlich beeindrucken lassen. Sehen wir uns ein paar dieser Exemplare an:

- **Abraham Lincoln** erlebte mehrere geschäftliche Pleiten, hatte in frühen Jahren einen Nervenzusammenbruch. Es hinderte ihn nicht, Präsident der Vereinigten Staaten zu werden.
- Der Maler **Toulouse-Lautrec** war kleinwüchsig und verkrüppelt, es hinderte ihn nicht, ein bedeutender Maler zu werden.
- **Thomas Alpha Edison** brachte es auf nahezu 10 000 mißlungene Versuche, es hinderte ihn nicht, die Glühbirne zu erfinden.
- **Epiktet** war nur ein unbedeutender Sklave, es hinderte ihn nicht, einer der bekanntesten Philosophen des Altertums zu werden.
- **Napoleon Bonaparte** war kleinwüchsig, zierlich und wurde an der Militärakademie als dumm bezeichnet, es hinderte ihn nicht, einer der mächtigsten Männer seiner Zeit zu werden.
- **Julius Cäsar** und **Dostojewski** litten an Epilepsie, sie ließen sich in ihrem Tun davon wenig beeindrucken.
- **Demosthenes**, einer der größten Redner des Altertums, stotterte, nuschelte, war kurzatmig und von einem nervösen Schulterzucken geplagt, trotzdem wird sein Name heute noch im Zusammenhang mit exzellenter Rhetorik genannt.
- **Beethoven** war in seinen letzten Lebensjahren taub, trotzdem komponierte er unvergleichliche Werke.

Finden Sie nicht auch, daß diese Leute eine Menge Gründe gehabt hätten, keinen Erfolg zu haben? Gründe haben sie wohl gehabt, aber sie haben nicht danach gesucht, und das zeichnet sie aus, sie suchten nach Möglichkeiten, nicht nach Entschuldigungen.

> *„Ein Sieger hat meist einen Plan.*
> *Ein Verlierer hat meist eine Ausrede!"*
> *(Lebensweisheit)*

### Wenn das Wörtchen „wenn" nicht wäre

Wie ist es mit Ihnen? Wie oft haben Sie sich schon eingeredet, *Sie könnten etwas nicht tun, oder aushalten?* Und welche Ausrede haben Sie benutzt, um diesen Unsinn vor sich selbst zu rechtfertigen?

- Wenn ich nicht so alt wäre …
- Wenn ich eine Frau/ein Mann wäre …
- Wenn ich anders erzogen worden wäre …
- Wenn ich eine bessere Schulausbildung gehabt hätte …
- Wenn er/sie mich nicht verlassen hätte …
- Wenn dies und das in meinem Leben nicht passiert wäre …
- Wenn ich mehr Geld hätte …
- Wenn man mir mehr Chancen im Leben gegeben hätte …
- Wenn meine Familie mich nicht so behandeln würde …
- Wenn ich mehr Zeit hätte …
- Wenn ich gesünder wäre …
- Wenn ich Beziehungen hätte …
- Wenn andere Zeiten kämen …
- Wenn ich das tun und lassen könnte, was ich wollte …
- Wenn mir nicht dauernd andere Knüppel in den Weg werfen würden …
- Wenn ich noch einmal von vorne beginnen könnte …
- Wenn, wenn, wenn …, dann könnte ich vieles von dem, was ich jetzt nicht kann!

Jemand, der nach einem Beweggrund sucht, etwas nicht tun zu können, wird immer einen finden! Ihr Ziel war, im Leben ein Maximum an Genuß zu erreichen. Werden Sie Ihr Ziel erreichen, wenn Sie immer wieder Ausreden suchen, weshalb Sie bestimmte Dinge nicht tun können? Brauchen Sie das Gefühl der Minderwertigkeit, der Hilflosigkeit und Schwachheit, das Sie mit derlei Ausreden erzeugen? Sie wissen, daß Sie ein Ziel nur dann erreichen können, wenn Sie Ihr Handeln und Denken danach ausrichten! Hören Sie auf, nach Entschuldigungen zu suchen, suchen Sie nach Möglichkeiten!

> *„Viele Menschen scheitern im Leben nicht etwa,*
> *weil es ihnen an Fähigkeiten oder Intelligenz mangelt,*
> *sondern weil sie ihre ganze Kraft*
> *nie auf ein einziges Ziel konzentriert haben!"*
> *(Elmer Wheeler)*

### Erlernte Hilflosigkeit

Brauchen Sie „Ich kann nicht!" für Ihren Lebensgenuß? Erreichen Sie damit die Ziele, die Sie erreichen wollen? Hilft Ihnen das in irgendeiner Situation weiter? Oder lähmen Sie sich selbst damit?

Die Welt ist voll von Ich-kann-nicht-Kranken, Martin Seligman bezeichnet das als „erlernte Hilflosigkeit", eine Art zu denken, die Sie bei jedem Pessimisten, bei jedem Depressiven, verzweifelten und psychosomatisch Kranken finden, bei allen Leuten, die den Eindruck haben, ihr Leben liefe an ihnen vorbei und sie „könnten nichts dagegen tun".

Seligman experimentierte mit Tieren, um zu zeigen, wie einfach diese erlernte Hilflosigkeit entsteht. Ein – recht grausam erscheinendes – Experiment bestand darin, Hunden Elektroschocks zu verabreichen. Die Hunde wurden vorher in drei Gruppen aufgeteilt. Die Tiere der ersten Gruppe hatten die Möglichkeit, den Schocks dadurch zu entkommen, indem sie mit der Schnauze einen Schalter betätigen konnten, der den Strom unterbrach; sie hatten somit die Möglichkeit, die Schocks zu kontrollieren. Die zweite Gruppe bekam die Schocks und egal was sie taten, sie hatten keinerlei Einfluß darauf, wie oft und wann sie Schocks bekamen. Die dritte Gruppe wiederum bekam keine Schocks. Auf diese Art und Weise hatten die Hunde aller drei

Gruppen bestimmte Erfahrungen gemacht, deren Einfluß auf zukünftige Verhaltensweisen für die Forscher von Interesse waren.

Man brachte die Hunde zu einem späteren Zeitpunkt in Käfige, in denen eine Trennwand installiert war. Diese Trennwand war so niedrig, daß die Hunde jederzeit darüberspringen konnten. Während nun die eine Hälfte des Käfigs unter Strom gesetzt werden konnte, so daß der betreffende Hund einen Elektroschock bekam, konnte er sich durch einen Sprung über die Trennwand in Sicherheit bringen, da der andere Teil des Fußbodens stromfrei war. Es bestand also die Möglichkeit, durch einen Sprung den Schocks zu entgehen.

Alle Hunde wurden diesem Versuch unterzogen, und es zeigten sich gravierende Unterschiede. Diejenigen Hunde, die vorher die Erfahrung gemacht hatten, daß sie die Schocks durch Drücken einer Taste abstellen konnten, fanden innerhalb von Sekunden die Möglichkeit heraus, wie Sie auch jetzt den Schocks entgehen konnten, indem Sie über die Trennwand sprangen. Auch die Hunde, die vorher keine Schocks erhalten hatten, fanden die Lösung ihres Problems relativ schnell.

Was aber taten die Hunde, die vorher die Erfahrung machten, daß sie, egal, was sie taten, keinen Einfluß auf die Schocks hatten? Sie versuchten gar nicht, nach einer Lösung zu suchen, sie sprangen nicht über die niedrige Trennwand, die in den schockfreien Raum führte, sondern gaben sofort auf und setzten sich hilflos den Stromstößen aus. Sie gaben auf, obwohl die Lösung für ihr Problem greifbar nahe war! Sie gaben auf, weil sie gelernt hatten, daß alles, was sie taten, sinnlos war. Und sie gaben auf, weil sie nicht in der Lage waren zu überprüfen, ob ihre Annahmen auch stimmten.

Ähnliche Versuche wurden später mit Menschen durchgeführt und erbrachten vergleichbare Ergebnisse.

Ein Mensch, der gelernt hat, sich hilflos zu fühlen, wird dies auch in Situationen tun, die lösbar sind, anstatt nach Lösungen zu suchen. Jemand, der zum Beispiel in solchen Situationen nach Ausreden sucht (von denen Sie ja schon einige kennengelernt haben), verstärkt jedesmal seine Hilflosigkeit, beweist sich auf diese

Art, daß er „wirklich" hilflos ist, und gerät so in einen Teufelskreislauf.

### Sie haben die Wahl

Sie haben in Ihrem Leben nur drei Möglichkeiten: Sie können entweder Rückschritte machen, da stehen bleiben, wo Sie gerade sind
oder die Richtung „Fortschritt" einschlagen. Solange Sie sich einreden, Sie könnten dies und das nicht tun oder aushalten, werden
Sie in Richtung Lebensgenuß keinen Schritt vorwärts kommen. Im
Gegenteil, Sie werden diese Hilflosigkeit auf immer mehr Lebens-
bereiche ausweiten und so sogar einen Rückschritt bewirken. Je älter Sie werden, um so anstrengender wird die ganze Sache. Fortschritt heißt, daß Sie aufhören, sich Unsinn einzureden, daß Sie
aufhören, sich „Ich kann nicht" einzuimpfen, und daß Sie auf diese Art und Weise Erfahrungen machen, die Sie vorwärts bringen,
die Ihnen Kraft geben und die Sie zu dem machen, was Sie sein
möchten: *Ein selbstbewußter Lebensgenießer, der weiß, was er kann.*

Sie sind nicht gezwungen, weiterhin an etwas zu glauben, was
sich durch nichts beweisen läßt. Seligman wies zum Beispiel nach,
daß man eine gelernte Hilflosigkeit jederzeit wieder umlernen
kann. Wenn Sie an das Hundeexperiment zurückdenken: Die Hunde, die Hilflosigkeit gelernt hatten, suchten keinen Ausweg, sie
waren den Elektroschocks hilflos ausgesetzt, weil sie nicht über
die niedrige Trennwand sprangen. Seligman nahm nun diese
Gruppe von Hunden und zerrte sie über die Trennwand, immer
wieder, bis sie sich von selbst zu bewegen begannen und die Erfahrung machten, daß sie etwas bewirken konnten. Er konnte auch
nachweisen, daß, wenn ein Hund als Welpe die Erfahrung gemacht hatte, daß er nicht hilflos war, sich diese Erfahrung wie
eine Art Impfung auf sein ganzes Leben auswirkte, er war sozusagen immun gegen Hilflosigkeit.

Hilflosigkeit hat etwas mit fehlender Kontrollmöglichkeit zu
tun, und fehlende Kontrollmöglichkeit hat wiederum etwas mit
dem Satz *„Ich kann nicht"* zu tun. Was man bei depressiven Menschen immer wieder findet, ist der geradezu fanatische Glaube an
die eigene Hilflosigkeit: *Ich kann da nicht mehr herauskommen. Ich
kann einfach nichts. Ich kann das nicht mehr aushalten.*

Und nichts davon entspricht der Realität. Aber mit solchen Sätzen im Gehirn schafft es jeder spielend, sich in eine Depression hineinzumanövrieren, schafft es jeder, Mißerfolg beständig zu machen, schafft es jeder, Ausdauer, Leistungsfähigkeit und Belastbarkeit in Sekunden schrumpfen zu lassen, und schafft es jeder, ein Leben zu führen, das er sich hätte sparen können. Was Optimisten kennzeichnet ist Beharrlichkeit, und Beharrlichkeit und „Ich kann nicht" schließen sich aus.

*Ich kann nicht, es geht nicht, das ist schwer* und ähnliches sind Gedanken, die Sie in keinster Weise weiterbringen. Sobald sie in Ihrem Gehirn auftauchen, werden Sie sich weigern, sich weiter damit zu beschäftigen!

---

**Sie haben sich in diesem Kapitel über folgendes Klarheit verschafft ...**

Sich selbst erfüllende Prophezeiungen gehören zur Menschheit wie der Floh zum Hund. Sie wissen, daß der dahintersteckende Mechanismus nichts mit geheimnisvollen Kräften, Hokuspokus oder ähnlichem zu tun hat, sondern einfach darauf beruht, daß Einstellungen, Meinungen oder Vorurteile Verhalten in Gang setzt, welches zu Ergebnissen führt, die genau diese Einstellungen bestätigen. Wie sehr solche Einstellungen die Psyche und den Körper beeinflussen können, zeigt Ihnen der sogenannte Placebo-Effekt.

*„Ich kann etwas nicht aushalten oder tun ..."* ist die Suggestion, die für eine Menge Hilflosigkeit, Ängste und Verzweiflung verantwortlich ist.

Wenn Sie etwas wirklich *nicht aushalten können*, dann ist Ihr Leben bzw. Ihre Gesundheit bei Eintreffen des befürchteten Ereignisses dahin, z.B. können Sie es nicht aushalten, wenn man Sie ohne Fallschirm vom Eiffelturm stößt. In dem Moment, wo Sie unten aufschlagen, sind Sie tot, Sie haben es also tatsächlich nicht ausgehalten.

Wenn Sie etwas wirklich *nicht tun können*, dann deshalb, weil Sie biologischen Grenzen unterworfen sind, die Ihre

Fertigkeiten limitieren, z.B. können Sie nicht ohne Hilfsmittel fliegen oder aus dem Stand sechs Meter hoch springen.

Aber Sie können jederzeit Ängste, unfreundliche Kollegen, Trauer, Peinlichkeiten u.ä. aushalten, und Sie können jederzeit Dinge tun, die Sie vorher als unmöglich betrachtet haben, wenn Sie einen Satz aus Ihrem Kopf verbannen: „Ich kann nicht ...“

# Problemstifter Nr. 4: So beherrschen Sie Ihren inneren Schweinehund

*„Ideen sollte man empfangen wie Gäste: zuvorkommend,*
*aber unter der Voraussetzung, daß sie ihren Gastgeber nicht*
*tyrannisieren!“*

*Alberto Moravia*

Wie jeder Mensch haben auch Sie ein „Haustier“ in Ihrem Kopf, ein ziemlich anspruchsloses Geschöpf, das ohne großartige Pflege prächtig gedeiht. Dieses Tier liebt Sie heiß und innig und ist deshalb sehr anhänglich und treu. Alles Eigenschaften, die auf den ersten Blick ausgesprochen positiv wirken ...

Wenn da nur nicht diese eine charakteristische Eigenart wäre, die einem die ganze Freude an diesem klettenhaften Begleiter gründlich verdirbt: Er meldet sich immer dann mit geradezu leidenschaftlicher Hartnäckigkeit zu Wort, wenn man ihn am wenigsten braucht. Und wenn er einmal aus seinem sonst relativ trägen Dasein erwacht ist, dann gibt er so schnell keine Ruhe mehr und martert seinen Besitzer so lange, bis dieser auch das letzte Fünkchen von Lebensgenuß verliert. Sicher kennen Sie dieses Wesen, das eine Art Eigenleben in Ihnen führt, zu Ihnen in nicht gerade positiver Weise spricht, Ihnen die furchtbarsten Vorstellungen wie auf einer Kinoleinwand vor Ihrem geistigen Auge präsentiert und es fertigbringt, längst vergangene quälende Erinnerungen oder Sorgen über die Zukunft immer und immer wieder in Ihren Hirnwindungen kreisen zu lassen. Im Laufe der Zeit gab man diesem Quälgeist Namen wie „Über-Ich", „Eltern-Ich", „innerer Zensor", „innerer Kritiker", „Gewissen", „Stopper" oder „Antreiber". Er hat so viele Namen, wie es Philosophierichtungen gibt. Der Einfachheit halber nenne ich ihn Ihren

inneren Schweinehund

Dieser innere Schweinehund bestimmt, falls Sie ihn nicht unter Kontrolle haben, einen Großteil Ihres Lebens; er bestimmt, was Sie denken, er bestimmt, welche Vorstellungen in Ihrem Kopf kreisen, er bestimmt, wie Sie sich fühlen, und er bestimmt, wohin Ihr Lebensweg geht! Nicht wenige Ihrer Zeitgenossen ordnen sich der Autorität dieses Tyrannen unter, denn das nimmt ihnen die Mühe ab, Ihr Gehirn durch bewußtes Denken zum Arbeiten anzuregen. Das ist auch weiter nicht verwunderlich, denn der Mensch neigt nun einmal dazu, das zu tun, was ihm die geringste Mühe bereitet. Die Benutzung ausgetretener Wege und althergebrachter Programme, das Nachplappern von durch Eltern und Gesellschaft vorgegebenen Regeln und Bewertungen ist einfach wesentlich bequemer, als ein Leben unter eigener Verantwortung und Kontrolle zu führen.

Alles, was Ihr innerer Schweinehund in Ihrem Gehirn inszeniert, hat Auswirkungen auf Ihr Verhalten, Ihre Gefühle, Ihre Entscheidungen und auf das, was man als Ihr „Schicksal" bezeichnet. Welchen Einfluß Vorstellungen auf Ihr Befinden haben, können Sie anhand eines einfachen Experimentes selbst nachvollziehen:

*Die Kraft der Vorstellung*
Stellen Sie sich vor, Sie haben eine Zitrone vor sich, eine Zitrone auf einem weißen Teller. Sie betrachten diese Zitrone intensiv von allen Seiten, Sie sehen den Kontrast, das saftige Gelb der Zitrone hebt sich deutlich vom Weiß des Tellers ab. Sie riechen schon den

leicht säuerlichen Zitrusgeruch, den die Frucht verbreitet. Jetzt nehmen Sie ein Messer und schneiden die Zitrone genau in der Mitte durch; Sie sehen, wie der Saft dabei herausspritzt und riechen den aromatischen, sauren Duft nun ganz deutlich. Stellen Sie sich vor, wie der Saft auf den Teller fließt, eine klare gelbliche Flüssigkeit, die vor Säure schäumt. Nun bringen Sie Ihr Gesicht ganz nah an die Zitrone heran, der saure Duft sticht an Ihren Nasenschleimhäuten, Sie berühren mit der Zunge das saftige Fruchtfleisch und spüren den sauren Saft auf der Zunge, es kitzelt immer mehr an Ihren Nasenschleimhäuten ... – Und jetzt beißen Sie hinein, daß der Saft nach allen Seiten davonspritzt ...

Wenn Sie derartige Vorstellungsübungen intensiv betreiben, die Zitrone deutlich vor Ihrem geistigen Auge sehen, dann werden Sie feststellen, daß Ihr Körper reagiert, obwohl weit und breit keine reale Zitrone zu sehen ist. Eventuell wird Ihnen das Wasser im Munde zusammenlaufen oder Sie werden sogar eine Gänsehaut bekommen bei dem Gedanken, in diese Zitrone zu beißen.

Falls Sie einmal in den Genuß kommen sollten, einer Blaskapelle zuzuhören, probieren Sie, wenn Sie Lust dazu haben, folgendes: Nehmen Sie Blickkontakt mit einem der Musikanten auf, solange, bis Sie der Betreffende auch innig betrachtet. Beißen Sie dann, wenn er in sein Instrument bläst, herzhaft in eine mitgebrachte Zitronenscheibe. Die Wahrscheinlichkeit, daß sich der Bläser in diesem Moment verspielt bzw. so zu speicheln anfängt, daß er keinen Ton mehr aus seinem Instrument herausbringt, ist sehr hoch; versuchen Sie einmal mit dem Mund voll Spucke Trompete zu spielen ...

Dieser Effekt entsteht durch die Vorstellungskraft des Musikers, denn er sieht zwar, daß Sie in die Zitrone beißen, stellt sich aber in diesem Moment vor, wie es wäre, wenn er hineinbeißen würde, und das führt sofort zu körperlichen Reaktionen, die sich nicht sonderlich günstig auf das Trompetespielen auswirken. Für diese Reaktion ist sein innerer Schweinehund verantwortlich, denn dieses Wesen hat ihm Vorstellungen beschert, die er in diesem Moment nicht braucht bzw. die ihn sogar daran hindern, das zu tun, was er jetzt eigentlich tun will, nämlich Trompete spielen.

Sehr drastisch ist die Wirkungsweise des inneren Schweine-
hundes beispielsweise bei der klassischen Eifersucht zu beobachten. Dem Unglücklichen, der sich damit quält, beschäftigen
dauernd Vorstellungen von „Was wäre wenn …" bis „Wie ist es,
wenn …"

- Was wäre, wenn sie jetzt nicht mehr an mich denkt?
- Was tut er jetzt?
- Was ist, wenn sie der andere berührt?
- Wie ist es, wenn sie ihm „Ich liebe dich!" in die Ohren haucht?
- Wie ist es, wenn sie ihn an den Stellen berührt, die nur ich
  berühren durfte?

Man kann hingehen, wo man will, die Vorstellungen verfolgen
einen wie der eigene Schatten. Obwohl man sie eigentlich überhaupt nicht haben will, obwohl man weiß, daß es besser ist, sich
nicht damit zu beschäftigen, wälzt man sich mit geradezu masochistischer Inbrunst in diesen vom inneren Schweinehund arran-
gierten Bildern. Matt Bianco hat dieses Phänomen einmal in einem Lied (It's more than I can bear – Das ist mehr, als ich aushalten kann) besungen, so wie viele „Herz-Schmerz-Lieder" aller Na-
tionen nichts anderes als das innere Heimkino beschreiben, das in
solchen Fällen in den Hirnwindungen der Betreffenden herum-
tobt.

Ihr innerer Schweinehund ist die Instanz in Ihrem Gehirn,
die Gedanken und Vorstellungen produziert,
welche Ihnen in aktuellen Situationen im Wege stehen
und zu nichts weiter als Verdruß führen.

*Sie haben zwei Möglichkeiten*
Wann immer sich Ihr Haustier zu Wort meldet, stehen Ihnen zwei
Möglichkeiten offen, zwei Möglichkeiten, über die Sie jederzeit
die Entscheidungsgewalt haben:

**Möglichkeit Nr.1:** Sie können das, was Ihnen Ihr innerer
Schweinehund an Gesprächen und Vorstellungen anbietet, beach-

ten, sich damit beschäftigen und ausgiebig darin baden. Dann werden Sie nach kurzer Zeit den Eindruck gewinnen, daß er nicht mehr gehen will und Sie die Geister, die Sie gerufen haben, nicht mehr los werden.

Diese Methode erlebe ich immer wieder bei Klienten, denen in ihrem Leben ein Schicksalsschlag gleich welcher Art widerfahren ist. Irgendein Trauerfall, irgendein Erlebnis, an dem der Betreffende sehr zu knabbern hat, taucht logischerweise als Vorstellung, als Erinnerung wieder auf. Nun wird sich ausgiebig in diesen Vorstellungen gewälzt, immer wieder darüber geredet und Übungen gemacht, die das Sich-darin-Wälzen noch unterstützen.

Drohende „Verdrängung" ist das Schlagwort, das von der Psychotherapie in solchen Fällen gerne benutzt wird. Damit ein Ereignis nicht verdrängt wird, muß es immer wieder ans Tageslicht gezerrt werden, muß es ausführlich bearbeitet werden. Denn wenn es verdrängt wird, d.h. ins Unterbewußtsein abgeschoben wird, besteht die Gefahr, daß es immer wieder verkleidet als Symptom auftaucht. Dabei unterscheide ich jedoch die gesunde von der krankmachenden Verdrängung. Gesunde Verdrängung ist für mich, wenn man ein Ereignis, das nicht mehr geändert werden kann, ruhen läßt, es akzeptiert, wie es nun einmal ist, ohne dauernd dagegen anzukämpfen. Jemand, der eine Situation so akzeptiert, wie sie ist, verdrängt nicht, sondern tut das einzig Sinnvolle – er weigert sich, sich weiter darin zu „wälzen", und konzentriert seine Energie statt dessen auf Dinge, die seinen Lebensgenuß fördern. Jeder sogenannte Optimist tut das, er sieht die guten Seiten einer Sache und verdrängt – wenn man so will – die schlechten. Ein Pessimist macht es genau umgekehrt. Beide verdrängen, die Frage ist nur, wer auf lange Sicht mehr Lebensgenuß dabei haben wird.

> *„Ein Optimist weigert sich nicht,*
> *die negativen Seiten einer Situation zur Kenntnis zu nehmen.*
> *Er weigert sich lediglich sich diesen Seiten zu unterwerfen."*
> *(Norman Vincent Peale)*

Negativen Seiten unterwerfen Sie sich dann, wenn Sie sich immer wieder damit beschäftigen, wenn Sie zulassen, daß diese Seiten für Sie lebensbestimmend werden. Die Philosophie, die hinter einem solchen Verhalten steckt, beinhaltet, daß, wenn man sich nur lange genug darin wälzt, der Zustand doch irgendwann einmal aufhören müsse. Meinen Erfahrungen nach ist eher das Gegenteil der Fall. Durch dieses Wälzen bekommt eine Mücke die Ausmaße eines Elefanten. Es passiert dann genau das, was ich als „Züchten geistig-seelischer Ungeheuer" bezeichne. In der Psychologie existiert ein ungeschriebenes Gesetz, das besagt:

Alles, was du beachtest, wird stärker.

Sie kennen diesen Effekt möglicherweise von Zahnschmerzen. Jeder, der einmal Zahnschmerzen verspürt hat, weiß, was dann abläuft. Anfangs tut der Zahn nur etwas weh. Nun, ab und zu stößt man also mit der Zunge dagegen, um zu sehen, ob er noch weh tut, dann beschäftigt man sich geistig ausgiebig mit dem Schmerz nach dem Motto: „Mensch, es wird immer schlimmer!" Und wenn man dann lange genug immer wieder mit der Zunge dagegengestoßen und mit den Fingern draufgedrückt und mit Gedanken sich bestätigt hat, daß die Schmerzen andauernd zunehmen, dann nehmen diese, oh Wunder, tatsächlich an Intensität zu.

Das psychologische Moment bei der Schmerzentstehung und -bekämpfung ist sehr groß, wie durch zahlreiche Untersuchungen bewiesen wurde. Aber eben nicht nur bei der Schmerzentstehung, sondern auch bei der Intensität von Gefühlen. Jede Emotion läßt sich herrlich verstärken und ausbauen, indem man sich ausgiebig damit beschäftigt und ihr die Beachtung schenkt, die sie braucht, um prächtig wachsen und gedeihen zu können.

Ich will Ihnen damit nicht sagen, daß Sie alle Emotionen verdrängen sollten, sondern daß Sie lernen sollten, Ihre Emotionen unter Ihrer Kontrolle zu haben. Denn Emotionen geben nur dann einen Sinn, wenn sie Handlungen auslösen; nicht, wenn sie selbst zum Problem werden.

Zu einem selbstbestimmten Leben gehört, daß Sie die Emotion dann haben, wenn Sie es wollen, und dann beenden, wenn Sie es wollen, daß Sie Ihre Emotion beherrschen und nicht umgekehrt Ihre Emotion Sie. Denn wenn Sie durch Ihre Emotion beherrscht werden, wenn Sie Emotionen haben, die Sie nicht haben wollen, aber diesen Emotionen hilflos ausgeliefert sind, weil die über Sie kommen und mit Ihnen machen, was sie wollen, dann ist es an der Zeit Änderungen vorzunehmen, Änderungen, die dazu führen, daß Sie und nicht irgendwelche anderen mysteriösen Kräfte Ihr Leben kontrollieren. Ich hatte Ihnen gesagt, daß Sie prinzipiell zwei Möglichkeiten haben, mit einem Gefühl umzugehen …

**Möglichkeit Nr. 2:** Sie können sich weigern, sich in eine Vorstellung, in ein Gefühl hineinzusteigern! Durch Ihren inneren Schweinehund werden bestimmte Vorstellungsbilder in Ihrem Kopf wie in einer Art inneren Kino aktiviert. Statt sich jetzt in diese Bilder hineinfallen zu lassen, sie auszuschmücken, den Film in leuchtendsten Farben ablaufen zu lassen und sich darin zu wälzen, können Sie ihn auch jederzeit unterbrechen und an etwas anderes denken. Sie meinen, das geht nicht? Sehen Sie, und das stimmt nicht, denn:

> Wenn Sie nicht Herr über Ihr Gehirn sind,
> wer ist es dann?

*Der Gedankenstopp*
Es gibt eine sichere Methode, mit der Sie jedes noch so quälende Vorstellungsbild innerhalb von Sekunden unterbrechen können, den sogenannten *Gedankenstopp.*

Ich möchte Ihnen kurz beschreiben, wie ich diese Methode Teilnehmern meiner Seminare beibringe, die vorher steif und fest behaupteten, sie könnten ihre Gedanken und Vorstellungen nicht einfach aus ihrem Gehirn verbannen. Zuerst bitte ich die Teilnehmer, die Augen zu schließen und sich intensiv mit irgendeinem negativen Erlebnis aus ihrer Vergangenheit zu beschäftigen. Sie sollen sich so lange darin wälzen, bis sie der Meinung sind, die

Vorstellungen wären so intensiv, daß sie diese auf keinen Fall innerhalb einer Sekunde aus ihrem Gehirn entfernen könnten.

Da die Teilnehmer die Augen bei dieser Übung geschlossen haben, sehen Sie nicht, was ich in der Zwischenzeit vorbereite. Ich greife mir einen stabilen Gegenstand, entweder einen Abfalleimer oder meinen Aluminiumkoffer, und wenn alle soweit sind, daß sie sich jetzt gerade in ihren Vorstellungen ausgiebig wälzen, knalle ich den Gegenstand mit voller Wucht auf einen Tisch. Die Wirkung ist bombastisch. Alle Vorstellungen, die gerade noch so hartnäckig in den Köpfen gekreist sind, sind mit „einem Schlag" ausgelöscht.

Nun, was ich kann, können Sie auch. Wann immer ein Gedanke oder eine Vorstellung nicht aus Ihren Hirnwindungen verschwinden will, nehmen Sie einen Gegenstand, z.B. dieses Buch, und knallen Sie es auf einen Tisch. Rufen Sie dabei laut:

„Stopp!"

Sie werden merken, daß der Gedanke sofort unterbrochen wird. Sicher werden Sie sich jetzt fragen, wie lange er denn unterbrochen wird. Und natürlich haben Sie völlig recht, wenn Sie annehmen, daß es sich dabei nur um relativ kurze Zeit handeln kann. Sie können jede Vorstellung unterbrechen, aber nach einer gewissen Zeit wird sie wiederkommen.

Was tun Sie dann? Ganz einfach! Sie machen das gleiche noch einmal. Sobald die Vorstellung wiederkehrt, wird sie, ohne sich lange damit zu beschäftigen, wieder auf die gleiche Art und Weise unterbrochen. Das Spielchen wird sich einige Zeit wiederholen: *Vorstellung – STOPP – Vorstellung – STOPP – Vorstellung – STOPP – …*

Möglicherweise kann es in hartnäckigen Fällen Stunden dauern, aber ich garantiere Ihnen, daß aufgrund Ihrer Hartnäckigkeit, aufgrund Ihrer permanenten Weigerung, sich mit dieser Vorstellung zu beschäftigen, die betreffende Vorstellung den kürzeren ziehen wird.

Vorstellungen können nur dann Macht über Sie bekommen, wenn Sie diese Vorstellungen ausgiebig hegen und pflegen. Eine Vorstellung, mit der Sie sich nicht weiter beschäftigen, wird einige

Male anklopfen, aber wenn Sie jedesmal konsequent „abgewürgt" wird, wird sie verblassen und aus Ihrem Kopf verschwinden. Diese Macht, die Ihr Wille über das, was Sie denken, hat, ist etwas, was sehr viele Menschen nie erfahren haben. Ein Großteil der Menschheit läuft in der festen Überzeugung auf dieser Erde herum, ein Sklave dieser drei Pfund Gehirnmasse zwischen den Ohren zu sein. Sie sind ihren Trieben, ihren Wünschen, ihren Neurosen, ihren Abhängigkeiten, ihrer Vergangenheit, Gegenwart und Zukunft hilflos ausgeliefert, weil sie sich weigern, ihr Gehirn so zu benutzen, daß es Spaß macht, mit diesem Ding die Welt zu erleben und zu genießen.

Beginnen Sie, Ihr Gehirn zu beherrschen, beginnen Sie, damit ein Leben zu gestalten, welches *Ihnen* Freude bereitet, benutzen Sie es dazu, Ziele zu erreichen, Ihr Leben zu gestalten; denn dazu ist es bei richtiger Verwendung in der Lage. Es soll Ihnen ja schließlich bei der Lösung von Problemen helfen und nicht selbst für Sie zum Problem werden!

Nun, es ist natürlich nicht sonderlich zweckmäßig, jedesmal, wenn Sie eine sich aufdrängende Vorstellung abwürgen möchten, mit einem Gegenstand auf den Tisch zu hauen. Erstens macht das einen gewaltigen Krach, und zweitens werden Sie mit der Zeit den Tisch auf diese Weise ruinieren. Deshalb können Sie sich dieses Vorgehen so antrainieren, daß ein vor Ihrem geistigen Auge gesprochenes „*Stopp*" ausreicht, die betreffende Vorstellung zum Verschwinden zu bringen. Gehen Sie dazu folgendermaßen vor:

---

**So stoppen Sie Ihren „inneren Schweinehund"**

Wann immer Ihr Gehirn etwas denkt, was Sie nicht weiterbringt, wenden Sie sofort die „STOPP!"-Methode an!

- **Phase 1:** Solange Sie in dieser Technik noch ungeübt sind, wenden Sie die brutale Version an: Schlagen Sie mit einem Gegenstand auf den Tisch, und brüllen Sie dazu „*Stopp!*" (Möglicherweise werden Sie einige Leute

---

deswegen für verrückt erklären, was Ihnen aber inzwischen nichts mehr ausmachen dürfte, da Sie sich entschlossen haben, Ihr Leben zu leben, nicht das der anderen Leute).

- **Phase 2:** Wenn Phase 1 funktioniert, schlagen Sie nur noch mit der Handfläche gegen den Tisch, ein lautes „Patsch" genügt, und sagen Sie dazu mit lauter Stimme *„Stopp!".*
- **Phase 3:** Rufen Sie nur noch *„Stopp"*, sobald Sie etwas denken oder sich geistig mit etwas beschäftigen, was Sie nicht wollen.
- **Phase 4:** Nachdem Sie mit Phase 3 Erfolg haben, sollte es genügen, wenn Sie sich nur noch im stillen *„Stopp"* sagen.

Damit haben Sie eine Technik, die sehr wirkungsvoll und unauffällig zu jeder Zeit anwendbar ist. Selbstverständlich gilt auch hier: Übung macht den Meister! Es nutzt nichts, wenn Sie diese Technik lesen, aber nicht anwenden. Diese Technik ist so simpel, daß manche Leute enttäuscht sind, weil sie etwas wahnsinnig Geheimnisvolles erwartet haben. Eine Art geheimes psychologisches Wissen, das sekundenschnell störende Gedanken unterbrechen kann.

### Die grundlegenden Dinge im Leben sind einfach

Denken Sie an das, was ich Ihnen in diesem Buch vermitteln will: *Die grundlegenden Dinge im Leben sind einfach.* Das Leben zu genießen ist keine komplizierte Wissenschaft, ein Kind kann das oft besser als ein Erwachsener, woran Sie deutlich erkennen können, daß es unkompliziert ist. Je weniger kompliziert Sie das Leben und die täglichen Situationen, die Ihnen in Ihrem Leben begegnen, betrachten, desto mehr Spaß werden Sie haben.

Wenn Sie allerdings die Vorstellung in Ihren Gehirnwindungen bergen, daß die Erlangung von Lebensgenuß ein sehr komplexes Thema ist, daß man dazu unwahrscheinlich viel „Weisheit" und Wissen benötigt, daß das etwas ist, wovor man eine gewisse Ehrfurcht verspürt, dann wundern Sie sich nicht, wenn Sie diesen Genuß Ihr Leben lang vergeblich suchen.

Und wenn Sie zu den Menschen gehören, die mit einfachen Techniken nicht zufrieden sind, geschweige denn sie anwenden, weil „einfach" mit „funktioniert nicht" und „billig" gleichgesetzt wird, dann sollten Sie an dieser Stelle des Buches doch einmal tiefer in sich gehen und sich die Frage stellen, ob Sie Ihr Leben wirklich genießen wollen, oder ob Sie daraus einfach eine wahnsinnig komplizierte Angelegenheit machen möchten. Wenn Sie zu letzteren gehören, dann sind psychoanalytisch ausgerichtete Bücher wahrscheinlich besser für Sie geeignet, denn mit deren Hilfe können Sie in allen Tiefen und Höhlen der menschlichen Psyche herumbohren, längst Vergessenes wieder ans Tageslicht befördern, sich nochmals ausgiebig darin wälzen, das Ganze noch mit unbewußten Wünschen und Phantasien verbinden und dann irgendwann den Bezug zur Realität verlieren und sich in einer Art psychologischem Nirwana verlieren ...

*Warum erzähle ich Ihnen das eigentlich?*
Einfach deshalb, weil es etwas mit meinem Leben zu tun hat. Auch ich war auf der Schiene, das Leben, meine Persönlichkeit, den Umgang mit Problemen als eine sehr komplexe Sache zu betrachten. Durch mein Studium der Psychologie wurde diese Tendenz noch verstärkt. Psychotherapie beispielsweise wurde für mich zu einer sehr komplizierten Wissenschaft, man brachte mir all die Theorien bei, all die verschiedenen Ansätze, all die diffizilen Forschungsergebnisse. Ich brauchte Jahre, um mir dieses Wissen um die menschliche Psyche anzueignen. Wenn ich heute Bücher über Psychotherapie lese, wird sie in über 90% der Bücher als sehr komplex, gespickt mit Fremdwörtern und in streng wissenschaftlichen Begriffen abgehandelt.

Auch ich habe verschiedene Ausbildungen von der Psychoanalyse über die Transaktionsanalyse, die klassische Verhaltenstherapie bis hin zur nichtdirektiven Gesprächstherapie und dem Psychodrama durchlaufen. Auch ich lag in meiner Eigentherapie auf der Couch und sah vor meinem geistigen Auge meinen Vater auf meinem Brustkorb stehen, wie er mich mit seinen Füßen in den Dreck hineindrückte. Auch ich beschäftigte mich mit meinen Kindheitserlebnissen in der „analen Phase". Auch ich bin in einem Psychodramaworkshop wie ein Hund auf allen vieren durch den Raum gekrabbelt, habe mich aufgeführt wie Klaus Kinski und mit einer anderen Seminarteilnehmerin eine Schlägerei ausgetragen, weil es „therapeutisch wichtig" war.

Das waren alles sehr interessante Erfahrungen, aber sie befriedigten mich nicht. Als beispielsweise in einer dieser Ausbildungen gefordert wurde, daß ich Selbsterfahrung betreiben sollte, in dem ich in meine Kindheit zurückgehen und schmerzliche Erfahrungen hervorkramen sollte, die dann noch einmal durchgekaut werden sollten, wurde mir dieser Unsinn bewußt. Mein Vater war gestorben, als ich etwa drei Jahre alt war. Ich weiß aus dieser Zeit noch, daß ich ihn damals dafür haßte, weil er mich alleine gelassen hatte. Ich weiß aber auch, daß ich damals gar nicht anders reagieren konnte, weil mir einfach mit drei Jahren die geistigen Fähigkeiten fehlten, um zu begreifen, daß er nichts für seinen Tod kann. In einer meiner therapeutischen Ausbildungen wurde also verlangt, noch einmal in diese Zeit zurückzugehen, und dabei tauchte vor meinem geistigen Auge dieses Bild auf. Ich liege im Dreck, mein Vater steht über mir, setzt mir seinen Fuß auf die Brust und drückt mich immer tiefer hinein in den Dreck. Das sind einfach Phantasien, aus bruchstückhaften Erinnerungen, Bedeutungen und Fabulierungen, die irgendwo in meinem Gehirn zusammengebraut werden und die sich herrlich ausbauen lassen.

Diese Situation, die ich da vor meinem geistigen Auge sah, hat in der Realität nie stattgefunden, ich fühlte mich damals von meinem Vater schlecht behandelt, weil er mich alleine gelassen hatte, eine Reaktion, wie sie für ein dreijähriges Kind durchaus normal ist. Diese Phantasie nimmt aber heute keinerlei Einfluß auf mein Leben, ich muß meinem Vater auch nicht „verzeihen", daß er gestorben ist, sondern ich kann es einfach akzeptieren, daß es eben so ist. Ich weiß noch, daß wir uns über eine Stunde mit dieser Phantasie beschäftigten, sie zerredeten und daß mich diese Stunde 180 DM gekostet hatte. Und als ich danach zu meinem Wagen ging, setzte sich eine Frage in meinem Hirn fest:

„Hat mich das jetzt in irgendeiner Weise weitergebracht?"

Das war so der Punkt, wo ich mich zum erstenmal ernsthaft damit beschäftigte, ob der Satz: *„Psychoanalyse ist die Krankheit, die sie zu behandeln vorgibt"* nicht doch stimmen könnte. Und was mich am meisten daran störte, war, daß ich auch mit meinen Klienten auf diese Art und Weise arbeitete. Es ist nicht so, daß ich Psychoanalyse oder Tiefenpsychologie verdamme; sicher ist es interessant, etwas über den Menschen und seine Psyche zu erfahren, aber zur Lösung aktueller Probleme ist sie viel zu umständlich und ausschweifend. Als ich dann zufällig noch das Buch von Nikos Kazantzakis „Alexis Sorbas" in die Hände bekam (lesen Sie es doch einmal bei Gelegenheit), ein Buch, in dem es um einen einfachen griechischen Landarbeiter geht, der das Leben so nimmt, wie es kommt, war für mich „der Käse gegessen". Das war die endgültige Wende in meiner therapeutischen Arbeit.

Was macht ein Mensch, der sein Leben genießt, der die Dinge und Situationen, die ihm im Leben begegnen, so hinnimmt, wie sie sind; was macht dieser Mensch anders als jemand, dem es psychisch schlecht geht? Es kann doch nicht sein, daß ein derartiger Lebenskünstler sechs lange Jahre Psychologie studieren muß, eine hochkomplizierte therapeutische Ausbildung vorweist, jede Woche zu seinem Therapeuten rennt, Wissen über Entwicklungsphasen, Abwehrmechanismen, Narzißmusproblematik, Verstärkermodelle, Skriptanalyse, Archetypen, grandioses Selbst, idealisiertes Objekt, Libidofixierung, objektbeziehungstheoretisches Konfliktmodell, SORCK-Variablen, Organminderwertigkeit usw. anhäuft. Das alles tun diese Leute nicht und genießen ihr Leben trotzdem. Auf der anderen Seite gibt es nicht wenige Leute, die all dieses Wissen haben, hochstudiert sind und einen eigenen Therapeuten benötigen, weil sie mit ihren Problemen nicht zurechtkommen.

Jetzt kennen Sie den Ausgangspunkt meiner neuen therapeutischen Entwicklung. Und es gab noch etwas, was mir zu denken gab: Ein Tier, zum Beispiel eine Katze, hat weniger emotionale Probleme als ein Mensch! Ist es nicht seltsam, daß ein Mensch, der dem Tier an Intelligenz weit überlegen ist, es trotz dieser Intelligenz schafft, sich das Leben oder zumindest Teile davon zur Hölle zu machen? Sie werden nie eine Katze sehen, die sich schämt, die sich schuldig fühlt, die beleidigt ist, die, weil sie ein Kater vergewaltigt hat, der Meinung ist, sie sei unrein und deshalb sei ihr Leben nichts mehr wert, die eine Depression hat, sich als Versager fühlt, die den ganzen Tag jammert, daß ihr alles zuviel wird, die sich minderwertig vorkommt, weil eine andere Katze schöner, stärker oder erfolgreicher beim Mäusefang ist und, und, und …

Eine Katze kennt diese Problematik nicht, und ein Lebenskünstler kennt sie auch nicht, weil er die Dinge und Gedankengänge nicht denkt, die dazu notwendig sind. Sie haben dem Tier gegenüber einen entscheidenden Vorteil:

Sie haben die höhere Intelligenz!

Und diese Intelligenz können Sie dazu benutzen, sich ein angenehmes Leben zu gestalten! Das heißt aber im emotionalen Bereich und bezogen auf Schwierigkeiten, die Ihnen im Laufe Ihres Lebens begegnen werden:

*Nutzen Sie Ihre Intelligenz dazu, bewußt einfach statt kompliziert zu denken!*
Um ein Leben zu leben, welches Ihnen Spaß macht, um belastbar zu sein, um Erfolg zu haben, um mit Energie und Kraft an Herausforderungen heranzugehen, brauchen Sie kein fundiertes psychologisches Wissen, Sie brauchen lediglich die Dinge zu tun, die ein Mensch tut, der all das hat, und die Dinge zu lassen, die diese Person auch nicht tun würde.

*So einfach ist das ganze!!!*
Falls jetzt in diesem Moment vor Ihrem geistigen Auge auftaucht: „Sooo einfach ist das ja nun auch nicht!" oder „Schön wär's, wenn es so einfach wäre!" oder damit verwandte Sätze, dann fragen Sie sich jetzt, auf welcher Schiene Sie sich befinden. Derartige Sätze finden sich gehäuft bei Leuten, die gerne auf dem „Das-Leben-ist-kompliziert-Gleis" fahren.

Das Leben selbst ist weder kompliziert noch einfach, erst unser Denken macht es dazu. Und wenn Sie Ihr Leben, den Umgang mit Ihren Emotionen und Problemen als kompliziert ansehen, dann werden Sie genau das finden, nach dem Sie suchen. Kompliziertheit.

„Sooo einfach ist es ja nun auch nicht!" war mein erster Gedanke, als ich mich mit anderen Formen der Psychotherapie beschäftigte. „Sooo einfach ist es ja nun auch nicht!" dachte ich, als mir zum erstenmal erklärt wurde, daß meine Gefühle und mein Verhalten von meinen Gedanken abhängen und nicht von Lebensumständen. „Sooo einfach ist es ja nun auch nicht" war das erste, was mir durch die Hirnwindungen schoß, als mir jemand sagte, ich müßte überhaupt nichts, außer sterben …

Aber als ich damit zu arbeiten begann, als ich nach Beweisen suchte, als ich merkte, wie ich mein Leben veränderte, als ich die Kraft sah, die mein Wille hatte, wenn ich ihn richtig benutzte, und wenn ich jetzt feststelle, daß ich völlig anders emotional reagiere als noch vor zehn Jahren, dann bin ich heute an dem Punkt, wo ich völlig davon überzeugt bin:

So einfach ist das!

Und das glaube ich nicht, das behaupte ich nicht, weil es ein Fachmann gesagt hat, sondern das weiß ich, weil ich es tagtäglich an mir selbst und in der Arbeit mit Klienten erfahre.

*Einfach* ist das Zauberwort. Schalten Sie *einfach* Ihre Vorstellungen ab, wenn Sie ihrer überdrüssig sind. Schalten Sie sie so oft ab, bis diese Vorstellungen verschwinden. Weigern Sie sich, etwas zu denken, was Ihnen nur Verdruß bringt, hören Sie auf, sich in Emotionen zu wälzen.

Übernehmen Sie die Kontrolle über Ihr Leben – und fangen Sie jetzt damit an!

**Zusammenfassung zum Thema „Innerer Schweinehund"**

**Sie haben sich über Folgendes Klarheit verschafft ...**
Sie wissen, daß Ihr Haustier, wenn Sie es nicht richtig erziehen, dazu neigt, Ihnen das Leben schwer zu machen. Ihr innerer Schweinehund sorgt dafür, daß Sie über Dinge nachdenken, mit denen Sie sich eigentlich gar nicht beschäftigen wollen, er sorgt dafür, daß Sie Gefühle haben, die Ihnen nichts außer Verdruß bringen, er ist für Ihre Trägheit verantwortlich und er beschert Ihnen ein Leben, in dem „Maximum an Genuß" ein Fremdwort darstellt. Sie können sich entweder weiterhin einreden, daß Sie diesem sympathischen Gesellen lebenslang ausgeliefert sind und dadurch zum Opfer werden, oder Sie können sich entschließen, Ihrem Haustier Manieren beizubringen und das Regiment in Ihrem Gehirn übernehmen.

**Nutzen Sie den „Gedankenstopp" und alle Methoden, die dazu geeignet sind, quälende Vorstellungen zu beseitigen, und Ihr Schweinehund wird handzahm!**

# Kapitel 4
# Sie haben ein Problem?
# Lösen Sie es! oder das „Wo-ist-die-nächste-Maus-Prinzip"

*„Ein Sieger findet*
*für jedes Problem eine Lösung.*
*Ein Verlierer findet*
*in jeder Lösung ein Problem."*

## Lösungsorientierung statt Problemwälzung!

Wie Sie mit negativen Gefühlen umgehen werden, wissen Sie inzwischen. Sie werden in Zukunft damit aufhören, sich einzureden, Sie oder andere *müßten* etwas, Sie werden damit aufhören, Situationen als *Katastrophen* zu betrachten, Sie werden damit aufhören, sich einzureden, Sie *könnten etwas nicht tun oder nicht aushalten* und Sie werden die Kontrolle über Ihren *inneren Schweinehund* übernehmen. Und wenn Sie das, was Sie inzwischen wissen, in die Realität umsetzen, werden Sie damit einem Großteil Ihres Stresses und Ihres Verdrusses den Garaus machen. Sie werden eine stoische Gelassenheit entwickeln, die bei vielen Ihrer Zeitgenossen ungläubiges Erstaunen hervorruft.

Nun, neben dieser phantastischen inneren Ruhe gibt es jedoch noch etwas, was für ein erfülltes Leben unerläßlich ist:

Die Fähigkeit, Probleme zu lösen,
anstatt darüber zu verzweifeln.

Sie werden in Ihrem Leben immer wieder auf Situationen stoßen, in denen man Ihnen Steine in den Weg legt, in denen die Sache nicht so läuft, wie Sie sich das vorstellen, in denen Sie Lösungen brauchen; wie Sie diese effektiv und schnell finden, davon handelt dieses Kapitel. Bevor wir uns ausführlicher mit der Materie beschäftigen, möchte ich Ihnen einen Satz ans Herz legen, der das entscheidende Grundprinzip jeder erfolgreichen Problemlösung beinhaltet und den Sie sich aus diesem Grund sehr gut einprägen sollten:

Verschwenden Sie nie Ihre Zeit mit einem Problem,
sondern nutzen Sie sie für dessen Lösung.

## Problemorientiertes Denken

Jemand, der gerade arbeitslos geworden ist, versinkt in tiefster Depression, anstatt seine Energien sofort dazu zu benutzen, einen neuen Job zu suchen. Ein weggeschnappter Parkplatz führt dazu, daß sich der Betroffene eine halbe Stunde darüber aufregt, statt sich in der gleichen Zeit nach einem anderen Parkplatz umzusehen. Ein Geschäftsmann reagiert auf seine erste Pleite mit Verzweiflung, anstatt sich zu fragen, was er in Zukunft besser machen könnte. In unserer Gesellschaft wird es als geradezu normal betrachtet, bei auftretenden Schwierigkeiten zuerst einmal eine Menge Zeit mit unnützen Emotionen und Gedanken zu verbringen, es gilt als geradezu chic, sich darin zu wälzen, anstatt nach Lösungen zu suchen.

Die meisten Menschen verzweifeln angesichts von Problemen deshalb, weil sie sich viel zu sehr mit dem Problem beschäftigen. Sie stellen allerhand Vermutungen darüber an, wie es zu dem Problem gekommen ist, sie suchen Schuldige, sie fragen sich, wieso ausgerechnet ihnen so etwas passiert ist, sie wälzen sich mit geradezu masochistischer Leidenschaft darin. Sie tun das, was man als *„problemorientiertes Denken"* bezeichnet. Problemorientiert denken ist eine typisch menschliche Eigenschaft, die in der Regel nur dazu führt, daß das Problem künstlich aufgebläht wird, daß man sich darin wälzt und eine Menge Zeit verschwendet, anstatt nach Lösungen zu suchen; wertvolle Zeit, die man

mit Genuß hätte verbringen können. Nicht wenige Psychotherapeuten verdienen damit Unsummen, daß sie ihre Klienten auch
noch ermuntern, sich auf ihr Problem zu konzentrieren, es in
alle Einzelteile zu zerfieseln und immer und immer wieder darüber zu sprechen.

Kein Tier tut so etwas! Denken Sie an die schon einmal zitierte
Katze. Eine Katze, die auf eine Maus lauert und diese nach vielen
Anstrengungen nicht erwischt, sucht die nächste Maus. Sie analy-
siert nicht das Problem, sie stellt keine Vermutungen an und verhungert darüber, sondern *sie sucht die nächste Maus.* Und wenn sie
die nicht erwischt, dann sucht sie eben wieder die nächste ...

Sie handelt *zielorientiert*, d.h. nach dem Motto:

„Was will ich, und wie kriege ich das?“

### Zielorientiertes Denken

Zielorientiertes Denken ist das, was Sie an Ihr Ziel bringt, während
problemorientiertes Denken das ist, was Ihnen Erklärungen
bringt, aber eben keinen Fortschritt. Ziel- und problemorientiertes
Denken unterscheidet sich in den Fragen, die sich der Betreffende
selbst stellt. Ein Grundprinzip der Kommunikationspsychologie
steckt in dem Satz:

„Wer fragt, der führt!“

Damit wird ausgedrückt, daß derjenige, der sein Gegenüber
durch Fragen zum Reden bringt, im Grunde die Richtung eines Ge-
sprächs bestimmt. Durch Fragen zwingen Sie Ihr Gegenüber, aktiv
zu werden, auf Ihre Fragen eine Antwort zu finden. Die Bedeutung
von Fragen ist seit Urzeiten bekannt, schon im Altertum brachten
große Philosophen wie beispielsweise Sokrates ihren Schülern
Wissen durch geschicktes Fragen bei. Nun, wenn dieses Prinzip für
die Kommunikation zwischen Menschen gilt, dann gilt es erst
recht für den Dialog mit sich selbst.

Wer sich selbst Fragen stellt, schaltet sein Gehirn ein,
und wer sich selbst die richtigen Fragen stellt,
bestimmt die Richtung seiner Gefühle und Verhaltensweisen
und nimmt damit also direkten Einfluß auf seine
Reaktionsweisen.

*Fragen Sie immer wieder: „Stimmt das?"*
Bisher haben Sie möglicherweise mehr oder weniger instinktiv
auf die Ereignisse, die Ihnen begegneten, reagiert. Sie hatten sofort Ihre Gefühle von Wut, Angst, Hektik und Streß. Sie hatten sie
deshalb, weil Ihr Gehirn wie eine Art „Autopilot" arbeitete, es
war auf Automatik geschaltet, das steuernde Programm war vor
langer Zeit von Ihren Eltern, Ihren Lehrern und von der Gesellschaft, in der Sie aufwuchsen, geschrieben worden. Sie hatten
sich nie gefragt, ob all das, was da in Ihrem Gehirn gespeichert
war, eigentlich stimmte. Sie waren der festen Überzeugung, daß
Sie vieles *mußten*, daß andere Ihnen etwas schuldig wären, ja sogar die Welt fair und gerecht zu sein hätte. Sie sahen einiges in
Ihrem Leben als *schrecklich* und *furchtbar* an, weil man Ihnen beigebracht hatte, das zu tun, und Sie redeten sich ein, einiges *nicht zu
können*, was Sie eigentlich gerne gekonnt hätten, Sie waren der
festen Überzeugung, daß andere für Ihre Gefühle verantwortlich
seien, und Sie hatten möglicherweise wenig Ahnung, wie Sie Ihr
Leben noch mehr genießen könnten. Wie Sie sicher schon bemerkt haben, ist eines der Hauptanliegen dieses Kapitels, Ihnen
die Macht der Fragen vor Augen zu führen. Wie oft haben Sie bisher die Frage

„Stimmt das?"

in diesem Buch gelesen? Diese Frage ist einer der Schlüssel
für Lebensgenuß, und gleichzeitig ist diese Frage die am meisten
gefürchtete aller Institutionen und Menschen, die Macht über Sie
ausüben wollen. Indem Sie sich weigern, sich diese Frage zu stellen, ist es möglich, Sie in Normen zu zwängen, Sie als willenloses
Geschöpf dahin zu bringen, wo man Sie haben will. Von Kindheit
an wird Ihnen bedeutet, nicht so intensiv nachzufragen, man be-

ruft sich dabei auf „Autorität", „Fachwissen" oder „Vertrauen".
Wieviel weniger Leid würde es auf unserer Erde geben, wenn die
Menschen mehr fragen würden, anstatt blindlings etwas zu
glauben. Sobald aber ein Schüler in der Schule zu viele Fragen
stellt, wird er als „vorlaut" und „frech" bezeichnet. Wenn Sie
Zeitschriften lesen und sich zu den einzelnen Artikeln die
Frage


„Stimmt das wirklich?"


stellen würden, dann würde wahrscheinlich mehr als die
Hälfte von dem, was da geschrieben steht, als unwahr oder nur
halbwahr entlarvt werden. Wie kommt es, daß in größeren Be-
trieben so etwas wie eine „Gerüchteküche" brodelt, obwohl doch
jeder weiß, daß ein Gerücht und die Wahrheit zwei verschiedene
Dinge sind? Und welchen Sinn hat wohl der von den Kirchen
heißgeliebte Spruch: *„Selig sind die, die nicht wissen und trotzdem
glauben"*?

Waren es nicht unter anderen diese ach so Seligen, die im Mittelalter unschuldige Menschen auf den Scheiterhaufen schickten,
weil Sie glaubten, das wäre von Gott gewollt? Waren es nicht die,
die zu den Kreuzzügen aufbrachen und zahllose Menschen ab-
schlachteten, weil Sie glaubten, man könne sich so einen Platz im
Himmel sichern? Und sind es nicht heutzutage die, die an völlig
unsinnige Äußerungen ihres Oberhirten, wie zum Beispiel die der
„Unfehlbarkeit", glauben und mit Inbrunst daran festhalten und
danach handeln, obwohl die Geschichte bisher nur das Gegenteil
bewiesen hat? Wie viele Menschen bereiten sich in ihrem Leben
eine Menge an Verdruß, weil sie sich diese Frage nicht zu stellen
wagen oder schlichtweg „zu faul" sind, ihr Gehirn dazu zu benutzen, wofür es gedacht war: *Zum Denken und Problemlösen, anstatt zum
Leiden und Probleme erschaffen.*


### Stellen Sie die richtigen Fragen
Sie erinnern sich an die „Müller-Luersche Täuschung"?

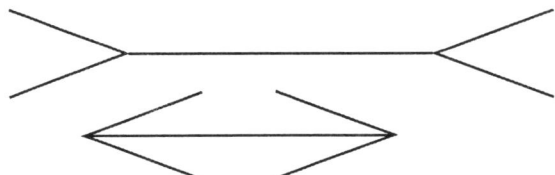

Der obere Längsstrich erscheint länger als der untere. In Wirklichkeit sind jedoch beide Striche gleich lang, Ihrer Wahrnehmung wird etwas vorgegaukelt. Diese Pfeile sind für mich ein Symbol dafür, daß das, was wir für die Wirklichkeit halten, nicht zwangsläufig der Realität entspricht. Und sie sind für mich zum Symbol dafür geworden, nicht irgend etwas zu glauben, was mir die Umwelt einsuggeriert, sondern es auf seinen Sinn hin zu überprüfen. Überprüfen heißt, sich Fragen zu stellen und nach Antworten zu suchen.

Fragen Sie, und Sie werden Antworten erhalten.
Stellen Sie die richtigen Fragen, und Sie werden die richtigen Antworten erhalten.

Einige Fragen, die Sie sich in Zukunft stellen werden, haben Sie schon kennengelernt.

---

**Die richtigen Fragen für die Zukunft**

*In Zukunft* werden Sie sich, wenn Sie sich unter Druck gesetzt fühlen oder sich über jemanden ärgern, nicht mehr fragen. „Weshalb passiert mir das?" oder „Warum tut er das?", sondern:

- „Was muß ich?"
- „Was muß dieser Mensch?"
- „Wo ist der Beweis, daß ich/er das muß?"

Nur mit diesen Fragen kommen Sie aus Ihrem Zwang und Ärger heraus, während Sie mit der „Warum?"-Frage nur Ihre Ohnmacht und Ihren Verdruß schüren.

In Zukunft werden Sie sich, wenn Sie vor etwas Angst haben, nicht mehr fragen: „Wie soll ich das aushalten?" oder: „Warum ausgerechnet ich?", sondern Sie werden fragen:
- „Was kann schlimmstenfalls passieren?"
- „Wie schlimm ist das wirklich?"
  (Denken Sie an Ihre Katastrophenskala!)
- „Wie wahrscheinlich ist das?"
Diese Fragen helfen Ihnen, wieder in die Realität zurückzukommen, während erstere dazu führen, daß Sie sich in Ihrem Unglück ausgiebig wälzen.

In Zukunft werden Sie sich nicht mehr einreden, etwas nicht tun oder aushalten zu können, sondern Sie werden sich angesichts von auftretenden Schwierigkeiten fragen:
- „Stimmt das, daß ich es nicht tun oder aushalten kann?"
- „Stimmt es, daß ich zu Staub zerfalle?"

Übernehmen Sie die Kontrolle über Ihr Gehirn, und Sie werden die Ziele erreichen, die Sie auswählen! Lassen Sie Ihr Gehirn auf „Autopilot" geschaltet und Sie werden immer nur die Ziele erreichen, die Sie schon immer erreicht haben, unter Umständen eine Menge an Verdruß. Solange Sie Ihr Gehirn nicht dazu zwingen, unter Ihrer Kontrolle zu arbeiten, wird es nach Programmen funktionieren, die ihm irgendwann eingeimpft wurden. Kontrolle über das Gehirn beginnt mit den Fragen, die Sie an dieses Organ richten, Fragen sind der Samen, den Sie säen. Wenn Sie Fragen säen, die nur Verdruß bringen können, dann werden Sie auch nur Verdruß ernten, genauso wie Sie nur Karotten ernten können, wenn Sie nur Karottensamen säen! Erfolgreiche Leute haben die besseren Fragen und als Ergebnis davon natürlich die besseren Antworten und Reaktionsweisen!

Es gibt eine Art und Weise zu fragen, mit der Verdruß schon fast vorprogrammiert ist; sie ist die Lieblingsfrage aller Leidenden und „armen Schweine", eine Frage, die so alt ist wie der Verdruß, der die Menschheit seit Anbeginn begleitet hat.

# Die verhängnisvolle Frage „Warum?"

*„Der Unglückliche fragt: Warum?*
*Der Glückliche fragt: Warum eigentlich nicht?"*

Warum ist das Wetter heute so miserabel? Warum behandelt mich mein Partner so ungerecht? Warum hat mich mein Arbeitskollege beim Chef angeschwärzt? Warum gelingt mir nichts? Warum werde ich ausgerechnet jetzt krank? Warum gibt es soviel Leid auf der Welt? Warum gewinnen immer die anderen im Lotto? Warum haben mich meine Eltern als Kind so behandelt? Warum tut mir das Schicksal das an? Warum läßt Gott das zu? Warum mag mich keiner?

Warum, warum, warum ...

Wo werden Sie mit diesen Warum-Fragen landen? Welche Antworten werden Sie erhalten? Sehen wir uns das Ganze einfach einmal an:

* Warum ist das Wetter so miserabel? Weil gerade ein Tief über das Land zieht! Bringt Sie das weiter? Nein!
* Warum behandelt mich mein Partner so ungerecht? Weil ihm gerade danach ist! Bringt Sie das weiter? Nein!
* Warum hat mich der Kollege beim Chef angeschwärzt? Weil er sich persönliche Vorteile erhoffte! Bringt Sie das weiter? Nein!
* Warum gelingt mir nichts? Weil ich ein Versager bin! Bringt Sie das weiter? Nein!

- Warum werde ich ausgerechnet jetzt krank? Weil ich mir einen Virus eingefangen habe! Geht es Ihnen jetzt besser? Nein!
- Warum gibt es soviel Leid in der Welt? Weil es Menschen gibt, die das verursachen! Ändert das irgend etwas an dem Leid? Nein!
- Warum gewinnen immer die anderen im Lotto? Weil sie die richtigen Zahlen getippt haben! Bringt Sie das einem Lottogewinn näher? Nein!
- Warum haben mich meine Eltern als Kind so behandelt? Weil ihnen danach war! Ändert das irgend etwas in Ihrem Leben? Nein!
- Warum tut mir das Schicksal das an? Keine Ahnung! Bringt Sie das weiter? Nein!
- Warum läßt Gott das zu? Das weiß kein Mensch! Ändert das irgend etwas an Ihrer Lage? Nein!
- Warum mag mich keiner? Weil ich klein und häßlich bin! Sind Sie damit auch nur einen Schritt weiter gekommen? Nein!

Sie ändern durch derartige Fragen absolut nichts; alles was passiert, ist, daß Sie noch tiefer in Ihre Probleme eintauchen, daß Sie noch mehr Ihrer wertvollen Zeit damit verschwenden, sich auf das Problem statt auf dessen Lösung zu konzentrieren, und daß Sie sich in einen Zustand der Hilflosigkeit, von Pessimismus und Passivität bringen.

Warum fragen Sie sich dann eigentlich „Warum?“

Sehen Sie, auch diese Frage bringt Sie keinen Schritt weiter. Wir könnten jetzt natürlich Gründe suchen, weshalb Sie das tun, wir könnten uns den ganzen Rest dieses Buches damit beschäftigen, Sie hätten hinterher wunderbare Erklärungen und auch Entschuldigungen für Ihr Verhalten …

Aber Sie würden weiterhin Ihr Verhalten an den Tag legen und Ihrem Ziel „Maximum an Lebensgenuß“ keinen Schritt nähergekommen sein. Dieses Buch ist kein „Warum-Buch“, davon gibt es schon zu viele, ich habe es nicht geschrieben, um Ihnen

Erklärungen zu geben, sondern um Ihnen zu zeigen, wie Sie glücklich, zufrieden und belastbar werden, wie Sie Ihr Leben genießen können, unabhängig davon, was Ihnen in Ihrem Leben passiert. Wenn Sie Erklärungen suchen, dann empfehle ich Ihnen psychoanalytische Literatur; dort werden Sie Unmengen an Erklärungen finden, warum Sie so sind, wie sie nun einmal sind – ändern wird sich dadurch allerdings nichts! Es ist völlig egal, warum Sie bisher „Warum?" gefragt haben, ab jetzt werden Sie damit aufhören!

## Die Frage aller Fragen: „Was bringt mich meinem Ziel näher?"

Kein Mensch, der ein Ziel erreicht hat, hat sich lange mit „Warum?" herumgequält. Denken Sie beispielsweise an Thomas Alpha Edison, dem man nachsagt, daß er 10 000 Fehlschläge hatte, bevor er die Glühbirne endlich erfand. Leute wie er stellen sich keine „Warum?"-Fragen, fragen sich nicht, warum es wieder schiefgegangen ist, warum es ihnen nicht gelingt, warum das Schicksal gegen sie ist …

Erfolgreiche Menschen fragen sich bei Fehlschlägen vielmehr:

„Was kann ich tun, um das Ganze zu verbessern?"
„Was brauche ich, um mein Ziel zu erreichen?"

Wie Sie diese Kraft, die in Ihrem Gehirn steckt, nutzen, hängt von den Fragen ab, die Sie stellen. Sie können sich gar keine Fragen stellen, dann kommen Sie auch nirgendwo hin, bleiben in Ihrem jetzigen Zustand stecken wie eine Fliege auf der Leimrute, Sie können sich Fragen stellen, die Ihren Verdruß ins Unermeßliche steigern (die „Warum?"-Frage ist ein hervorragendes Mittel dazu) oder Sie können Ihre „Power" aktivieren, indem Sie Fragen stellen, die Sie raketenartig zu Ihrem Ziel bringen und Ihnen Lösungen eröffnen.

*Ein Verkehrsunfall*

Als ich vor Jahren im Rettungsdienst arbeitete, habe ich oft erlebt, wie Menschen ihre Probleme vergrößern, indem sie sich weigern, Fragen zu stellen. Besonders tragisch kann dies enden, wenn es um Sekunden und um Leben und Tod geht. Ich erinnere mich an einen schweren Verkehrsunfall, in den eine Familie verwickelt war. Zwei Autos touchierten sich bei einem Überholmanöver auf der Autobahn, wobei eines der Fahrzeuge über die Leitplanke geschleudert wurde und sich mehrmals überschlug. Die 14jährige Tochter der Familie wurde aus dem Wagen geschleudert und brach sich dabei beide Oberschenkel. Durch den Bruch wurden Blutgefäße verletzt, und es bestand die Gefahr, daß das Mädchen innerlich verblutete. Als wir mit dem Rettungswagen eintrafen, war an der Unfallstelle das totale Chaos ausgebrochen. Der Vater rannte laut klagend auf und ab und zerraufte sich das Haar, die Mutter schrie wie ein weidwundes Tier *„Warum, warum!?"* und hängte sich sofort an meinen Arm. Und in diesem ganzen Chaos lag die Tochter mitten auf der Fahrbahn und fing langsam, aber sicher an zu verbluten. Keiner kam auf die Idee, sich zu fragen *„Was ist zu tun?"*, jeder war so mit seinem eigenen Leid beschäftigt, daß es pures Glück war, daß kein nachfolgendes Auto die Tochter überrollte. Und das Faszinierende daran war, daß weder der Vater noch die Mutter irgendwelche ernstlichen Verletzungen davongetragen hatten. Sicher, sie hatten einen Schock, aber jeder Schock läßt sich herrlich ausdehnen, wenn man sich ausgiebig darin wälzt. Die Mutter hing mit ihren zweieinhalb Zentnern Lebendgewicht an meinem Ärmel, umklammerte mich wie eine Qualle und plärrte mir unaufhörlich ihr *„Warum?"* in die Ohren, und der Vater behinderte die lebensrettenden Maßnahmen, weil er herumschoß wie eine verrücktgewordene Springmaus. Wie sich herausstellte, hatten beide den Führerschein, beide hatten einen Erste-Hilfe-Kurs absolviert, beide kannten die Maßnahmen, die am Unfallort lebensrettend sein können, aber keiner von ihnen zwang sich, sein Gehirn mit den richtigen Fragen einzuschalten, anstatt sich im Leid zu wälzen. Glücklicherweise konnte das Leben dieses Mädchens gerettet werden, aber sicher nicht durch die unaufhörliche *„Warum?"*-Fragerei.

Von der Formulierung Ihrer Frage hängt entscheidend ab, welche Antwort Sie erhalten werden. Auf eine „Warum?"-Frage erhalten Sie Erklärungen. Sooft Sie diese Frage auch stellen, Sie werden immer nur Erklärungen erhalten. Erklärungen sind sicher wichtig, um manche Zusammenhänge besser verstehen zu können, das will ich nicht bestreiten, aber „Warum?" setzt noch keine Handlung in Gang, und es bringt Ihnen in einer Situation, die Sie nicht mehr ändern können, überhaupt nichts.

Nehmen wir an, Sie haben Ihr nagelneues Auto gegen die Garagenwand gefahren, und Ihr ganzer Stolz aus Blech steht nun ziemlich verbeult und fahruntüchtig da. Wenn Sie sich fragen, warum Ihr Auto so verbeult ist, werden Sie folgende Erklärungen erhalten:

- Weil du damit gegen die Garagenwand gefahren bist.
- Weil Blech weicher als Stein ist.
- Weil du nicht aufgepaßt hast.
- Weil du zuviel Gas gegeben hast.
- Weil du das Lenkrad nicht rechtzeitig eingeschlagen hast, usw.

Aber solange Sie sich nicht die Frage stellen: „Was ist zu tun, damit die Kiste wieder fährt und besser aussieht?" und die gefundene Antwort in Handlung umsetzen, werden Sie mit diesem Auto nicht fahren können. Ist doch einleuchtend, nicht wahr?

Wie hoch ist der Preis, den Sie zahlen werden, wenn Sie nicht mit diesem Warum-Gefrage aufhören? Was wird es Sie auf Dauer kosten? Ist es nicht so, daß Ihnen diese ganzen „Warum" eine Menge Ihres Lebensgenusses kosten können? Ist es nicht so, daß Sie durch „Warum?" nichts, aber auch gar nichts ändern können? Und ist es nicht so, daß Sie sich durch exzessives „Warum?" nur selbst bemitleiden, anstatt die Regie in Ihrem Leben selbst zu übernehmen?

- Warum hat mein Vater mich so behandelt?
- Warum passiert ausgerechnet mir das?
- Warum sind alle so gemein zu mir?
- Warum habe ich eine Depression?

- Warum behandelt man mich so ungerecht?
- Warum ...?

„Warum" eignet sich hervorragend, um geistig-seelische Ungeheuer zu züchten. Sie können sich Ihr Leben lang mit der Frage „Warum ist die Welt so ungerecht?" beschäftigen. Eine befriedigende Antwort werden Sie darauf nicht erhalten, aber eine Menge von Hilflosigkeit, Ärger und Verbitterung. Alles das, was Sie doch eigentlich nicht haben wollten!

Warum Sie das bis heute getan haben, ist egal.

Hören Sie auf damit, jetzt! Kein Sieger stellt solche Fragen!

# Sieger sind Menschen, die handeln

Fragen zu stellen, die Ergebnisse und Kraft liefern, ist eine Fertigkeit, die man lernen kann. Kein Baby hat diese Fertigkeit von Geburt an. Wenn in der Welt des kleinen Kindes etwas nicht paßt, dann hat es anfangs nur die Möglichkeit, durch Schreien und Strampeln darauf hinzuweisen und zu hoffen, daß jetzt jemand kommt und das Problem aus der Welt schafft. In der Regel kommen dann Mama oder Papa und bringen die Welt wieder in Ordnung.

Sicher kennen Sie einige Zeitgenossen, die offensichtlich über dieses Kleinkinderstadium des Problemlösens noch nicht hinausgekommen sind. Sobald Schwierigkeiten in ihrem Leben auftauchen, greifen sie zu den altbewährten Mitteln Schreien und Strampeln, in der Hoffnung, daß sich das Problem auf diese Weise selbst erledigt. Und Sie kennen sicher auch das Ergebnis dieser kindlichen Problemlösungsstrategie: Sobald ein Mensch ein gewisses Alter erreicht hat, kommt weder Papa noch Mama, um die Probleme für ihn zu beseitigen. Da hilft alles Schreien und Lamentieren nichts, das Problem ist weiterhin präsent. Nicht selten kommt nach dieser Phase des Jammerns dann die „Warum-Phase". „Warum ausgerechnet ich?" mit anschließender Versenkung in Selbstmitleid und Pessimismus.

Wenn man sich die Mühe macht und genauer nachforscht, was sogenannte „Sieger" von „Verlierern" unterscheidet, dann kristallisiert sich immer wieder ein Punkt deutlich heraus:

Sieger sind Menschen, die handeln.

Sobald Probleme auftauchen, stehen sie nicht tatenlos herum, beklagen sich über ihr Schicksal und schreien wie Kleinkinder. Statt dessen halten sie Ausschau nach Lösungen und Teillösungen. Das heißt, in ihrem Gehirn kreisen ständig Fragen wie:

„Was will ich?"
„Was ist mein Ziel?"
„Wie kann ich mit den mir im Moment
zur Verfügung stehenden Mitteln
mein Ziel erreichen?"

## „Stop and think!"

„Stop and think!" raten viele Lebensberater ihrem Klientel im Umgang mit Schwierigkeiten, ich wandle diesen Satz um in:

„Halt ein und stell dir Fragen!"

Denken besteht zum großen Teil darin, daß man sich selbst Fragen stellt. Die ganze Kunst besteht nun darin, sich nicht irgendwelche Fragen zu stellen, sondern die richtigen. Sie erinnern sich sicher an die Zeit, als Deutschland noch durch den sogenannten „Eisernen Vorhang" in West und Ost geteilt war. Und sicher erinnern Sie sich auch daran, wie viele dieser Menschen im Osten unzufrieden mit einem politischen System waren, welches sie im eigenen Land zu Gefangenen machte. Unzählige dieser Menschen hatten den Wunsch, frei zu sein, Unzählige hatten das Ziel, in Freiheit zu leben. Trotzdem hat die überwiegende Mehrheit nichts getan, um diese Freiheit zu erreichen. Was unterscheidet die damaligen Nichtstuer von denen, die auf die abenteuerlichsten Weisen die Flucht wagten und jede Chance dazu nutzten? Beide Gruppen lebten im gleichen System, beide Gruppen hatten das gleiche Ziel.

Aber diejenigen, die flohen, beschäftigten sich mit einer Frage, die sich die anderen nicht stellten:

„Wie kann ich mit den mir im Moment zur Verfügung stehenden Mitteln mein Ziel erreichen?"

Und sie stellten sich diese Frage sicherlich nicht nur einmal, sondern waren geradezu besessen davon. Es ist die Intensität, mit der Sie sich dieser Frage widmen, die Konzentration, die Sie auf diese Frage verwenden und Ihre Beharrlichkeit, die Ihnen schließlich und endlich die Resultate bringt, die Sie haben wollen. Und die Resultate, die diese Menschen damit erzielten, waren bemerkenswert; mit Fesselballons, durch das Graben von Tunneln, durch selbstkonstruierte Unterseeboote, durch Überqueren der Ostsee, eingeschweißt in Autokarosserien und auf andere phantasievolle Weise gelang ihnen die Flucht. Keine Idee war zu verrückt, um nicht verwirklicht zu werden. Sicher gab es auch einige, denen die Flucht nicht gelang; erreicht haben ihr Ziel jedoch nur diejenigen, die sich immer wieder fragten: „Was kann ich tun?" und danach handelten. Sehnsüchtige Zeugen waren diejenigen, die sich lediglich fragten: „Warum ist dieser Staat so ungerecht?" oder: „Warum gelingt diesen Glückspilzen die Flucht, und ich habe keine Chance?" Lassen Sie mich Ihnen an dieser Stelle eine Frage stellen, und beantworten Sie diese Frage gewissenhaft:

**Was werden Sie tun, um Ihren Verdruß abzubauen?**
Nennen Sie 5 Punkte:

_____

_____

_____

_____

_____

Sollten Sie bei dieser Frage Schwierigkeiten mit der Antwort haben oder Ihnen die Übung lästig erscheinen, weil Sie viel zu träge sind, Ihr Gehirn jetzt arbeiten zu lassen, dann fragen Sie sich ernsthaft, was Sie mit der Lektüre dieses Buches bezwecken möchten. Sie sind jetzt und hier an einer Stelle angelangt, wo Sie diese Frage blitzschnell beantworten könnten, wenn Sie mit diesem Buch gearbeitet haben. Wenn Sie die Frage beantworten können, bin ich mir sicher, daß Sie auch nach den bisher behandelten Prinzipien leben werden. Wonach wollen Sie aber leben, wenn Sie gar nicht wissen, was zu tun ist?

Wenn Sie dieses Buch nur flüchtig lesen, wenn Sie sich nicht die Mühe machen, damit zu arbeiten, diese Prinzipien anzuwenden, was wollen Sie dann damit? Das einzige, was Sie dann damit erreichen, ist, daß auf meinem Konto ein weiteres verkauftes Exemplar erscheint, wofür ich Ihnen sehr dankbar bin. Ich finde es großartig, wenn Menschen dazu beitragen, meinen Lebensunterhalt zu garantieren. Aber war das wirklich der Grund für Sie, dieses Buch zu kaufen? Haben Sie wirklich dieses Buch deshalb gekauft, weil Sie mir etwas Gutes tun wollten? Nun, wenn es wirklich so sein sollte, dann muß ich gestehen, ich bin beeindruckt. Ich bin wirklich beeindruckt und wünsche Ihnen ein langes Leben, denn vielleicht kaufen Sie noch mehr Bücher, mit denen Sie nicht arbeiten, und ernähren auf diese Art viele Autoren. Vielleicht haben Sie schon Tausende dieser Bücher gekauft, flüchtig gelesen und in die Ecke gestellt. Vielleicht hat sich in Ihrem Leben bisher überhaupt nichts geändert trotz intensiver Lektüre und Besuch von Workshops? Und vielleicht wird eines Tages auf Ihrem Grabstein stehen. „Er/Sie ernährte Hunderte von Autoren, Seminarleitern und Psychotherapeuten ..."

Also ich bin wirklich beeindruckt! Denken Sie an das „Niagara-Syndrom" ...

Was, das kennen Sie auch nicht? Dann lassen Sie mich Ihnen gratulieren, Sie haben kein Ziel und Sie werden auch keines erreichen. In der Nichterreichung Ihres Zieles sind Sie sehr konsequent, daß muß Ihnen der Neid lassen. Sicher, es gibt schon viel zu viele Leute wie Sie, Leute, die sich mit einer Menge an Verdruß im Leben herumquälen. Aber dadurch, daß diese Leute Bücher lesen, die sie eigentlich gar nicht brauchen, weil sie ja kein Ziel verfolgen, kurbeln sie unsere Wirtschaft an, schaffen sie Arbeitsplätze für Autoren. Ich möchte Ihnen danken, ich bin wirklich gerührt! Möglicherweise fragen Sie sich jetzt: *„Warum redet der so mit mir?"*

Sehen Sie! Jetzt kriegen Sie wieder genau das, nach dem Sie gefragt haben, nämlich eine Erklärung. Hier die Erklärung: Weil mir gerade danach ist! Ist das nicht toll? Das ist es doch, was Sie jetzt unheimlich weiterbringt, was Ihren Lebensgenuß in astronomische Höhen katapultiert! Ein Hoch auf die Frage „Warum?".

Nun, aber vielleicht gehören Sie auch zu denjenigen, die dieses Buch nutzen, die Ziele haben und danach handeln. Wenn Sie noch nicht dazu gehören, aber dazu gehören möchten, dann stellen Sie sich jetzt endlich Fragen:

„Was ist Ihr Ziel, an welchem Maßstab werden Sie Ihr Leben künftig messen?"
„Worin unterscheiden sich Menschen, die ein Ziel erreichen von denjenigen, die lediglich gute Vorsätze haben?"
„Was werden Sie tun, um dieses Buch für sich zu nutzen?"

Die Antwort kennen Sie … –

Handeln Sie danach!

Doch zurück zu unseren Fragen. Sie werden ab jetzt Fragen stellen, die zu Lösungen führen, die zu Lebensgenuß führen und die Ihre Erfolgsaussichten beträchtlich erhöhen.

*„Freund, bedenke zuerst, was es ist, das du willst."*
*(Epiktet)*

Was wollen Sie, wenn Sie vor einem Problem stehen? Was wollen Sie, wenn in Ihrem Leben Schwierigkeiten auftauchen? Nun, Sie wollen diese Schwierigkeiten schnellstmöglich meistern, Sie wollen Lösungen! Also verschwenden Sie nicht unnütz Ihre Zeit, sondern stellen Sie Fragen, die zu Lösungen führen! Um einen tonnenschweren Tresor zu öffnen, haben Sie zwei Möglichkeiten. Entweder Sie haben den passenden Schlüssel oder Sie haben schweres Werkzeug und Sprengstoff. Für den Schlüssel reichen ein paar Gramm Metall aus. Richtig geformt öffnet Ihnen dieses Ding den Tresor schnell und mühelos. Wenn Sie aber keinen Schlüssel besitzen, bleibt Ihnen nur schweres Gerät und Dynamit. Diese Methode bedeutet für Sie aber große Mühen, viel Arbeit, sehr große Zeitaufwendung und das nicht zu unterschätzende Risiko, daß der Tresor trotz aller Bemühungen den Angriffen standhält.

Gute Fragen sind wie Schlüssel.
Sie führen schnell und energiesparend ans Ziel!

Gut, werden Sie sich sagen, das klingt ja theoretisch wunderbar, aber wie sieht das ganze praktisch aus? Ich zeige Ihnen ein Schema, nach dem Sie praktisch vorgehen können. Dieses Schema hat den Vorteil, daß es für Sie bei konsequenter Anwendung zur Gewohnheit wird. Und Gewohnheiten wiederum haben den Vorteil, daß sie schnell und effektiv funktionieren und altes zeitraubendes Verhalten überdecken. Dieses Schema beinhaltet drei Fragen, die Sie sich von nun an bei jeder Schwierigkeit, die Ihren Weg blockiert, stellen werden:

## Frage Nr. 1: Was will ich?

Sie werden sich nicht mehr mit „Warum?" oder Gejammer belasten, sondern schnurgerade auf Lösungen zusteuern. Egal, was Ihnen passiert, Sie haben immer zwei Ziele. Eines, das Sie von nun an als Ihr absolut höchstes Ziel betrachten:

Maximum an Genuß – Minimum an Verdruß
und eines, das diesem Ziel untergeordnet ist, nämlich
die Lösung der aktuellen Situation

in der Sie sich gerade befinden. Ihr erstes Ziel ist immer die Maximierung Ihres Genusses bzw. die Minimierung Ihres Verdrusses! Egal, was Ihnen im Leben passiert, verlieren Sie dieses Ziel nie aus den Augen. Bei allem, was sie tun, ist das der Maßstab, an dem

Sie sich ausrichten! Dieses Ziel werden Sie immer erreichen, da dieses Ziel, wie Sie inzwischen wissen, unabhängig von Ihrer äußeren Umgebung oder Ihren Lebensumständen ist. Ihr zweites Ziel ist die Lösung der aktuellen Schwierigkeit, mit der Sie gerade konfrontiert sind. Um beide Ziele zu erreichen, bedarf es unterschiedlicher Vorgehensweisen. Dazu ist es sinnvoll, erst einmal zu unterscheiden, welche Problemarten überhaupt auf Sie zukommen. Im Grunde werden Sie sich im Laufe Ihres Lebens immer wieder mit zwei verschiedenartigen Problemen auseinandersetzen:

dem emotionalen Problem
und
dem praktischen Problem

**Ein emotionales Problem** haben Sie dann, wenn es Ihnen angesichts einer Situation gefühlsmäßig schlecht geht. Also zum Beispiel, wenn Sie sich ärgern, ängstigen oder aufregen, wenn Sie eifersüchtig sind, sich minderwertig fühlen, sich schuldig fühlen usw. Für Ihr emotionales Problem sind Sie ganz alleine verantwortlich, denn diese Gefühle hängen eng mit Ihren Denkweisen zusammen. Wenn Sie Ihr Maximum an Genuß nicht erreichen und sich statt dessen Verdruß bereiten, dann haben Sie ein emotionales Problem.

**Ein praktisches Problem** haben Sie dann, wenn Sie eine Aufgabe zu bewältigen haben und Lösungen benötigen. Ein praktisches Problem haben Sie zum Beispiel dann, wenn Ihnen die Wohnung gekündigt wird und Sie eine neue brauchen, oder wenn Sie etwas kaufen wollen und nicht das nötige Kleingeld dafür haben. Ein praktisches Problem ist also dadurch gekennzeichnet, daß Sie Lösungen für eine bestimmte Situation suchen. *Für die Lösung eines praktischen Problems brauchen Sie keine Emotion, sondern Intelligenz und klares, logisches Denken.*

Das klingt jetzt alles wunderbar, leider ist es in der Realität oft so, daß praktisches und emotionales Problem miteinander vermischt werden und auf diese Art und Weise ein Problemkuddelmuddel entsteht, den der Betreffende nicht mehr zu überblicken vermag.

Nehmen wir an, jemand wird arbeitslos, findet keinen neuen Job und kann sich deshalb den gewohnten Lebensstandard nicht mehr leisten; dann passiert es nicht selten, daß der Betreffende zumindest leicht depressiv wird. In der Regel ist dann zu hören: Er ist depressiv, weil er so lange arbeitslos ist! Sie sehen hier, wie die beiden Problemarten vermischt werden. *Das praktische Problem:* „Ich bin arbeitslos und brauche einen neuen Job." *Das emotionale Problem:* „Ich fühle mich deprimiert."

In unserer Gesellschaft wird es als völlig „normal" angesehen, angesichts eines praktischen Problems auch ein emotionales Problem zu entwickeln. Und das Verhängnisvolle daran ist, daß beide Probleme miteinander vermischt werden, daß es dem Betreffenden dabei alles andere als gut geht und er in diesem Zustand keinen Ausweg aus der Situation finden kann.

Wenn Sie an ein praktisches Problem mit Emotionen herangehen,
sind Sie nicht in der Lage,
völlig ruhig und gelassen
über Lösungsmöglichkeiten nachzudenken!

Sie sehen sozusagen den Wald vor lauter Bäumen nicht. Deshalb hier noch einmal ein Satz, den Sie sich in Ihre Gehirnwindungen einzementieren sollten:

Zur Lösung eines praktischen Problems
brauchen Sie keine Emotionen!

Solange Sie sich zusätzlich zum praktischen Problem ein emotionales aufhalsen, blockieren Sie sich selbst bei der Lösung. Anhand eines Beispiels aus meiner Praxis möchte ich Ihnen das verdeutlichen.

### Smalltalk

Nehmen Sie an, Sie gehen durch Ihre Heimatstadt und treffen zufällig einen Bekannten, Verwandten, Arbeitskollegen oder Ihren Chef. Was würden Sie in so einer Situation tun? Nun, Sie würden „Hallo!" sagen und ein kurzes Gespräch über relativ unwichtige

Themen führen, wie etwa „Was gibt's Neues?", „Was macht dieser und jener?" oder „Lange nicht gesehen, wie geht's dir?" und ähnliches. Sie betreiben ein wenig sogenannten „Smalltalk", eine Gesprächsform, die einfach der Beziehungspflege dient, ohne besonders tiefschürfend auszuarten. Solche Gespräche dauern in der Regel ein paar Minuten, dann verabschiedet man sich höflich und geht seiner Wege.

Einer meiner Klienten hatte bei dieser Form von Gesprächen seine liebe Not, was dazu führte, daß er begann, völlig unsinnige Verhaltensweisen an den Tag zu legen. Er beherrschte diese Art von Gesprächsführung nicht, und jedesmal, wenn er einen Bekannten in der Stadt traf, wußte er nicht, wie er mit ihm ein Gespräch, eben jenen erwähnten Smalltalk, beginnen sollte. Da er schon öfter die Erfahrung gemacht hatte, daß außer einem „Guten Tag" nichts weiter über seine Lippen kam und er dann nur noch verlegen in der Gegend herumstand und zu stottern begann, legte er sich im Laufe der Zeit ein Vermeidungsverhalten zu, um eben diese hochnotpeinliche Situation zu umgehen.

Sobald er einen Bekannten sah, ging er entweder sofort in eine andere Richtung, oder er tat so, als ob er ihn nicht gesehen hätte bzw. versteckte sich sogar in Hauseingängen, bis der Betreffende weitergegangen war. Er entwickelte Ängste davor, jemanden zu treffen und dann nichts sagen zu können. Gleichzeitig wurde er wütend über sich selbst, weil er sich so „verrückt" benahm. Außerdem hatte er einen Horror davor, daß seine Bekannten ihn zuerst entdecken und ansprechen könnten. In solchen Situationen erschrak er furchtbar und brachte überhaupt keinen einigermaßen verständlichen Satz mehr über die Lippen. Was sollten die denn von ihm denken, wenn er sich so seltsam benahm?

Wie bei jedem Vermeidungsverhalten wuchs im Laufe der Zeit die Angst, was dazu führte, daß er Gänge durch die Stadt vermied und sich in seiner Handlungsfreiheit immer mehr einschränkte. Der Endeffekt war, daß er dem Ganzen noch die Krone aufsetzte und über sein Verhalten depressiv wurde, sich minderwertig fühlte und der festen Überzeugung war, er wäre ein Versager.

Anhand dieses Beispiels können Sie die typische Vermengung beider Problemarten feststellen: *Das emotionale Problem:* Er hat Angst, er ist depressiv, er ärgert sich über sich selbst ... *Das praktische Problem:* Er hat keine Ahnung, wie man Smalltalk betreibt.

Sie können mit jeder Schwierigkeit fertig werden, wenn Sie lernen, damit systematisch umzugehen. Systematik beginnt damit, daß Sie zuerst klar zwischen Ihrem emotionalen und praktischen Problem unterscheiden. Nachdem Sie das getan haben, schaffen Sie zuerst Ihr emotionales Problem aus der Welt!

Nun, sehen wir uns zuerst das emotionale Problem unseres verhinderten „Smalltalkers" genauer an. Wo kommt es Ihrer Meinung nach her? Richtig! *Nur von ihm selbst. Von seiner Art über seine Schwierigkeiten zu denken.* Aber wie genau macht er sich sein emotionales Problem? Wie Sie inzwischen wissen, entstehen solche emotionalen Probleme durch die drei Problemstifter

- Mußturbieren
- Katastrophisieren
- Ich-kann-Nicht

Wann immer Sie ein emotionales Problem haben, suchen Sie bei sich nach diesen drei Denkarten, und Sie werden fündig werden! In unserem Beispiel würden Sie bei diesem Menschen folgende Bewertungen und Gedanken finden:

**Mußturbieren:**
- Ich muß guten Smalltalk betreiben können.
- Ich muß in jeder Situation ein belangloses Gespräch anfangen können.
- Die Leute müssen einen guten Eindruck von mir haben.
- Es dürfen keine langen Pausen entstehen.

**Katastrophisieren:**
- Es ist furchtbar, wenn ich so ungeschickt spreche.
- Es ist furchtbar, wenn ich nicht weiß, was ich sagen soll.
- Es ist furchtbar, wenn ich angesprochen werde und nicht darauf vorbereitet bin.

**Ich-kann-Nicht:**
- Ich kann es nicht aushalten, wenn mir nichts einfällt.
- Ich kann doch nicht dastehen und nichts sagen.
- Ich kann mich nicht akzeptieren, wenn ich mich so verhalte.

Wie wird sich jemand fühlen, der sich mit derartig unsinnigen Gedanken herumquält? Wird er ein Maximum an Lebensgenuß verspüren? Ändern seine Gedanken und Gefühle irgend etwas an der Tatsache, daß er Smalltalk nicht beherrscht? Unser Thema in diesem Kapitel sind Fragen, also stellen wir doch einmal die Ihnen wohlbekannte Gretchenfrage:

**„Stimmt auch nur eine einzige dieser Behauptungen?"**

Nein! Keine einzige! Sein emotionales Problem, sein Maximum an Lebensverdruß, macht er sich durch die Aufrechterhaltung dieses Unsinns selbst! Niemand zwingt ihn, so zu denken! Wenn ich die Kunst der Gesprächsführung nicht beherrsche, wenn mir nichts einfällt in einem Gespräch, dann beinhaltet das nicht, daß es mir dabei schlecht geht. Ich kann durchaus dastehen, ohne etwas zu sagen, und trotzdem mein Leben genießen. Ihr erstes Ziel bei jedem Problem, nämlich Maximum an Genuß – Minimum an Verdruß, werden Sie immer erreichen, egal wie das Problem ausgeht, wenn Sie sich die „Schlüssel"-Fragen stellen, die Sie davon abhalten, sich im Problem zu wälzen:

**Die Fragen zum Mußturbieren::**
- Was muß ich, der andere, die Welt?
- Was darf ich, der andere, die Welt nicht?

**Die Fragen zum Katastrophisieren:**
- Was könnte schlimmstenfalls passieren?
- Wie schlimm ist das wirklich bzw. wie wahrscheinlich ist das?

**Die Fragen zum Ich-kann-Nicht:**
- Was kann ich nicht tun?
- Was kann ich nicht aushalten?

Stellen Sie sich diese Fragen nicht halbherzig, und beantworten Sie sie ehrlich. Auf diese Art zwingen Sie Ihr Gehirn, für Sie und Ihr höchstes Ziel zu arbeiten. Erinnern Sie sich an den Satz, den ich Sie gebeten hatte, sich gut einzuprägen: *Verschwenden Sie keine Zeit auf das Problem, nutzen Sie sie lieber für die Lösung.* Solange Sie sich angesichts einer Schwierigkeit mit Emotionen beschäftigen, solange ist Ihre Aufmerksamkeit beim Problem. Stellen Sie sich also diese Fragen, beantworten Sie sie und gehen Sie dann mit Ihrer Aufmerksamkeit weg von der Emotion und hin zur Lösung. Um Lösungen für ein praktisches Problem zu finden, brauchen Sie andere Fragen. Fragen, die sich auf Mußturbieren, Katastrophisieren und Ich-kann-Nicht beziehen, sind zur Lösung des emotionalen Problems geeignet. Ihr emotionales Problem sollten Sie immer vor dem praktischen Problem bearbeiten, denn nur so haben Sie den Kopf frei für Lösungen! Wenn Sie das nicht tun, passiert Ihnen genau das, was George Berkeley einmal treffend so beschrieben hat:

> *„Zuerst wirbeln wir Staub auf,*
> *und dann behaupten wir,*
> *daß wir nichts mehr sehen können!"*

Durch richtiges Umgehen mit einem Problem bleibt die Übersicht erhalten. Bleibt die Übersicht erhalten, erhöht sich die Wahrscheinlichkeit, eine Lösung zu finden. Übersicht erhalten Sie durch systematisches Handeln, ein Handeln, das nicht durch Hektik oder starke Emotionen behindert wird. Deshalb gewöhnen Sie sich an, in Problemsituationen systematische Fragen zu stellen. Für Lösungen von Schwierigkeiten jeder Art (praktisches Problem) bieten sich drei Fragen an:

- Frage Nr. 1: *Was will ich?*
- Frage Nr. 2: *Was ist zu tun, um dieses Ziel zu erreichen?*
- Frage Nr. 3: *Wann werde ich das tun?*

Klingt relativ simpel, nicht wahr? Ist auch einfach, wenn Sie sich daran halten. Aber Sie kennen ja den berühmten Satz:

*„Die meisten Menschen wissen, was zu tun ist,*
*doch die wenigsten tun, was sie wissen."*

### Unaufgeräumte Zimmer

Nehmen wir als Beispiel einen Vater, der sich jede Woche zweimal über das unaufgeräumte Zimmer seines Sohnes aufregt. Zweimal wöchentlich sich darüber aufregen heißt, zweimal wöchentlich keinen Lebensgenuß zu haben. Durch Aufregung löst sich sein Problem nicht. Sehen wir uns zuerst die beiden Problemarten in diesem Fall an:

- *Emotionales Problem:* Ärger über den Sohn
- *Praktisches Problem:* Wie kriege ich den Sohn dazu, daß er sein Zimmer aufräumt?

Was ist der erste Schritt bei jedem Problem, mit dem Sie schwanger gehen? Richtig, die Emotion wird zuerst „erledigt", d.h., Sie beginnen mit Ihrem emotionalen Problem. Welche Fragen stellen Sie sich, um ein emotionales Problem anzugehen? Klar, die Ihnen inzwischen wohlbekannten Fragen, die auf Mußturbieren, Katastrophisieren und Ich-kann-Nicht abzielen. Also, los geht's:

**Frage:** Was muß der Sohn? *(Mußturbieren)*
**Antwort:** Gar nichts, es wäre nur sehr schön, wenn er aufräumen würde.
**Frage:** Was könnte schlimmstenfalls passieren? *(Katastrophisieren)*
**Antwort:** Daß man irgendwann ein Buschmesser benutzen müßte, um in sein Zimmer zu kommen.
**Frage:** Wie schlimm wäre das auf der *Katastrophen*liste?
**Antwort:** Pipifax.
**Frage:** Was kann ich nicht aushalten? *(Ich-kann-Nicht)*
**Antwort:** Ich kann das locker aushalten, wenn er sein Zimmer mit Müll zustopft.

Okay, das war's! Beantworten Sie sich die Fragen, und beschäftigen Sie sich nicht mehr weiter mit Ihrem emotionalen Problem. Hören Sie auf, sich hineinzusteigern, sondern schließen Sie es ab! Es ist egal, wie es Ihnen in diesem Moment geht, ob noch ein Rest

Wut übrig ist oder nicht, schließen Sie es augenblicklich ab und konzentrieren Sie sich sofort auf die Lösung des praktischen Problems, denn Sie wissen ja:

Verschwenden Sie keine Zeit auf das Problem ...

Und los geht's: Die erste Frage zur Lösung eines *praktischen Problems* ist immer:

**Frage Nr. 1:** *Was will ich?*

**Antwort:** *Daß das Zimmer meines Sohnes jeden Tag aufgeräumt ist.*

An dieser Stelle gleich ein wichtiger Hinweis: Die Wahrscheinlichkeit, daß Sie ein Ziel erreichen und damit eine Lösung für Ihr praktisches Problem finden werden, steigt mit dem Ausmaß an Kontrolle, die Sie über die Situation haben. Anders gesagt: Je mehr Kontrolle Sie über eine Situation haben, desto eher haben Sie die Möglichkeit, direkt Einfluß darauf zu nehmen. Nehmen wir an, Ihr praktisches Problem besteht darin, daß Sie in letzter Zeit physisch etwas abgeschlafft sind, und Sie haben das Ziel, wieder fit zu werden. Darüber haben Sie die Kontrolle. Sie haben die Kontrolle darüber, ob Sie joggen gehen werden oder nicht, Sie haben die Kontrolle darüber, ob Sie in die Sauna gehen werden oder nicht, Sie haben die Kontrolle darüber, ob Sie mehr Obst essen werden oder nicht.

Wie aber ist es zum Beispiel, wenn Sie sich als Ziel setzen, daß Ihr Sohn sein Zimmer jeden Tag aufräumt? Haben Sie wirklich die absolute Kontrolle darüber, was Ihr Sohn tut bzw. nicht tut?

Über einen anderen Menschen werden Sie nie die
Kontrolle haben!

Bestenfalls haben Sie einen gewissen Einfluß. Ihr Einfluß besteht darin, daß Sie ihn darauf hinweisen können, daß er sein Zimmer aufräumen soll, Ihr Einfluß besteht darin, daß Sie ihm Gründe nennen könnten, weshalb es sinnvoll ist, das zu tun. Und Sie haben Einfluß auf ihn, indem Sie die Erziehungsmethoden anwenden, die es gibt, seit es die Menschheit gibt, nämlich Belohnung und Bestrafung. Alle Menschen streben danach, Schmerzen und Unwohlsein zu vermeiden und Gefühle von Freude und Glück zu erleben. Alles, was Sie im Falle des unaufgeräumten Zimmers zu tun brauchen, ist, das unaufgeräumte Zimmer mit Unwohlsein (z.B. mit Taschengeldentzug) und das aufgeräumte mit Wohlbehagen (z.B. mit Anerkennung) für Ihren Sohn zu verbinden. Erziehungsprinzipien, die seit Tausenden von Jahren von verzweifelten Eltern angewendet werden.

*Aber!* – Und das ist ein wichtiger Punkt; selbst wenn Sie noch so viel Erziehungsmittel anwenden, selbst wenn Sie noch so viel diskutieren und versuchen, Ihren Sohn zur Einsicht zu bringen, Sie werden keine Garantie haben, daß dieser Mensch dann auch wirklich das tut, was Sie von ihm wollen. Nicht wenige Eltern verzweifeln an der Forderung, daß sich ihr Kind so verhalten müsse, wie sie sich das vorstellen.

Nicht anders verhält sich die Sache in der Wirtschaft. „Mitarbeitermotivation" ist das Schlagwort; Seminare zur Mitarbeitermotivation sind der Renner, denn gut motivierte Mitarbeiter leisten mehr und fallen seltener wegen Krankheit aus. Also wird den Managern beigebracht, was zu tun ist, um die Mitarbeiter zu motivieren. Solange den Leuten klar ist, daß das Möglichkeiten sind, die die Wahrscheinlichkeit der Motivation erhöhen können, ist dagegen auch nichts einzuwenden. Unsinn wird es jedoch dann, wenn durch die betreffenden Seminarleiter vermittelt wird, daß man durch diese Techniken die Motivation der Mitarbeiter im Griff hätte. Die Enttäuschung ist dann nachher um so größer, wenn die Sache nicht funktioniert.

Denken Sie daran: *Sie werden nie die Kontrolle über einen anderen Menschen haben!* Verlangen Sie es also erst gar nicht von sich, dann können Sie mit dieser unsinnigen Forderung auch nicht „auf die Schnauze fallen". Sie können bestimmte Methoden ausprobieren, in der Hoffnung, daß Sie damit Ihr Gegenüber zu einem bestimmten Verhalten bringen können, aber es besteht eben jederzeit die Möglichkeit, daß diese Methoden in diesem speziellen Fall nicht funktionieren.

Wenn Sie beispielsweise – um auf unser Beispiel zurückzukommen – Ihrem Sohn klar machen, daß er 20 DM weniger Taschengeld pro Monat bekommt, wenn sein Zimmer nicht jeden Tag aufgeräumt ist, dann funktioniert dieses Mittel doch nur dann, wenn sich Ihr Sohn etwas aus diesen 20 DM macht. Wenn es ihm völlig egal ist, ob er diesen Betrag hat oder nicht, dann hat die Methode, die Sie ausprobiert haben, nicht funktioniert; denn darüber, wie Ihr Sohn diesen Betrag einschätzt, haben Sie keine Kontrolle. Solange Ihnen klar ist, daß sich ein anderer Mensch nicht so verhalten muß, wie Sie das gerne möchten, werden Sie auch nicht enttäuscht, frustriert oder ärgerlich sein, wenn er es nicht tut. Jeder Mensch hat die Möglichkeit, sich zu entscheiden, das zu tun, was Sie von ihm möchten, oder eben genau das nicht zu tun!

Nehmen Sie in Kauf,
daß Sie womöglich das Ziel Ihres praktischen Problems
nicht erreichen werden,
wenn es von anderen Menschen oder von Umständen abhängt,
die nicht unter Ihrer Kontrolle stehen.

Sie kennen vielleicht den Spruch:

*„Herr, gib mir die Gelassenheit,*
*das hinzunehmen, was ich nicht ändern kann.*
*Gib mir die Kraft,*
*für das zu kämpfen, was ich ändern kann.*
*Und gib mir vor allem die Weisheit,*
*das eine vom anderen zu unterscheiden!"*

Bereits in der Formulierung dessen, was Sie wollen, entscheidet sich, ob Sie es auch erreichen werden. *Drei Faktoren* entscheiden darüber, wie groß die Wahrscheinlichkeit Ihres Erfolges ist. Die Lösung Ihres praktischen Problems hat um so mehr Aussicht auf Erfolg, wenn Ihr Ziel

- konkret formuliert ist,
- innerhalb Ihrer Kontrolle liegt und
- positiv formuliert ist.

Sehen wir uns diese alles entscheidenden Faktoren im einzelnen an:

**1) Die Lösung Ihres praktischen Problems ist aussichtsreicher, wenn Sie eindeutig formulieren, was Sie wollen.**

Nehmen wir unser Beispiel Kinderzimmer her: „Ich möchte, daß das Zimmer jeden Tag aufgeräumt ist!" Ist diese Formulierung konkret? Geht daraus wirklich eindeutig hervor, was man unter „aufgeräumt" versteht? Nein, sicher nicht! Das ist ein Wischiwaschi-Ziel. Wischiwaschi-Ziele führen zu Wischiwaschi-Ergebnissen. Und Wischiwaschi-Ergebnisse sind der Stoff, aus dem Hilflosigkeit und Resignation gemacht sind.

Wann genau soll das Zimmer aufgeräumt sein? Wenn Sie um 18 Uhr von der Arbeit heimkommen und denken, das Zimmer wäre jetzt aufgeräumt, kann im Kopf Ihres Sohnes herumspuken: „Na ja, der Tag ist doch noch lang!" Das Ziel „täglich" ist also zu wenig konkret. Konkreter wäre zum Beispiel: „Bis 19 Uhr ist das Zimmer aufgeräumt!"

Aber selbst das ist noch zu wenig konkret. Fragen Sie tausend Leute, was sie unter einem aufgeräumten Zimmer verstehen, und sie werden tausend verschiedene Antworten erhalten. Jeder, der das Vergnügen hatte, in einer Armee zu dienen, kennt diesen Effekt. Als Rekrut erhält man den Befehl, die Stube in Ordnung zu bringen; man schuftet, bohnert den Boden, legt die Kleidung akribisch genau zusammen, putzt die Fenster und ist nach getaner Arbeit erschöpft und gleichzeitig stolz auf das Geleistete … und dann kommt ein Vorgesetzter, wischt über die Deckenlampen, schaut ins Schlüsselloch … und findet das Staubkörnchen, nach dem er gesucht hat! Offensichtlich haben auch Leute, die in Führungspositionen sind, nie gelernt, Ziele genau anzugeben. Eine Tatsache, die nicht selten zu ungesundem Betriebsklima, Ärger und sogar Pleiten führt. Also, zurück zum Zimmer des Sohnemanns: *Was genau soll aufgeräumt sein?*

Der Fußboden, das Bett, der Schreibtisch …? Legen Sie genau und detailliert fest, was Sie als Ergebnis haben möchten. Solange Sie nur ein aufgeräumtes Zimmer als Ziel festlegen, werden Sie das Ergebnis bekommen, das Ihr Sohn als aufgeräumtes Zimmer definiert. Und jeder Elternteil weiß, daß zwischen der eigenen Vorstellung und der des Sprößlings meistens Welten liegen.

*Wie soll das Zimmer aufgeräumt sein?* Was genau verstehen Sie unter einem aufgeräumten Fußboden, Schreibtisch, Schrank usw.?

Heißt „aufgeräumt" keine Gegenstände auf dem Boden, nur Schreibgarnitur auf dem Schreibtisch, Hemden gestapelt, Jacken über Kleiderbügel, oder wie genau soll dieses aufgeräumte Zimmer aussehen?

Nun, wie Sie sicher erkennen können, führt eine konkrete Beschreibung dessen, was Sie möchten, eher dazu, daß das Ergebnis Ihren Vorstellungen entspricht, als eine Wischiwaschi-Formulierung. Wenn Sie beispielsweise Ihre Kondition verbessern möchten, dann haben Sie eine unklare Zielformulierung.

> Unklare Zielformulierungen ziehen inkonsequente
> oder gar keine Handlungen nach sich.

Was verstehen Sie unter „Kondition verbessern"? Heißt das, daß Sie zehn Kniebeugen, ohne außer Atem zu kommen, schaffen möchten; heißt das, daß Sie tausend Meter in einer bestimmten Zeit laufen möchten; heißt das, daß Sie die Treppen eines siebenstöckigen Hauses ohne abzusetzen hinaufrennen möchten ... oder was genau meinen Sie damit? Nur wenn Sie Ihr Ziel konkret beschreiben, kommen Sie auch zu einem konkreten Ergebnis. Jemand, der „viel Geld" haben will, jemand, der „abnehmen" will, hat ein unklares Ziel, denn wie will er jemals kontrollieren, ob er sein Ziel erreicht hat? Wann hat er denn „viel Geld", wann hat er denn genügend abgenommen? Jemand, der 10 000 DM haben will oder 60 Kilogramm wiegen will, hat ein klares Ziel, auf das er hinarbeiten kann. Anstatt mit unklaren Wünschen nirgends anzukommen, präzisieren Sie genau, was Sie wollen. Benutzen Sie dazu sogenannte „W-Fragen", wie etwa: *Wer? – Was? – Wann? – Wie? – Wo?*

Also auf unser Beispiel mit dem nicht aufgeräumten Zimmer bezogen, könnten Sie sich folgende Fragen stellen, um das unklare Ziel „aufgeräumtes Zimmer" zu präzisieren:

- Wer soll das Zimmer aufräumen?
- Was genau soll im Zimmer aufgeräumt werden?
- Wann genau soll das Zimmer aufgeräumt sein?
- Wie sollen die Möbel und der Fußboden genau aussehen?

- Wo im Zimmer ist aufzuräumen?

Oder bezogen auf das Fitness-Beispiel:

- Was genau will ich erreichen?
- Wann will ich das erreicht haben?
- Wie will ich das erreichen?

Wenn Sie in ein Restaurant gehen und etwas essen möchten, wird man Ihnen zuerst die Speisekarte reichen, damit Sie Ihren Wunsch präzisieren. Denn nur wenn der Koch genau weiß, was Sie möchten, ist er in der Lage, Ihren Wunsch zu erfüllen. Und auch Sie können Ihre Wünsche nur dann erfüllen, wenn Sie konkret wissen, was sie wollen.

**2) Die Lösung Ihres praktischen Problems ist um so aussichtsreicher, je mehr Kontrolle Sie über die Lösung haben.**

Nicht selten wünschen wir uns, daß andere Menschen ihr Verhalten ändern sollten. Am Arbeitsplatz sollten die Kollegen sich fairer und gerechter verhalten, Kunden sollten freundlicher sein, der Partner sollte sich anders benehmen etc. Oder wir verlangen gar, daß die Welt anders sein sollte, als sie nun einmal ist. Mit anderen Worten: Wir streben Ziele an, die nicht unter unserer Kontrolle stehen. Mit diesem Thema hatten wir uns bereits einige Seiten vorher ausgiebig beschäftigt, so daß wir gleich zum dritten Faktor weitergehen können.

**3) Die Lösung Ihres praktischen Problems ist aussichtsreicher, wenn Sie positiv formulieren, was Sie wollen.**

Mit „positiv formulieren" ist gemeint, daß Sie sich darüber Gedanken machen, was Sie wollen, und sich nicht damit beschäftigen, was Sie nicht wollen (negative Formulierung). Ich erlebe in der Praxis immer wieder, daß Menschen genau wissen, was sie nicht wollen. Sie wollen beispielsweise nicht mehr enttäuscht werden, sie wollen keine Angst mehr haben, sie wollen nicht mehr trinken, sie wollen sich nicht mehr von ihren Arbeitskollegen

„mobben" lassen, sie möchten nicht mehr so unsicher sein, sie möchten nicht mehr so leben, wie sie jetzt leben usw. Sie wissen genau, was sie nicht wollen ...

Aber solange sie nicht wissen, was genau sie wollen, können sie weder ihr Ziel konkretisieren, noch überprüfen, ob es unter ihrer Kontrolle liegt, geschweige denn irgendeine Verhaltensweise an den Tag legen, um diesem Ziel näherzukommen. Sie wissen ja gar nicht, welches Ziel sie erreichen möchten! Fragen Sie sich deshalb, was Sie anstreben, und nicht, was Sie vermeiden möchten. Die positive Formulierung Ihres Zieles hat einen großen Einfluß auf die Richtung, die Sie einschlagen werden. Dieser Effekt ist schon seit den Zeiten Sigmund Freuds bekannt. Freud hat bei seinen Forschungen bemerkt, daß das Unterbewußtsein keine Verneinung kennt. Sie können dieses Phänomen gleich einmal ausprobieren:

Denken Sie jetzt nicht an gelb-rot-gestreifte Wildschweine!

Nun, was sehen Sie sofort vor Ihrem geistigen Auge? Richtig, gelb-rot-gestreifte Wildschweine! Sobald Sie an etwas nicht denken sollen, kreiert Ihr Gehirn zuerst einmal ein Bild von der Sache, an die Sie nicht denken sollen, damit es überhaupt weiß, an was es nicht denken soll. Und das ist natürlich eine dumme Sache: Um an etwas nicht zu denken, denken Sie zuerst einmal daran, damit Sie genau wissen, an was Sie nicht denken sollen! Und damit wird natürlich die ganze Sache ziemlich paradox. Bezogen auf unsere Zielformulierung heißt das nun nichts anderes, als daß Sie sich bei einer negativen Zielformulierung geistig dauernd damit beschäftigen, was Sie nicht wollen.

Wenn Sie beispielsweise *nicht* mehr rauchen wollen, beschäftigt sich Ihr Gehirn mit dem Rauchen! Wenn Sie *keinen* Alkohol mehr trinken wollen, beschäftigt sich Ihr Gehirn mit Alkohol! Und wenn Sie *keinen* Streß mehr haben möchten, beschäftigt sich Ihr Gehirn mit Streß. Und eines der seltsamsten Phänomene im Leben ist, daß Sie das, womit Sie sich geistig beschäftigen, geradezu magnetisch anziehen. Sie kennen diesen Effekt vielleicht aus Ihrer Kindheit, als Sie Fahrradfahren lernten. Am Anfang ist das ja in der Regel eine äußerst verkrampfte Angelegenheit, und nicht selten steht dann irgendwo ein Baum oder ein anderes Hindernis im Weg. Meistens ist dann auch links und rechts von diesem Hindernis kilometerweit Platz, um daran vorbeizufahren. Aber tief im Hinterkopf erscheint der Satz: „Ich darf auf keinen Fall an diesen Baum/dieses Hindernis fahren!" Und was passiert dann nicht selten? Obwohl ausreichend Platz besteht, obwohl das vielleicht der einzige Baum kilometerweit ist – man wird davon angezogen wie die Motten vom Licht und knallt mit Vehemenz dagegen. Ihr Gehirn ist bestrebt, das, womit Sie sich geistig beschäftigen, als eine Art Kompaßnadel für den einzuschlagenden Weg anzusehen, Verneinungen interessieren dabei nicht. Wenn Sie also keinen Alkohol mehr trinken wollen, wird für Ihr Gehirn Alkohol zur Kompaßnadel, Sie beschäftigen sich mit Alkohol, und Ihr Gehirn wird Mittel und Wege finden, um die Vorstellung vom Alkohol in die Wirklichkeit umzusetzen. Wie Sie sich erinnern können, hatte ich Ihnen gesagt, daß der Weg zu Lebensgenuß darin besteht, Kontrolle über Ihr Gehirn zu erlangen, diese Ansammlung von Nervenzellen für Ihre Ziele arbeiten zu lassen, anstatt sie auf Autopilot geschaltet zu lassen.

Kontrolle erlangen Sie unter anderem dadurch,
daß Sie Ihre Ziele positiv formulieren,
denn dann arbeitet Ihr Gehirn in die Richtung, die Sie bestimmen.

Also hören Sie auf damit, Ziele wie *„Ich möchte nicht …"* oder *„Ich möchte keinen …"* anzustreben. Sehen Sie sich die Unterschiede an zwischen

- „Ich will keinen Alkohol mehr trinken" und „Ich genieße Fruchtsaft!"
- „Ich will nicht mehr rauchen" und „Ich spüre frische, klare Luft in meiner Lunge!"
- „Ich will keinen Streß mehr haben" und „Ich genieße jede Minute meines Lebens!"

Alles, was Sie nicht wollen, eignet sich denkbar schlecht als Kompaßnadel, denn Sie werden damit auch in die Richtung tendieren, die Sie nicht wollen, Sie werden Gedanken denken, die Sie nicht wollen, Sie werden Gefühle haben, die Sie nicht wollen, und Sie werden möglicherweise ein Leben führen, das Sie gar nicht nicht wollen …

Nun, inzwischen wissen Sie, wie Sie Ziele so formulieren, daß sie erreichbar werden, damit hätten wir den Aspekt „Was will ich?" ausgiebig genug beleuchtet. Wie Sie sich erinnern, waren es drei Fragen, die Sie sich zur Lösung Ihres praktischen Problems stellen sollten:

- Was will ich?
- Was ist zu tun, um dieses Ziel zu erreichen?
- Wann werde ich das tun?

Also beschäftigen wir uns jetzt mit der zweiten Frage …

## Frage Nr. 2: Was ist zu tun?

Welche Möglichkeiten bestehen, um mein Ziel zu erreichen? Bezogen auf unser „Nicht-aufgeräumtes-Zimmer-Beispiel" könnten Sie etwa folgende Antworten finden:

- Ich könnte eine Putzfrau einstellen und sie von seinem Taschengeld bezahlen.
- Ich könnte meinen Sohn belohnen, wenn er aufräumt.
- Ich könnte meinen Sohn bestrafen, wenn er nicht aufräumt.
- Ich könnte mit ihm ein längeres Gespräch führen und ihm erklären, weshalb er aufräumen sollte und hoffen, daß er es einsieht.
- Ich könnte selbst aufräumen und mich von seinem Taschengeld bezahlen etc.

Bei diesem Beispiel ist die Suche nach Lösungen nicht sonderlich anstrengend. Leider begegnen Ihnen in Ihrem Leben aber Fälle, wo die Lösung nicht gleich auf der Hand liegt. In solchen Fällen besteht die Gefahr, daß Ihnen Ihr eigener Verstand im Wege steht, weil er nach bestimmten *Problemlösemustern* vorgeht, die sich eventuell auf Ihr jetziges Problem nicht anwenden lassen.

Ihr Gehirn ist, wie sie bereits wissen, ein sogenanntes „musterbildendes System", d.h., es legt sich durch Erziehung und Erfahrung bestimmte Muster zu, nach denen es Probleme angeht. Auf diese Weise können Informationen sehr schnell verarbeitet und neue Situationen in kürzester Zeit eingeordnet und beurteilt werden. Diese Muster sind sehr stabil, weil sie immer wieder eingesetzt werden. Sie können sich das Ganze wie die Entstehung der Erdoberfläche vorstellen; die Gletscher der verschiedenen Eiszeiten haben die Grundlandschaft geschaffen, indem durch sie Vertiefungen und Erhöhungen entstanden. Es wurden also richtiggehende Muster in die Erdoberfläche eingegraben. Jeder Regen, der auf diese Landschaft fällt, verteilt sich nicht gleichmäßig, sondern folgt den Vertiefungen und wäscht sie dadurch noch mehr aus, d.h., das Muster wird mit der Zeit noch intensiver. Und wenn Sie sich den Grand Canyon in den Vereinigten Staaten ansehen, dann bekommen Sie eine Vorstellung davon, wie sehr sich über die Jahrmillionen ein Muster einprägen kann, das anfangs nur aus einer kleinen Rille bestand.

Nun, mit Ihrem Gehirn verhält es sich ähnlich; haben Sie erst einmal ein Problemlösemuster gebildet, dann wenden Sie es auch häufig an und verstärken es damit. Nehmen wir an, Ihr Vater hätte seine Probleme grundsätzlich mit Gewalt gelöst. Ihre Mutter wurde mit Gewalt dazu gebracht, ihm willig zu sein, Ihre Geschwister und Sie wurden ebenfalls mit körperlicher Gewalt überzeugt, daß es besser wäre, nicht zu widersprechen. Und nehmen wir weiterhin an, Sie waren als Kind schon ganz schön kräftig und haben die Erfahrung gemacht, daß Sie sich mit körperlicher Gewalt gegenüber Ihren Mitschülern Vorteile verschaffen konnten.

Dann kann es durchaus passieren, daß Sie dieselbe Art und Weise, Probleme zu lösen, beibehalten, weil Sie einfach die Erfahrung gemacht haben, daß diese sowohl beim Vater als auch in der Schule gut funktioniert hat. Und die Sache geht so lange gut, bis Sie in eine Situation geraten, die Sie mit dieser Methode nicht lösen können. Wenn Sie dann keine anderen Methoden kennen, um mit Schwierigkeiten fertig zu werden, dann sind Sie hilflos. Insassinnen von Frauenhäusern können zu diesem Thema sicherlich Romane schreiben. Unser Beispiel mag jetzt zwar auf Sie nicht zutreffen, trotzdem haben auch Sie bestimmte Problemlösemuster in Ihrem Gehirn, mit denen sie sich bei manchen Problemen selbst blockieren.

*Beispiel Bäumepflanzen*
Ein Beispiel zur Verdeutlichung: *Pflanzen Sie zehn Bäume so an, daß Sie fünf gerade Reihen mit je vier Bäumen erhalten!*

Nun, was hat Ihr Gehirn sofort kalkuliert? Fünf Reihen zu je vier Bäumen? Da brauche ich ja zwanzig Bäume! Und jetzt sind Sie in einem bestimmten Denkmuster gefangen. Solange Sie dieses Muster nicht beiseite legen, kommen Sie keinen Schritt weiter. Also, gehen Sie ran! Strengen Sie Ihr Gehirn an! Sie können dieses Problem nur lösen, indem Sie probieren, probieren, probieren …

Lassen Sie sich ruhig Zeit! Zeichnen Sie das Ergebnis, zu dem Sie gekommen sind, hier in das Buch.

Möglicherweise sind Sie trotz intensiven Nachdenkens nicht zu einer Lösung gekommen. Jetzt könnten Sie natürlich in alte Muster zurückfallen und die bequeme *„Ich-kann-nicht"-Krankheit* aus dem Zylinder ziehen. Da Sie das aber in Zukunft nicht mehr tun werden, werden Sie es auch jetzt nicht tun. Sie können sehr wohl! Offensichtlich fehlt es Ihnen im Moment an Wissen, mit diesem Problem umzugehen. Also ist die Frage: Wo bekommen Sie dieses Wissen her?

Suchen Sie mindestens 6 Antworten zu dieser Frage:

1) _____

2) _____

3) _____

4) _____

5) _____

6) _____

Nein! Nicht einfach weiterlesen! Schalten sie Ihr Gehirn ein, lassen Sie es arbeiten! Wenn Sie sich in einer Situation befinden, in der Sie keine Ahnung haben, was zu tun ist, dann ist nicht „Aufgeben" oder „Verzweifeln" das, was Sie einer Lösung näher bringt, sondern die nächste Frage, die Sie sich stellen werden: *„Wo kriege ich das Wissen her, das mir im Moment fehlt?"*

Also stellen Sie sich diese Frage jetzt, und beantworten Sie sie. Sie haben es an dieser Stelle des Buches in der Hand, wie Sie zukünftig mit Problemen umgehen werden. Entweder Sie beißen sich durch und lernen dabei die Kraft Ihres Willens kennen, oder Sie geben beim kleinsten Widerstand auf und gehen den bequemen Weg, der Ihnen am Ende ein Maximum an Verdruß bereiten wird. Chancen, die Ihnen das Leben bietet, können Sie nur dann nutzen, wenn Sie die wenig ausgetretenen Pfade beschreiten!

> *„Es gibt kaum ein Mittel, zu dem ein Mensch nicht greifen würde,*
> *nur um nicht denken zu müssen!" (Thomas Alpha Edison)*

Nun, wenn Sie sich durchgebissen haben, dann haben Sie jetzt entweder eine Lösung gefunden oder sich wenigstens Gedanken darüber gemacht, was Sie tun könnten, um eine Lösung zu finden. Wie kommen Sie an das dazu nötige Wissen heran? Auf diese Frage könnten Sie zum Beispiel folgende Antworten gefunden haben:

- Ich kann andere Leute fragen.
- Ich kann Bücher über Problemlösen lesen.
- Ich kann das Ganze im Modell ausprobieren.
- Ich kann Fachmänner/-frauen zu diesem Thema befragen.
- Ich kann mir Zeichnungen dazu machen usw.

Falls Sie die Lösung immer noch nicht haben, dann tun Sie diese Dinge. Fragen Sie andere Leute, machen Sie sich Skizzen, zeichnen Sie, fragen Sie Fachleute, lesen Sie Bücher über Problemlösen, tun Sie, was immer Ihnen hilft, der Lösung näher zu kommen …

Aber tun Sie es!

Ich werde Ihnen die Lösung nicht verraten; an dieser kleinen Aufgabe können Sie sich selbst überprüfen, Sie können überprüfen, wie wichtig es Ihnen ist, künftig anders mit Problemen umzugehen. Natürlich könnten Sie sich jetzt fragen, was dieses Baumanpflanzungsproblem mit Ihrem Leben zu tun hat, Sie könnten die „Sinn"-Frage stellen und stundenlang darüber diskutieren. Ich erlebe es in Seminaren ab und zu, daß Leute, statt Ihr Gehirn einzuschalten, lieber stundenlang diskutieren. Und nicht selten sind das Leute, die mit ihren Alltagsproblemen auf die gleiche Weise verfahren:

Statt zu handeln, diskutieren sie!

Wenn Sie sich angesichts eines Problems die „Warum?"-Frage stellen, dann wissen Sie, welche Antwort Sie darauf erhalten werden. „Warum?" beschert Ihnen lediglich eine Erklärung, keine Lösung. Aber ich will Ihnen gerne auf die „Sinn"-Frage eine Antwort geben. Da jeder, der dieses Buch liest, in seinem Leben vor anderen Problemen steht, und ich diese Probleme nicht kenne, habe ich das Baumanpflanzungsbeispiel gewählt, um gleiche Verhältnisse für jeden Leser zu schaffen. Das war die Erklärung ...

Und jetzt machen Sie sich, sofern noch nicht geschehen, an die Lösung! Lesen Sie nicht weiter, solange Sie sie nicht gefunden haben!

## Die Methode für hartnäckige Probleme: Brainstorming

Wenn Ihr Problem so gelagert ist, daß Sie ohne groß nachzudenken auf eine Lösung stoßen, brauchen Sie diese nur durchzuführen. Es gibt jedoch in der Praxis des öfteren den Fall, daß Sie vor einer Schwierigkeit stehen und auf Anhieb keine Lösungsmöglichkeit sehen, d.h., Sie brauchen zuerst einmal mögliche Lösungswege, um dann den besten auswählen zu können. Erinnern Sie sich an das Motto:

„Stop and think!"

In den 50er Jahren hatte ein Werbemanager namens Alex Osborn eine Idee, wie er seine Werbetexter zu kreativeren Ideen und damit phantasievolleren Werbetexten anregen konnte. Osborn ging davon aus, daß der menschliche Geist sehr kreativ ist, wenn man ihn kreativ sein läßt. Im Alltag ist es jedoch so, daß wir viele unserer Einfälle zensieren, weil wir von vornherein annehmen, sie wären unbrauchbar. Das führt nicht selten dazu, daß wertvolle Anregungen, die sich eventuell weiterentwickeln ließen, unter den Tisch fallen. Unser Gehirn sortiert viele Gedankenblitze aus, bevor sie als klar formulierte Gedanken ins Bewußtsein dringen, weil es der Meinung ist, daß diese Lösungen nicht zu seinen gewohnten Mustern passen. Osborn erkannte deshalb völlig zu Recht, daß, um die Kreativität des Gehirns anzuregen, es wichtig ist, zuerst einmal diese Zensur wegzulassen. Das bedeutet, alle Lösungsmöglichkeiten, die Ihnen einfallen, auch wenn sie noch so verrückt klingen mögen, werden zuerst einmal zugelassen. Osborn nannte seine Methode

"Brainstorming"

Diese Methode gehört inzwischen zur Grundausstattung jedes erfolgreichen Problemlösers. Das Gehirn wird bei dieser Methode sozusagen erstürmt, in jeder Ecke, in jedem Winkel dieses Organs wird nach Lösungen gesucht, und alle Möglichkeiten, die sich auftun, werden zunächst einmal kritiklos gesammelt, mögen sie auch noch so unsinnig erscheinen.

**Brainstorming-Regel Nr. 1:** *Alle Ideen werden akzeptiert, auch die verrücktesten. Eine Zensur findet nicht statt.*
Prägen Sie sich diese Regel gut ein, sie ist einer der wichtigsten Faktoren für kreative Problemlösung.

> *„Die beste Methode, einen guten Einfall zu haben,*
> *besteht darin, viele Einfälle zu haben!" (Linus Pauling)*

Wie kreativ solche „verrückten" Lösungen sein können, sehen Sie an Ländern, in denen beispielsweise bestimmte Autoersatzteile fehlen, die Leute aber gerne Auto fahren möchten. Gerade in solchen Ländern können Sie eine Kreativität vorfinden, die einen hiesigen Automechaniker vor Neid erblassen lassen würde. Nehmen Sie an, irgendwo in der tiefsten Pampa krepiert des Auspuff Ihres Wagens, und Sie benötigen dringend einen neuen, um weiterfahren zu können. Allerdings ist für das Automodell, das Sie fahren, weit und breit kein Auspuff aufzutreiben. In unserer technisierten Kultur wäre das ein Grund, wochenlang auf das Ersatzteil zu warten, oder wenn es dieses nicht mehr gibt, Ihnen zu raten, den Wagen verschrotten zu lassen. Nicht so in solchen Ländern, man greift flugs zu einem Auspuff einer anderen Marke, schweißt die Rohre und Befestigungspunkte um, schraubt das Teil an Ihr Auto und weiter geht's! Solche Problemlösungen sind nur möglich, wenn auch unkonventionelle Ideen zugelassen werden; je ungewöhnlicher die Idee, um so besser. Wenn Sie vor einem Problem stehen und die Lösung dafür nicht finden, ist das meist ein Zeichen dafür, daß Sie die Kreativität Ihres Gehirns nicht bewußt nutzen.
Beim Brainstorming kommt es anfangs nicht so sehr auf die Qualität der Lösungen an, als vielmehr die Quantität. Je mehr Lö-

sungswege gefunden werden, um so mehr erhöht sich die Wahrscheinlichkeit, daß sich darunter brauchbare befinden.


### Das Beispiel mit den Ziegen

Stellen Sie sich folgende Situation vor: Sie haben einen Garten, den Sie sehr hegen und pflegen, Sie bauen Ihren Salat selbst an, Sie züchten Rosen, Sie haben Haselnußsträucher usw. Alles schön und gut, wenn da nicht das Hobby Ihres Nachbarn wäre. Ihr Nachbar liebt Ziegen über alles und hat davon eine beträchtliche Anzahl. Diese Ziegen laufen tagsüber frei herum, und da zwischen Ihrem Garten und dem Grundstück des Nachbarn kein Zaun verläuft, kommt es immer wieder vor, daß diese Ziegen in Ihren Garten einbrechen und ihn verwüsten, d.h. alles fressen, was Sie in mühevoller Arbeit angebaut haben. Sie haben mit Ihrem Nachbarn schon des öfteren darüber gesprochen, aber der ist der Meinung, daß das Ihr Problem wäre. Sie hatten ihm auch schon den Vorschlag unterbreitet, einen Zaun zu bauen, an dem sich jeder zur Hälfte beteiligen sollte, was Ihr Nachbar jedoch kategorisch ablehnt. Er ist der Meinung, Sie wollen einen Zaun, also sollen Sie diesen auch selbst bezahlen. Leider stehen Ihnen aber die finanziellen Mittel nicht zur Verfügung, um alles selbst zu bezahlen. Auf der anderen Seite sind Sie noch so ein gutmütiger Mensch, der das Verhältnis zum Nachbarn auf keinen Fall belasten möchte, deshalb kommen Aggression oder der Einsatz von Polizei oder Gericht für Sie nicht in Frage. Und jetzt haben Sie ein Problem:

*Wie können Sie es managen, daß die Ziegen in Zukunft nicht mehr Ihren Garten verwüsten?*

Nun, über das Jammerstadium sind Sie ja inzwischen weit hinaus, Sie machen sich angesichts dieses verwüsteten Gartens kein emotionales Problem mehr (indem Sie zum Beispiel verlangen würden, Ihr Nachbar müsse sich fair und gerecht verhalten, ein verwüsteter Garten sei schrecklich und sie könnten das nicht aushalten; also mit der guten alten Streßdreifaltigkeit: Mußturbieren, Katastrophisieren und Ich-kann-Nicht), Sie fragen auch nicht, warum sich Ihr Nachbar so unsensibel verhält, denn sie brauchen Lösungen, keine Erklärungen. Und wie Sie wissen, gibt es drei Fragen, die zu Lösungen führen:

- Frage 1: Was will ich?
- Frage 2: Was ist zu tun?
- Frage 3: Wann ist es zu tun?

Nehmen wir an, Sie hätten die erste Frage bereits beantwortet. Sie wollen einen gepflegten Garten, Sie wollen, daß die Ziegen auf dem Nachbargrundstück bleiben. Nun, dann wird es Zeit für die zweite Frage „Was ist zu tun?". Nehmen wir weiter an, Sie würden im Moment keine Ahnung haben, wie Sie dieses Problem lösen könnten. Sobald Sie bei der zweiten Frage nicht weiterkommen, greifen Sie einfach zu Brainstorming! Gehen Sie also nach Brainstorming-Regel Nr. 1 vor; schreiben Sie alle Ideen, die als Lösungen dienen könnten, auf, auch wenn sie noch so verrückt sein sollten. Lassen Sie sich Zeit dafür; lassen Sie Ihre Gedanken schweifen; sobald Ihnen etwas in den Sinn kommt, notieren Sie das. Denken Sie anschließend nicht mehr über das nach, was Sie aufgeschrieben haben, und suchen Sie weiter. Es kommt darauf an, möglichst viele Ideen zu produzieren. Finden Sie jetzt mindestens fünfzehn Ideen, wie Sie die Ziegen davon abhalten könnten, Ihren Garten zu verwüsten:

1) _____

2) _____

3) _____

4) _____

5) _____

6) _____

7) _____

8) _____

9) _____

10) _____

11) _____

12) _____

13) _____

14) _____

15) _____

Falls Ihnen diese Übung jetzt wieder lästig ist, weil Sie dazu Ihr Gehirn einschalten müßten, bedenken Sie, daß gerade dieses Gehirneinschalten der Faktor ist, der über Ihren Lebensgenuß bestimmt. Und Lebensgenuß ist doch das, was sie unbedingt haben wollen, oder? Also lesen Sie nicht weiter, bevor Sie nicht nachgeschaut haben, was alles in Ihren kleinen grauen Zellen steckt …

Sie werden feststellen, daß Ihnen, wenn Sie Ihren Geist ohne Einschränkungen „sprudeln" lassen, sehr viele Gedanken in den Sinn kommen. Zum Beispiel könnten Ihnen Ideen wie

- einen Hund anschaffen, der die Ziegen vertreibt
- die Beete einzäunen
- einen Graben graben
- einen Wassergraben bauen
- einen Erdwall aufschütten
- eine Mauer bauen
- Büsche an der Grundstücksgrenze pflanzen
- einen Elektrozaun errichten
- Ziegen melken, Milch verkaufen und davon den Zaun bezahlen
- Ziegen erschießen

- selbst Ziegen halten und die Rosen und das Gemüse durch Ziegenkäse finanzieren
- große Fallgruben bauen, in die die Ziegen hineinfallen
- Stacheldraht um die Beete legen
- einen gebrauchten Zaun kaufen
- Hühner halten, die zum Nachbarn rennen und dort alles verwüsten, so daß der Nachbar freiwillig selbst einen Zaun baut
- Selbstschußanlagen installieren
- Ziegen erschrecken, so daß sie sich nicht mehr auf das Grundstück trauen
- spitze Stecken in den Boden rammen, so daß sich die Ziegen aufspießen
- Ziegen vergiften
- ausrangierte Blechfässer als Barrikade errichten
- Gemüse und Rosen im Treibhaus züchten
- Ziegen durch das Grundstück auf die Straße treiben, so daß Nachbar ein Problem hat, wenn seine Ziegen sein Grundstück verlassen
- Ziegen als Geiseln behalten, bis ein Zaun gebaut ist, usw.

Wie Sie erkennen können, sind bei dieser unzensierten Sammlung etliche Ideen dabei, die Ihnen auf den ersten Blick absurd vorkommen, aber genau das ist die Absicht – viele unzensierte Ideen. Denn jetzt haben Sie die Möglichkeit, jede dieser Ideen auf ihre Realisierbarkeit hin zu überprüfen.

**Brainstorming-Regel Nr. 2:** *Die Ideen werden erst nach der Sammlung auf ihre Realisierbarkeit hin überprüft.*
Realisierbarkeit heißt, daß sie nicht in Konflikt mit den Gegebenheiten geraten. Die Kriterien, an denen sich in unserem Ziegenbeispiel mögliche Lösungswege orientieren sollen, sind:

- Das ganze soll finanziell nicht sehr belastend sein, wir brauchen also eine billige Lösung.
- Die Beziehung zum Nachbarn soll nicht leiden.
- Die Ziegen sollen daran gehindert werden, den Garten zu verwüsten.

Anhand dieser Kriterien ist schon zu erkennen, daß einige Ideen verworfen werden können. Also beispielsweise Ideen wie

- Ziegen erschießen
- Ziegen als Geiseln nehmen
- Fallgruben bauen etc.

Durch solche Maßnahmen würde das Verhältnis zum Nachbarn gefährdet, was Sie ja nicht möchten. Dem Kriterium „billig" würde zum Beispiel die Lösung „eine Mauer bauen" nicht genügen, da diese Maßnahme die Kosten eines Zaunes übersteigen würde. Nicht so gut geeignet sind auch Maßnahmen wie

- einen Graben ausheben
- einen Erdwall bauen

weil jeder, der Ziegen kennt, weiß, daß solche Hindernisse eine Ziege nicht sonderlich beeindrucken. Nach sorgfältiger Durchforstung kristallisieren sich folgende Möglichkeiten als die am besten geeigneten heraus:

- einen Hund anschaffen, der die Ziegen vertreibt
- einen Elektrozaun errichten
- Stacheldraht
- einen gebrauchten Zaun kaufen oder sich schenken lassen
- Beete einzäunen

Jede dieser Möglichkeiten ist einigermaßen billig, belastet das Verhältnis zum Nachbarn nicht und hält die Ziegen davon ab, die Beete zu verwüsten. Jede Lösungsalternative läßt sich nun mit Brainstorming wiederum auf ihre Realisierbarkeit überprüfen. Nehmen wir an, Sie würden sich dafür entscheiden, mit einem gebrauchten Zaun vorlieb zu nehmen, dann ist die Frage, wo Sie den herbekommen. Nun, wenn Ihnen dazu spontan nichts einfällt, was tun Sie dann als erstes? Natürlich! *Brainstorming!*

Schreiben Sie spontan mindestens sechs Ideen auf, wie Sie günstig an einen gebrauchten Zaun oder an etwas, was sich in diesem Sinne verwenden ließe, kommen.

1) _____

2) _____

3) _____

4) _____

5) _____

6) _____

Halt, nicht weiterlesen! Auch wenn es noch so bequem wäre, Sie berauben sich auf diese Weise einer wertvollen Erfahrung, nämlich der, was Ihr Gehirn zu leisten vermag, wenn Sie es richtig benutzen. Also beißen Sie sich durch!

Ihr Brainstorming zu diesem Thema könnte etwa folgende Lösungsmöglichkeiten ergeben:

- Sie könnten eine dementsprechende Anzeige in einer Tageszeitung aufgeben.
- Sie könnten alle Alteisenhändler der Umgebung anrufen und fragen.
- Sie könnten bei Fabrikabrissen oder Hausneubauten nach nicht mehr benötigten Zäunen suchen.
- Sie könnten bei Baufirmen anfragen.
- Sie könnten beispielsweise nicht mehr benötigte Baustahlmatten zu Spottpreisen aufkaufen und daraus einen sehr stabilen Zaun bauen.
- Sie könnten bei entsprechenden Firmen Zaunrollenreste, die nicht mehr verkauft werden können, gratis oder gegen geringes Entgelt erstehen und diese wieder zu einem längeren Zaun zusammenknüpfen.

- Sie könnten einen Bretterzaun aus alten Hölzern, die bei jedem Hausabbruch anfallen, erstellen.
- Sie könnten alte Holzpaletten, die Ihnen jede größere Firma gratis überläßt, aneinanderreihen und so einen Zaun bauen.
- Sie könnten sich aus Ästen, die Sie in jedem Wald finden, einen Zaun flechten.
- Sie könnten aus Abfallholz des örtlichen Sägewerks einen Zaun konstruieren, usw.

Wie Sie sehen, sind Ihrer Phantasie keinerlei Grenzen gesetzt. Ein Mensch, der sich hinstellt und behauptet, Nachbars Ziegen würden sein Leben vermiesen, in Katastrophisieren, Mußturbieren und Ich-kann-nicht schwelgt, weigert sich, sein Problem zu lösen. Er wälzt sich lediglich darin und tut sich selbst leid. Ich nehme an, Sie haben sich entschieden, zu dieser Gruppierung von nun an nicht mehr zu gehören!

Sehen wir uns den Weg, der zu Lösungen führt, noch einmal im Schema an. Dieser Weg bietet sich immer dann an, wenn Sie für Ihr Problem auf Anhieb keine Lösungsmöglichkeit sehen. Um zu verhindern, daß Ihr Gehirn in alten Mustern gefangen bleibt, nochmals die Brainstorming-Regeln:

---

### Die Brainstorming-Regeln

**Schritt 1:** *Brainstorming*
Alles aufschreiben, was Ihnen als Möglichkeit in den Sinn kommt, keine Zensur! Zeit lassen!

**Schritt 2:** *Geeignete realisierbare Lösungen in die engere Wahl ziehen*
Die Realisierbarkeit wird nach vorher festgelegten Kriterien überprüft. In unserem Beispiel Preisgünstigkeit, nicht belastete Beziehung zum Nachbar, effektives Zurückhalten der Ziegen.

---

Wenn Sie eine Lösung gefunden haben, jedoch noch nicht genau wissen, wie Sie diese umsetzen können, beginnen Sie wieder mit Schritt 1, Brainstorming. Denken Sie an unser Zaunbeispiel. Durch konsequente Anwendung von Brainstorming sind wir zu einer durchaus realisierbaren Lösung gekommen. Es gibt genug Menschen, die sich jahrelang über derartige Probleme beklagen, anstatt einmal konsequent darüber nachzudenken. Sie werden ab jetzt nicht mehr dazugehören!

> Probleme sind zum Lösen da,
> nicht um sich darin zu wälzen!

Und das führt uns zur dritten Frage ...

## Frage Nr. 3: Wann ist es zu tun?

Sicher kennen Sie den einen oder anderen Zeitgenossen, die solche Sachen dann „später" tun. Denn etwas „später" zu tun, kostet bekanntlich nicht einen einzigen Tropfen Schweiß.

> *„Aufschieben ist die Kunst,*
> *sich auf dem Stand von gestern zu halten." (Donald Marquis)*

Wie Sie sich erinnern, besteht der Unterschied zwischen Menschen, die ein Ziel verfolgen, und Menschen, die lediglich einen Vorsatz haben, darin, daß erstere handeln, während letztere immer nur warten, bis der Weihnachtsmann vorbeikommt, ihnen all die Dinge bringt, nach denen sie streben und ihre Probleme wie von Zauberhand löst. Ich habe Sie in diesem Buch immer wieder darauf hingewiesen, wie wichtig es ist, dieses Buch nicht nur zu lesen, sondern danach zu handeln. Handeln bedeutet Arbeit, und Arbeit bedeutet Schweiß. Deshalb, wann immer Sie die Lösung für Ihr praktisches Problem gefunden haben, tun Sie sofort etwas für seine Verwirklichung. Ein Ziel bzw. eine Lösung im Kopf zu haben, ist der erste Schritt, aber um es zu verwirklichen, kommen Sie um Handeln nicht herum. Wenn Sie ein Ziel gefunden haben, gewöhnen Sie sich an, sofort zu handeln.

> *„Derselbe Mann, der den Berg abtrug,*
> *hatte damit begonnen, einen Stein wegzutragen." (Jürgen Höller)*

Selbst der noch so kleinste Schritt, ein Telefonanruf, das Erstellen eines Planes, das Lesen eines dementsprechenden Buches, ist ein Schritt, der Sie Ihrem Ziel sofort näher bringt. In unserem Ziegen-Zaun-Beispiel könnten Sie sofort den Alteisenhändler anrufen, Sie könnten sofort zu Firmen fahren und nach Paletten fragen. Selbst wenn es 24 Uhr ist und keine Firma mehr geöffnet hat, können Sie sich sofort eine Liste machen, welche Firmen Sie morgen anrufen werden.

*„Was du heute kannst besorgen, das verschiebe nicht auf morgen!"*
*(altes Sprichwort)*

*„Nicht ärgern, sondern ändern!"*
*(ebenfalls eine bewährte Lebensweisheit)*

Kurz, bündig und effektiv, nicht wahr? Tun Sie das, was Sie tun wollen. Hören Sie auf zu rauchen, zu trinken, übermäßig zu essen – jetzt. Wenn Ihr Ziel Fitneß ist, fangen Sie jetzt gleich an, beispielsweise mit Kniebeugen oder Liegestützen. Wenn Ihr Ziel gesündere Ernährung ist, dann nehmen Sie als nächste Mahlzeit keinen Hamburger, sondern Obst zu sich, auch wenn Sie dafür eventuell etwas weiter laufen werden. Problemen rückt man mit Handlung auf den Pelz, nicht mit „später". Aber wie Sie sicher schon bemerkt haben, ist es in unserer Wohlstandsgesellschaft geradezu zur Gewohnheit geworden, Probleme zu wälzen. In jeder Supermarktschlange, die sich vor den Kassen staut, können Sie das Phänomen beobachten. Man beklagt sich über dies und das, die jüngste Steuererhöhung, die miserable Busverbindung, das Wetter und, und, und. Wenn jemand behauptet, er wolle ernsthaft mit dem Rauchen aufhören, aber die angefangene Packung rauche er noch zu Ende, ist die Wahrscheinlichkeit, daß er sein Ziel erreicht, gleich Null. Wenn jemand mit dem Trinken aufhören will, aber es nicht fertigbringt, sich telefonisch bei Beratungsstellen nach Mitteln und Wegen zu erkundigen, weil er es immer wieder aufschiebt, zum Hörer zu greifen, wird sein Ziel nicht erreichen, weil er nicht bereit ist, die einfachsten Handlungen sofort und jetzt auszuführen.

Beklagen Sie sich nicht über Probleme, handeln Sie,
und zwar jetzt!
Klagen führt zu einem Leben voll von Problemen und Verdruß.
Handeln führt zu einem Leben
angereichert mit Lösungen und Herausforderungen.

Möglicherweise werden Sie sich jetzt fragen, wie es mit Problemen aussieht, für die es keine praktische Lösung gibt? Immer wieder werden Ihnen Situationen begegnen, die sich so, wie Sie es gern hätten, nicht lösen lassen.

Selbst wenn Sie sich in einer derartigen Situation befinden, haben Sie immer noch die Möglichkeit, die Situation, so wie sie ist, zu akzeptieren und das Unvermeidliche hinzunehmen, ohne sich daraus ein emotionales Problem zu basteln. Selbst die verfahrenste Situation eignet sich noch dafür, daraus zu lernen. Erfolg ist das Ergebnis einer guten Beurteilungsgabe; eine gute Beurteilungsgabe ist das Ergebnis von Erfahrung; und Erfahrung wiederum ist oft das Ergebnis von Fehlern. Das heißt, Fehler oder schiefgelaufene Situationen, die sich nicht mehr ändern lassen, sind nicht selten der Grundstein für Erfolg. Sie sind es jedoch nur unter der Bedingung, daß sie so akzeptiert werden, wie sie nun einmal sind, und daß der Betreffende bereit ist, daraus zu lernen, anstatt sich lediglich zu bedauern. Deshalb fragen Sie sich angesichts schiefgelaufener Situationen immer wieder: *„Was kann ich daraus lernen?"*

Auch Begebenheiten, die Ihnen auf den ersten Blick völlig ungeeignet für diese Frage erscheinen mögen, eignen sich bei näherer Betrachtung dafür. Nicht selten stellt sich Jahre danach heraus, daß gerade diese Situationen für persönliches Wachstum verantwortlich waren.

*„Betrachte immer die hellen Seiten der Dinge;*
*und wenn sie keine haben,*
*dann reibe die dunkle so lange, bis sie glänzt!"*
*(Norman Vincent Peale)*

Eine Geschichte über den großen Thomas Alpha Edison zeigt Ihnen, wie derartige Menschen mit Fehlschlägen umgehen. 1914 wurde das Lebenswerk Edisons, seine großen Laboratorien in New Jersey, durch Feuer zerstört. An einem Tag verlor er dadurch Millionen von Dollar. Geräte, Aufzeichnungen etc. wurden ein Raub der Flammen. Edison war damals fast 70 Jahre alt. Verbürgt ist sein trockener Kommentar angesichts der Vernichtung seines Lebenswerkes:

„Im Unheil liegt ein großer Wert.
Alle unsere Fehler sind verbrannt.
Gott sei Dank, wir können von vorne anfangen!"

Mal ehrlich, wäre so etwas nicht ein Grund, zu jammern, mit dem Schicksal zu hadern, sich ein saftiges „Ich-kann-nicht-Mehr" in die Birne zu ballern und sich schlecht zu fühlen?

Leute, die erfolgreich sind in dem, was sie tun, Leute, die Spaß am Leben haben, tun so etwas nicht. Edison hatte 10 000 Versuche benötigt, um die Glühbirne zu erfinden. Er hatte aus jedem Fehlschlag gelernt, anstatt sich von ihm unterkriegen zu lassen. Und wenn ich heute auf mein Leben zurückblicke und die Fehlschläge Revue passieren lasse, dann möchte ich keinen einzigen davon missen, so hart sie mir damals auch erschienen sein mögen.

Nach meinem Studium bewarb ich mich bei unzähligen Stellen um eine Anfangsstelle. Was ich aber immer wieder zu hören bekam, war: „Ohne Berufserfahrung haben Sie keine Chance!" Ein Teufelskreislauf. Ohne Berufserfahrung bekam ich keine Stelle; wie sollte ich aber jemals Berufserfahrung bekommen, wenn ich keine Stelle hatte? Ein Problem, das fast jeder Berufsanfänger kennt, und das ich damals zu lösen versuchte, indem ich mich bei immer weiteren Stellen bewarb. Bis ich mir darüber klar war, daß die einfachste Art, das Problem zu lösen, die ist, daß ich mir meinen Arbeitsplatz selbst schaffe, ich machte mich also selbständig. Und ich beging am Anfang sicher etliche Fehler, weil ich zum Beispiel von Praxisführung, Marketing, Umgang mit Klienten etc. überhaupt keine Ahnung hatte. Aber alle diese Fehler haben mich weitergebracht, alle diese Probleme, die damals so unlöslich zu sein schienen, haben mir wertvolle Erfahrungen beschert. Deshalb:

Wann immer Sie ein Problem nicht lösen können,
lernen Sie daraus!

---

**Sie haben sich in diesem Kapitel über folgendes Klarheit verschafft ...**

Wann immer Sie ein Problem haben, dessen Lösung auf Anhieb nicht ganz einfach erscheint, werden Sie in Zukunft

**nicht mehr jammern
oder sich mit der Frage „Warum?"**

herumquälen. Sie werden sich statt dessen sofort und ausschließlich auf Denk- und Verhaltensweisen konzentrieren, welche Sie der Lösung Ihres Problems näherbringen. Sie werden so handeln, wie es jede normale Katze bei der mißglückten Jagd nach Mäusen tut, Sie werden lösungsorientiert vorgehen, anstatt sich im Problem zu wälzen. Probleme löst man mit den drei W.

**Was will ich?
Was ist zu tun, um dieses Ziel zu erreichen?
Wann werde ich das tun?**

Stellen Sie sich diese Fragen sofort, wenn Sie ein Problem haben, auf diese Weise verhindern Sie, daß Sie wertvolle Zeit mit Energieverlust, unsinnigen Verhaltensweisen, Selbstmitleid und Gejammer verschwenden. Machen Sie es sich zur Gewohnheit, Probleme kompromißlos nach dem

**„Wo-ist-die-nächste-Maus-Prinzip"**

anzugehen – sofort zur Lösung, ohne Wenn und Aber!

---